吴景平 著

中国近代金融史十讲

复旦大学出版社

目录

自　序　1

近代中国金融中心的区域变迁　1

近代银行制度的形塑与政商关系　31

　　一、近代银行制度的早期构想　34

　　二、第一家华资银行的制度文本　40

　　三、华资银行业制度文本初成体系　46

　　四、结语　52

近代中国内债史研究对象刍议

　　——以国民政府1927年至1937年为例　55

　　一、内债与公债　58

　　二、债务方与债权方　67

　　三、起中介作用的团体和机构　79

关于近代中国外债史研究对象的若干思考　87

上海银行公会改组风波(1929—1931)　127

蒋介石与1935年法币政策的决策与实施　165

英国、美国与1935年的中国币制改革　193
　　英国与1935年的中国币制改革　195
　　美国和1935年中国的币制改革　226

英国、美国与近代中国的平准基金　253
　　英国与中国的法币平准基金　255
　　美国和抗战时期中国的平准基金　292

抗战时期天津租界中国存银问题
　　——以中英交涉为中心　331

金圆券政策的再研究
　　——以登记移存外汇资产和收兑金银外币为中心的考察　367

自 序

金融即货币的融通,是商品经济的伴生物。在中国,与货币相关的记载在历代史籍的食货志中并不乏见,但"金融"一词只是在近代才开始流行沿用的,而且在货币、金融机构和金融市场等领域,均出现了全新的内容,与古代金融有着根本性的区别。20 世纪 20 年代著名银行家徐寄庼编写的《最近上海金融史》即概述了自晚清到南京国民政府初期金融业的变迁:"自山西票号衰落之后,上海金融机关之组织,成为三角线,其一为钱庄,其二为外国银行,其三为内国银行。若信托公司、储蓄会、官银号、银公司,均得归纳于银行或钱庄之内。"[①]另一方面,中国近代金融史与工商经济和财政等领域既有区别,又有着密切的联系。20 世纪 30 年代问世的《中国经济年鉴》《财政年鉴》中,金融部分都有着显著而丰富的内容;而全面抗战爆发初期的《中国金融年鉴》更认为,广义的金融不仅包括"货币动态"即狭义金融,还包括"以流通货币为业务之机构",以及"在现在统制经济的国家政策之下"与货币供求关系变动密切相关的财政收支、公债、国际贸

---

① 徐寄庼:《最近上海金融史》,1929 年 1 月再版,第 1 页。

易、物价等内容①。笔者在复旦大学任教多年,开设的课程除了通贯性的中国近代史、中华民国史之外,还有属于专门史的金融史、外交史和人物研究等,并撰写发表了数十篇论文;复旦大学出版社希望在"中国近代金融史十讲"的框架之下,从中选取若干专文,兹将相关思考概述如下。

作为中国近代金融史的主要对象之一,金融市场主要由金融组织及其可以调运的资力、货币与票据之间的交互作用组成,各地金融市场的产生和发展演变都带有显著的区域性特征。从全国范围来看,近代中国既有全国性的金融市场,又有相对独立而又互相联系的区域性金融市场,以及情况各异的金融运行地区。从宏观全局把握中国近代金融史,必须考察近代中国金融中心的区域性变迁,即全国性金融中心是如何发生不同地区之间的变动的,这种变动在近代世界范围内较为罕见,必须从近代中国社会变迁的全局中去把握其原因和影响。

近代中国金融史不能忽视对金融制度的研究。在中国,华资新式银行的产生虽然远迟于票号、钱庄等本土传统金融机构,距外国银行的最初进入中国也晚了约半个世纪,但其逐步成为中国金融市场的主导力量之一,更成为金融近代转型的代表者和引领者。与传统的商业组织不同,近代中国银行业从筹股、注册登记、设立开业,到发行货币以及从事存款、放款、汇兑等信用活动,都必须经过政府部门的核准,客观上有着制度和政策环境问题。近代中国银

---

① 沈春雷主编:《中国金融年鉴》,中国金融年鉴社1939年1月版。

行制度的形成，从 19 世纪 70 年代早期构想，到 1897 年第一家华资银行即中国通商银行的制度文本的问世，直至清末初步形成华资银行业制度文本体系，整个过程既借镜泰西，也得益于早期股份制企业的筹办与运作实践中洋务派官员与企业家群体之间的交流与互动。在有关近代中国银行制度的各种讨论中，不仅官商之间曾有着不同的取向和分歧，甚至洋务派官员与清廷决策机构之间、不同绅商之间，也有过争执甚至对立，但是，对于中国人自办银行且股本均为本国资本的必要性、迫切性，则有着基本共识；各方所持立场也都是积极和建设性的。围绕近代中国银行制度的形塑，政商之间的合作、互动乃至博弈关系，其作用和结果基本上是积极、稳定的，这对于审视更长时期里与金融领域直接相关的政商关系，有着重要的参照系作用。

民国时期金融领域的政商关系，较集中地体现在民国政府的财政尤其是举借内债问题上。无论是北洋政府还是南京国民政府时期，为弥补巨额财政赤字，都依赖于举借内债，包括公开发行公债库券和向金融业非公开地短期借款、垫款，这使得金融业与政府之间形成共同利益关系，华资银行业通常被委托代理发行公债库券和经理还本付息，银行业代表可参与偿付基金的监督管理，并赋予债票库券可以作为银行相关业务准备金的功能。民国政府与银行业之间的直接垫借，虽然可以归入债务方和债权方之间的关系，但却与金融市场上一般意义的普通贷放业务不同。贷放是近代中国银行业的基本业务，呆账、坏账的发生并不乏见，其影响限于市场层面；但政府举债若无法偿付，且与债权方达不成解决方案，则超出了市场范围，国家信用一旦破产，后果严重。民国时期的公债风潮，本质上是政府的财政利益和金融市场的信用原则之间冲突的结果，需要从金融史和财政史的双重视野进行考察。

在近代中国，外债的起源要早于内债，涉及金融领域更为复杂的问题。在相当长的时期里，中国外债的直接承借人和经理方主要是外国银行或金融公司，诸如俄法借款、英德借款和英德续借款等巨额"洋债"，都是由作为"中介人"的外国银行出面，通过在国外市场发行债券和募集债款，并经理还本付息。债款和还款的汇兑，都必须经由外国银行。在相当长的时期里，中方的实际债务负担还受到国际市场金银比价的影响，产生"镑亏"。在国外发行的中国债券在国际金融市场上的行情，也是易于为研究者忽略的方面。而围绕外债问题的中外交涉，更是融合了财政、金融史和外交史的研究内容。

研究中国近代金融史，势必涉及由各金融经营机构组成的公会。近代中国的金融业可以具体分为银行业、钱庄业、保险业、信托业等，通常按地区成立公会。而成立于1918年的上海银行公会，一般不直接从事与会员银行相同的业务，而是发挥协调、促进的作用；尤其在处理会员银行之间、与其他金融同业之间的关系，乃至处理与社会、与政府的关系时，逐渐成为上海银行业的代表。银行公会既要充分表达银行业的利益诉求并维持相对独立的地位，又要及时转达来自政府当局的监管法规和募集内债的要求。尤其是面对南京国民政府强化控制甚至实施金融统制的压力之下，上海银行公会对自身定位的把控颇为不易，既要充分表达行业呼声、力争行业利益，又要得到国民政府有关当局的许可和容忍。

    本书的后半部分都是围绕货币领域尤其是南京国民政府的货币政策展开的专题研究。在相当长的时期里，中国货币制度本位不明，在全国范围内银钱并用，两元并存，而不同地区之间还有进一步的差别，币制改革步履维艰。到了南京国民政府时期，在废两改元之后不久实施的法币政策，是近代中国货币制度在多重意义上的改革，即彻底废除了贵金属本位，实行了汇兑本位，剥夺了一般商业银行的发行权，由政府银行发行不兑现的法币。在 20 世纪 30 年代的特定历史条件下，法币政策具有客观的必要性和急迫性，其实施初期对于稳定币值、促进生产和内外贸易，具有显著的作用。对于法币政策的评价，首先要从货币本身的职能出发，从市场的实际反应出发。当然，法币政策的制订并非单纯的货币制度取舍，而是涉及民国史上的重要人物，并有当时世界主要大国的直接介入；法币政策的实施和嬗变，既与国民政府采取的战时金融体制相关，也与中国的全面抗战甚至世界反法西斯战争的进展直接相关联。在废除贵金属本位制的情况下，单靠数额有限的平准基金，法币政策出台时无限制买卖外汇的承诺难以为继，国民政府的赤字财政政策更使法币走上了恶性通货膨胀的不归路。至于 1948 年出台的金圆券，其本质与后期失控的法币并无二致。国民党当局不仅拿不出稳定货币的任何有效举措，而且把绝大部分的准备金和强制收兑的金银外汇移运台湾和国外，导致整个货币制度、银行制度彻底崩溃，金融市场失序，在中国近代金融史上留下了最为不堪的印迹。

    最后需要说明的是，中国近代金融史的丰富内容绝非本书的十讲文稿所能涵盖周全。此外，各篇文稿成文时间不一，从今天的史料开放刊行和学术研究新的进展来衡量，必定存在诸多不妥甚至差错之处，敬乞各位读者不吝赐教，至为感佩。

2019 年 6 月于复旦大学光华楼

近代中国金融中心的区域变迁

中国金融业的早期典型形态是钱业，钱庄、银号、票号等是最主要的金融机构，直至20世纪40年代末，这些旧式金融机构在一些地区的金融市场上仍有一定的作用。但是，代表中国金融业近代化趋向的则是以银行为主体的新式金融机构，包括证券交易所、信托公司、保险公司等。各城市之间金融地位的比较，主要有以下几项指标：(1)新式金融机构的数目(包括总行及外地总行在本埠的分支行)；(2)营运资金总额(以实收资本为主，还包括公积金、存款、发行或领用兑换券之准备金等)；(3)可比业务总额(存款、放款、汇款、发行兑换券、证券买卖、金银外汇买卖等)；(4)本埠总行在外地分支机构的数目及分布范围，这些分支机构在人事任免、营业方针、营运资金调拨等方面均由总行决定，其主要业务指标统计入总行的业务总额。

在近代中国的各个时期，各地区都有自己的金融中心，地区性的金融中心也会发生变迁，如20世纪30年代东北的金融中心从大连北移至长春。本文所研究的，则是20世纪上半叶全国性金融中心在不同区域之间的变迁，这一变迁的基本轨迹是：上海→北京与天津→上海→重庆→上海。这种变迁在世界近现代金融发展史上是极为罕见的。世界主要资本主义国家的金融中心既有位于首都的(如英国的伦敦、法国的巴黎、日本的东京等），也有位于其他城市的（如美国的纽约、德国的法兰克福、瑞士的苏黎世等），但一经形成、确立后，便不复有重大的区域间变迁。本文着重论述导致中国全国性金融中心数度变迁的原因，兼及金融中心变迁所产生的影响。

一

最早成为近代中国金融中心的上海，起初只是江浙地区若干个钱业市场之一；1843年开埠后，上海很快取代广州，成为全国最大的外贸口岸，进而又成为全国最大的内贸口岸。贸易地位的上升，直接导致了19世纪下半叶上海金融地位的崛起。自1847年英商丽如银行在上海设分行后，上海外商银行迅速增加，到1911年已达27家。同期其他地区性金融中心城市的外商银行数为：汉口19家、天津8家、广州7家①。另外，1891年成立的西商上海股份公所（1904年改组易名上海众业公所），则是中国最早的证券交易所。1897年5月，第一家由中国人自办的银行中国通商银行在上海开业，此后几年里，又有信成、四明、裕商等银行设立。这些华商银行大都有纸币发行权，并在外埠设有分支机构或代理机构。至辛亥年前夕，上海华洋银行的业务范围已超出长江下游各省，辐射到华北、华南和

---

① 参见中国银行总管理处经济研究室编：《全国银行年鉴》（1934年）；中国人民银行总行金融研究所金融历史研究室编：《近代中国的金融市场》，中国金融出版社1989年版。

华中的若干地区。显然，经过开埠后半个多世纪的发展，上海的金融业不仅具有地区性，而且已有全国性的地位。

可是，20世纪初清政府为摆脱财政困境所采取的设立国家银行的措施，使北京迅速具有了其他地区无法达到的金融地位和影响。1905年户部银行在北京设立，独享国家银行的基本特权，如代理国库、铸造国币、发行公私场合一律通用的纸币、平准市面币值、发行并经理公债等。户部银行开办之初，股本为库平银400万两。至1908年改为大清银行后，股本总额增至1000万两（官商各半），居国内各华资银行之首。该行最初在天津、上海设分行，后陆续在汉口、济南、奉天、太原、西安、重庆、昆明等20余个大城市增设分行，在乌里雅苏台、成都、九江、香港、汕头、厦门、青岛、吉林等地设立了30多个分号。其分支机构之多、分布地域之广，为当时国内其他华洋银行所远远不及。至辛亥年前夕，大清银行无疑是国内最大的一家新式银行。此外，清政府邮传部所办的交通银行也于1908年在北京正式开业。该行股本为500万两（其中官股200万两），除经办轮、路、电、邮四政所属各局所的存款、汇兑、拆借等业务外，还承做普通商业银行的各项业务。在资力和业务总额方面，交通银行是仅次于大清银行的第二大银行。1910年，另一家官办银行——北洋保商银行，也在北京成立开业。

主要由于大清银行和交通银行在北京的设立，也因为金融业较发达的天津同北京有着地理上和其他方面的最密切的联系，北京—天津这一华北金融中心的影响迅速扩大，并在相当程度上超出了上海。

民国元年（1912），随着南京临时政府将原大清银行改为中国银行，上海曾有过成为全国最大的金融中心的历史性机遇。1912年2月5日，中国银行在上海开业，发行了面额为1元和10元的银元兑换券，并开始发行公债和收兑南京临时政府财政部发行的军用票。另外，南京临时政府还打算在上海与南京设立若干家专业银行，其中的海外汇业银行决定"设总行于上海"①，中华惠工银行则"总行设于都城"②。兴农、农业、殖边三行之总行设于何处，各行《则例》中未明确规定，但是，南京临时政府使全国金融中心南移的意图，却是十分清楚的。

由于南京临时政府成立后不久便匆匆收场，上海成为全国最大的金融中心的历史性机遇很快消逝了。袁世凯政府不承认设在上海的中国银行是国家银行，另行在北京成立大清银行清理处和中国银行筹备处。1912年8月，中国银行总行在北京开业（上海中国银行则改称分行），次年4月经参议院议决通过的《中国银行则例》明确规定："中国银行设总行于中央政府所在地。"③此外，辛亥革命爆发后一度停业的交通银行，经整理后于1912年5月在北京复业，其总行设于北京④。

北洋政府的财政金融政策，与北方金融机构联系密切，由此产生的大量金融业务也主要集中于华北。在北洋政府的扶植下，中国

---

① 《海外汇业银行则例》，《中华民国史档案资料汇编》第二辑，江苏古籍出版社1991年版，第419页。
② 《中华惠工银行则例》，《中华民国史档案资料汇编》第二辑，第441页。
③ 《中华民国金融法规档案资料选编》（上册），档案出版社1989年版，第160页。
④ 同上书，第174页。

银行和交通银行都取得了中央银行的地位及相应特权,其实力也有了极大增长。如中国银行1913年股本总额定为6 000万元,先招股1 000万元。至1917年,北洋政府拨足官股500万元,从1921年起北洋政府财政部开始以该行股票抵押借款,至1924年官股仅存5万元①。即便如此,中国银行的股本总额仍从1920年底的1 228余万元,增加到1924年底的1 976余万元②。交通银行的股本总额,也由清末的600万两增加到北洋初期的1 000万两。另外,北京、天津还增设了许多商业银行,其中最著名的是盐业、金城、大陆三家银行,与中南银行合称北四行,这也是当时国内最大的区域性金融集团。据统计,1923年有23家华资银行的总行设在北京,天津则有40家华资银行(包括分行)③。几年后,金融界人士曾这样谈到北洋时期南北金融中心地位变迁的原因:"上海为我国第一大埠,第一银行之成立所在地,独得风气之先,俨然为我国金融之中心,固无论矣。惟北平并非商场,徒以政府所在之首都,因承揽政府公债借款等业务之关系,遂为一部分银行之发源地。"④据统计,从1912年到1926年,北洋政府公开发行内债总额867 792 228元,实际发行额达612 062 708元;另有各种国库证券、盐余借款、短期借款和垫款共172 464 454.22元⑤。这些内债和借垫款大部分由北京、天津的

---

① 《中国银行行史资料汇编》上编(1912—1949)(一),档案出版社1991年版,第87—88页。
② 《中国银行行史资料汇编》上编(1912—1949)(三),第1913、1916页。
③ 《全国银行年鉴》(1936年),第S2—S8页、K125页。
④ 中国银行总管理处经济研究室编:《全国银行年鉴》(1934年),第A6—A7页。
⑤ 千家驹:《旧中国公债史资料》,中华书局1984年版,第10—11页。

银行业承销和借垫,政府的财政性金融业务及相应的高额收益,成为刺激北京与天津金融业迅速发展的主要因素。

这里还要提一下1918年6月正式开业的北京证券交易所。它是中国第一家经中央政府批准的华资证券交易所,起初主要买卖中国、交通两行的京钞。至1922年,滥发的京钞基本被消纳后,北洋政府的各种公债库券便成为主要标的物。证券交易所的设立使北京骤增了20多家银号,金融业务总额也有所增加。

北洋政府时期,上海金融市场本身也有较大发展。上海商业储蓄银行、浙江兴业银行、浙江实业银行、明华商业储蓄银行、中国兴业银行等将总行设立于上海,业务有较大发展。以上海商业储蓄银行为例,从1915年底到1926年底,该行存款从576 784元增至32 440 368元,放款从510 513元增至19 194 822元,分别增加55.24倍和36.6倍[①]。另外,不仅原有的拆借市场、外汇市场、内汇市场有相当程度发展,还正式形成了黄金市场、期货市场和证券市场。特别是上海证券物品、华商证券、华商纱布、上海金业、机制面粉、杂粮油饼等6家交易所和中央、通易2家信托公司,对周边地区有较大影响。当然,就整体而言,北洋时期上海金融业的地位和影响尚逊于京津金融业。从当时在上海和京津金融业各居主要地位的几家银行的资产额和存放款业务来比较:1926年,上海的南三行(上海商业储蓄、浙江兴业、浙江实业)再加上中国通商银行和四明银行,资产总额为14 229.8万元,存款总额为10 160.4万元,放款总

---

① 《上海商业储蓄银行史料》,上海人民出版社1990年版,第8页。

额为9 299.3万元；而同年北四行资产总额则为18 100.3万元，存款总额为14 307.5万元，放款总额为14 435.2万元①。如果再考虑到设在北京的中国、交通两行的资本额和业务额②，北京、天津的金融地位高于上海，已是十分明显的了。

二

1927年南京国民政府成立后，采取了把政治中心与经济中心适当分离，把上海发展为最大、最重要的金融中心的方针，推行了一系列政策和措施。

首先，设国家银行——中央银行于上海。1927年4月初，当宋子文以武汉国民政府财政部长的身份来上海接收江浙财政时，便确定在上海筹设中央银行，并已选定外滩15号原道胜银行旧址为中央银行行址。后来宁汉对峙、蒋介石下野，国民党内部对中央银行是否设在上海意见分歧。1927年10月22日（孙科时任财政部长），南京政府颁布《中央银行条例》，称"中央银行设总行于国都或上海"③，便是这种歧见的体现。但是，1927年底蒋介石重新上台、次年初宋子文出任财政部长后，最终决定把中央银行设于上海。1928年10月5日重新颁布的《中央银行条例》明确规定："中央银

---

① 据《上海商业储蓄银行史料》第265页所载数字统计。
② 以中国银行为例，该行1926年资产总额546 054 961元，存款总额328 481 010元，放款总额311 344 695元。引自《中国银行行史资料汇编》上编（1912—1949）（三）第1962页。
③ 《中华民国金融法规档案资料选编》（上册），第520、529页。

行为国家银行,由国民政府设置经营之";"中央银行设于上海,其分支行得于各地设置之"①。1928年11月1日,中央银行在上海正式设立。而作为中央政府所在地的南京仅设中央银行分行。

其次,把中国银行、交通银行的总管理处和总行从北京南移至上海,并增加官股,指派官股董事监事,分别改组为国民政府特许之国际汇兑银行和发展全国实业之银行。1928年10月26日南京国民政府颁布的《中国银行条例》和11月16日颁布的《交通银行条例》,分别规定两行"设总行于上海"②。

应当指出,南京国民政府将中国、交通二行中枢机构南迁③,旨在加强对这两家大银行的控制。但就中、交二行本身而言,也有南迁的必要性。南京政府成立和北京政府覆亡,标志着中国政治中心的南移已成定局。中、交二行中枢机构如果不相应南迁,就意味着可能失去与中央政权直接相关的那部分金融业务。至于同工商业相关的金融业务,南北两地间的差别更是十分明显的。中国银行1928年份的营业报告写道:"北平入春以来,因南北军事未经解决,交通又复阻滞,以致银根枯窘,各业均受影响,倒闭时有所闻,迨至首都南迁,市面更形萧条……""(上海)本年春初,时局尚在军事进展之中,各业咸具戒心,市面因之停顿,迨至夏间,兵戎既戢,交通

---

① 《中华民国金融法规档案资料选编》(上册),第520、529页。
② 同上书,第539、553页。
③ 不少著述把中国银行总管理处由北京迁至上海的时间记为1927年,如《辞海》"中国银行"条、前引《中国近代金融史》第162页。根据1927年与1928年各期《银行周报》所登关于中国银行总分支机构所在地之广告、《中国银行行史资料汇编》上编(三)所载题为《廿四年三月前组织概况》之文件,应为1928年。

恢复，商业始呈活泼之象，金融亦渐宽舒。"①交通银行则于1928年10月间宣布：该行"总管理处，原在北平，兹因国都设宁后，内务公务，诸多不便，特将北平总管理处迁入沪行。此后对外一应公务，均由沪行总管理处办理"②。嗣复宣称："北京原非商战之地，十数年来，沧桑几变……虽一般金融界渐注意于工商事业，究未能尽量发挥。本年中央财政，市面金融，上下交困，殆臻极点。银行业务，直接受其影响，应付困难，不言而喻……上海为我国最大商埠，实南北金融界之中心。"③1928年11月17日和24日，中国银行、交通银行分别召开股东大会，修订章程，将总行设于上海。

中交两行是当时实力最强、业务辐射范围最广、影响最大的银行。它们的中枢机构从北平迁至上海，是全国金融中心南移过程中最具决定性意义的因素，也是上海成为全国最大、最重要的金融中心的最显著标志。

中交二行中枢机构迁沪，又成为以后几年里北方多家银行南迁的先声。如：1930年，中孚银行和中国实业银行自津移沪，1931年，新华商业银行与中国农工银行由北平迁往上海；1933年，东莱银行从天津搬至上海，该行系1926年自青岛迁天津。1935年和1936年，北四行中影响甚巨、在北方根基颇深的盐业、金城二行的总行，也分别从北平、天津移至上海。当时，金城银

---

① 《中国银行行史资料汇编》上编（1912—1949）（三），第1979、1975页。
② 《银行周报》第12卷第40期，1928年10月16日。
③ 《银行周报》第12卷第46期，1928年11月27日。

行总经理周作民曾谈到迁沪的缘由:"本行总行原设天津,其时趋向所集,在北方,平津相近,一切自易处理。年来形势既异,而经济及金融重心,益觉专集于上海矣。京沪密迩,亦有相为呼应之势,同业中已先有将总行迁沪者,本行似难再缓。"① 至1937年抗战爆发前夕,天津尚有 8 家银行总行,即河北省银行、天津市民银行和大生、大陆、中原、裕津、殖业、边业等行,其中仅大陆银行够得上是全国性的商业银行。北平则只有北洋保商银行为总办事处、北平市银行和北平农工银行为总行,另外 56 家为分支行或办事处②。虽然时人称北平"尚不失为一金融中心",但就新式银行而言,北平只具有地区性的金融中心地位了。

从 20 世纪 20 年代末起,南京国民政府还陆续在上海设立了一些重要的非银行性金融中枢机构,如中央造币厂、邮政储金汇业局、中国建设银公司、中央信托局、中央储蓄会。这类机构的设立,也加强了上海在全国的金融中心地位。

从 1927 年至 1936 年底,南京国民政府共发行各种公债库券约 26 亿元③,远远超过了北洋政府的内债总额。这些巨额公债库券主要由上海的大银行承销。这不仅使银行界获得了丰厚的利润,也使以公债库券为主要标的物的上海证券市场成为全国最主要的证券交易市场。1927 年上海华商证券交易所成交额约达 2.4 亿元,1928 年约达 3.8 亿元,1929 年约为 14.2 亿元。1933 年 6 月

---

① 《金城银行史料》,上海人民出版社 1983 年版,第 241 页。
② 《全国银行年鉴》(1936 年),第 K125、K156 页。
③ 详见《旧中国公债史资料》附录"旧中国的公债统计表"。

上海证券物品交易所的证券部并入华商证券交易所后,次年交易额便达47.7亿元①,不仅在全国而且在远东也是最大的证券交易所。与此相对应的是,北洋政府时期曾经盛极一时的北京证券交易所急剧衰落,至30年代初不得不改以物品交易为主。

以下数字可以反映出20年代末至抗战爆发前夕上海金融中心地位的发展概况。

据1937年的《全国银行年鉴》统计,上海有54家银行总行(全国共164家)、128家分支行(全国共1 627家),均居全国各大城市之首。中央、中国、交通、中国农民4家政府银行的总行都在上海,实收资本总额达1.675亿元,在全国各地有491个分支机构;该四行放款总额为19.139亿元,占全国各银行放款总额的55.2%;四行存款总额为26.764亿元,占全国各银行存款总额的58.8%。全国73家的商业银行中,有36家总行设于上海,其实收资本总额达6 210万元,占全国商业银行实收资本总额的74.6%;上海36家商业银行在各地共有278个分支机构,占全国商业银行分支机构总数的68.1%。

上海共有27家外商银行,而国内其他主要城市外商银行数为:香港17家、天津14家、北平10家、汉口10家、大连7家、广州7家、青岛6家。

另外,当时国内5家跨地区性的储蓄会(局),即中央、四行、四明、万国和邮储,其总会、总局都设在上海。国内12家信托公

---

① 洪葭管、张玉凤:《近代上海金融市场》,上海人民出版社1989年版,第168页。

司，有 10 家设总公司于上海，如中央、中一、中国、生大等。国内最著名的保险公司也大多设总公司于上海，如中国、太平、宝丰、安平、泰山、天一、兴华等保险公司。

又据 1935 年币制改革前夕的统计，上海各银行发行的钞票流通总额达 3.8 亿余元，流通地域最广，主要在华北通用的津钞居第二位，流通总额约为 5 000 万元①。另外，从 30 年代初起，上海便成为全国最重要的现银集中地和分配地，是最大的现银调剂中心。根据 1935 年底的统计，当年北平移入现银 1 200 万元，无现银移出；天津移入现银 1 690 余万元，移出 820 多万元；上海则移入现银 4 618 万元外加 396 万两；移出 5 450 万元，外加 2 251 万两和 7 980 根厂条（每条合 1 000 元）。1935 年底，上海中外金融机构共存银 27 560.2 万元，其中华商机构存银共计 23 944.3 万元②。当时客观上已形成如下的现银流向：各埠剩余的现银，主要输往上海；各埠缺乏现银时，亦主要由上海调运。即使实行法币政策后，上海仍是全国最大的通货调剂中心。

应当指出，同北洋政府时期相比，南京国民政府时期（1927—1937 年）南北金融中心地位的变迁有着不同的特点。在北洋政府时期，虽然因北京、天津金融业的迅速发展，上海的金融地位相对下降了，不过就上海本身而言，其金融业还是有较大的发展。但是，南京国民政府成立后，北平与天津的金融地位不仅在相对意义上而

---

① 《中华民国货币史资料》第二辑，上海人民出版社 1991 年版，第 231、234 页。
② 《全国银行年鉴》（1936 年），第 K155、K161、K171 页，S158 页。

且在绝对意义上，都是下降的，这一点尤以北平为甚。导致这种差别的原因固然是多方面的，但最根本的原因在于：辛亥年前，上海的金融业主要以内外贸易为基础，因而本身发展基本不受政治中心变化的影响；而北京的金融业在北洋政府时期的发展主要是财政因素使然（天津在相当程度上也如此），所以，一旦政治中心南移，金融业自然直接受到影响。国内金融界曾有如下评议："自国都南迁后，北平商业，一落千丈，而银行业务，遂亦连带遭受打击；加之中国、交通二银行之总行亦迁往上海，北平银行业遂失重心所在"；天津银行业也是"一度衰颓，倒闭甚多……各行营业中心点，莫不猬集沪滨"①。20世纪20年代末至30年代中期，上海的全国金融中心地位的强化、发展，与平津金融地位的相对下降乃至绝对萎缩，大体上是逐步进行的。

三

1937年至1945年的中日战争，又使中国的金融中心出现了上海与重庆之间的东西向迁移。

1937年的八一三战事，严重地影响了上海金融业和金融市场。上海银钱业不得不于8月13日至16日连续休业四天，这在民元以来上海金融史上还是第一次。财政部于8月15日公布的《非常时期安定金融办法》，虽然旨在通过限制提存来节制资金外流，但也给

---

① 《全国银行年鉴》(1936年)，第K156、K125页。

正常的金融活动带来了很大的不便。此外,上海华商证券交易所和金业交易所即奉令停业。至 1941 年 12 月太平洋战争爆发,上海租界被占领,西商众业公所亦告中止。

中日战争对上海外汇市场虽然也产生了重大影响,但其影响程度和作用方式,却有别于证券市场和黄金市场。当时国民政府必须维持法币稳定,而法币系采用外汇汇兑本位制,法币的稳定是以其汇率的稳定为基础的。在战争环境下,官方证券市场和黄金市场的稳定,既无可能性,又无必要性。但是,国民政府力图要稳定上海外汇市场,为此采取了相应的措施,甚至付出了重大代价。最初,国民政府大体上维持由中央、中国、交通三行无限制买卖外汇的办法。1938 年 3 月起,开始对外汇买卖实行管制,由上海的中央银行分行和香港的中央银行通讯处收受承转购汇申报书,再经中央银行总行核准后,方得以官价售买。为了维持上海、香港两地的法币汇率,国民政府先于 1939 年 3 月同英国共同设立 1 000 万英镑的平准基金;1941 年 4 月,中英达成第二次平准基金 1 000 万英镑;同时中美之间共同设立总额为 7 000 万美元的平准基金。第二次中英平准基金与中美平准基金,又合并为统一的中英美平准基金。太平洋战争爆发后,上海和香港的法币外汇市场均告结束;中英美平准基金委员会和国民政府财政部外汇管理委员会所在地重庆,成为中国大后方唯一进行外汇决策及操作的城市。

中日战争爆发后,中国金融中心西移的最显著的标志,便是原先汇集于上海的大银行中枢机构迁往战时陪都重庆。

国民政府最初试图维持上海的金融中心地位。八一三战事爆发后，国民政府于当月便在上海设立了中中交农四行联合贴放委员会和联合办事处。其目的不仅在于稳定上海金融，还试图强化上海在调剂内地金融方面的中心作用。11月上海失守，国民政府旋即迁往重庆，作为政府金融机构的中中交农四行、邮政储金汇业局、中央信托局随政府西迁，各机构的总行、总管理处和总局，以及四联办事处（后改为实体性的四联总处），均辗转迁往重庆，中中交农四行在上海的各分支机构只能勉强维持市面。1941年1月伪中央储备银行设立后，重庆方面与汪伪在上海的"金融恐怖战"越演越烈，上海的四行职员一度人人自危。各行一度暂停营业。在此情况下，在重庆的四联总处决定对上海四行机构和业务采取收缩方针①。太平洋战争爆发后，上海租界局势逆转，重庆当局遂决定在上海的四行机构一律停业。

除了四行二局等政府金融中枢机构自上海撤往重庆外，其他商业性金融机构当时也纷纷西迁。这种大迁移的主要原因，在于上海与西南地区的政治和经济环境发生了重大变化。金融界人士当时便指出："全国金融向以上海为领导，战后不仅贸易额惨落，各种押款亦无从料理，金融殊感出路困难，同时政府西迁之后，贸易重心移转西南，于是西南各省之金融事业，顿觉繁盛……各银行既感沦陷区之无业可营，港沪租借地之范围狭小，惟有将其游资散之于农村，爰于抗战之初，即有若干银行随政府内迁，在川、湘、粤、桂、

---

① 四联总处理事会决议（1941年3月26日），重庆市档案馆、重庆市人民银行金融研究所合编：《四联总处史料》（上），档案出版社1993年版，第448页。

滇、黔各省等设分支行,入后纷至沓来。"①据统计,至1938年7月底,有关各省的银行数目(包括总分支行)分别为:广东81所,广西48所,湖南50所,贵州4所,云南者11所,四川则有128所,金融界公认:"西南之金融中心为重庆。"②

重庆发展为战时中国的金融中心,并非偶然。它有着得天独厚的自然条件和较发达的工商实业。重庆原先的金融业便较发达。1935年,重庆有15家银行,其中四川省银行、重庆银行和聚兴诚、四川商业、川盐、川康殖业等9家为总行,其业务辐射范围遍及四川全省,有的银行与外省也有较多的业务往来。据统计,1935年重庆金融机构移入现款总额达1 140余万元,移出达2 500余万元,汇出入总额中一半以上是与包括上海在内的外埠之间进行的③。这一现金融通规模,不仅在西南各省中首屈一指,也超出了同期天津的水平。抗日战争爆发后,重庆已成为内迁工矿业的最大的集聚地。对于上海和其他沦陷区金融机构而言,重庆不仅仅是国统区的政治中心,也是最大的经济中心和有利的投资场所,具有很大的吸引力。据统计,至1945年8月底,重庆有政府金融机构、地方银行和商业银行共94家,另有银公司、银号、钱庄及信托公司等24家,外商银行2家④。毫无疑问,重庆是国统区资金融通与划拨的中心,是最大、最重要的金融中心。

应当指出,对于大型商业银行中枢机构自沪迁渝的问题,国民

---

①② 《金城银行史料》,第684—685页。
③ 《全国银行年鉴》(1936年),第K249、K266页。
④ 引自《民国经济史》(上册),银行周报社1948年版,第34页。

政府十分重视，并且采取了相应措施。太平洋战争爆发后，国民政府便催促上海商业储蓄银行在重庆设立"总经理驻渝办事处"；1944年5月，又促使该行以在渝股东名义，宣布将原"总经理驻渝办事处"改组为总行①。太平洋战争爆发后不久，金城银行董事长兼总经理周作民在港被日方拘留，该行在渝董事吴鼎昌、钱永铭及监察人范锐函报改组机构，国民政府财政部当即核准，由吴鼎昌等人代行金城银行董事会、董事长和监察人的职权，另由金城重庆管辖行的经理戴自牧代理总经理职务，以此削减当时仍在上海的金城银行总管理处的职权。至1944年4月，根据国民政府财政部的规定，金城银行总经理处宣布在重庆成立，下设西南、西北、东南三个管辖行，形成了与在上海的金城银行总管理处对峙的局面②。

再从上海金融业的情况来看。太平洋战争爆发后，租界这一特殊的经营环境已不复存在。除了中中交农四行的分支机构全部撤出之外，英美等国在沪银行也被勒令清理停业；再加上不少商业性金融中枢机构西撤，以往在上海乃至全国金融业中居主导地位的那些金融机构，已在上海地区消失。从上海金融市场来看，继证券交易所和金业交易所停闭之后，法币的外汇市场也终止了，法币被禁止流通，国民政府对上海金融市场已不复有直接的控制和影响。与此相应，上海对以西南、西北国统区为主的法币流通区域的金融辐射

---

① 吴经砚：《上海商业储蓄银行历史概述》，引自《陈光甫与上海银行》，中国文史出版社1991年版，第32—34页。
② 《金城银行史料》，第691、694页。

作用，上海以往所处的全国最大、最重要的金融中心地位，也就不复存在了。

1945年抗日战争结束后，随着中国政治和经济中心自西南向东南地区的复归，上海作为全国最大、最重要的金融中心的地位，也迅速得以恢复和发展。除了日伪各金融机构被接收外，193家华商银行经过整肃，不久便有73家被允准继续复业。原先西迁的官方金融机构和其他商业银行，纷纷迁回上海复业；太平洋战争爆发后停业的英美等外资银行，也陆续重返上海。根据当时中央银行稽核处的调查统计，至1946年11月底，上海共有507家金融机构，居全国各城市之首。其他拥有百家以上金融机构的城市依次为：天津（209家）、重庆（206家）、广州（155家）、汉口（141家）、北平（117家）、南京（111家）、西安（105家）。上海有15家外商银行，这一数目虽低于战前，但仍居全国各城市之冠①。1946年9月开业的上海证券交易所，是当时全国唯一公开的证券市场②；其主要上市证券也由抗战前的政府公债转为本国企业股票，因而由单一的财政市场转变为以资本市场为主、财政市场为辅的典型证券市场。另外，从1946年起，上海还是国内唯一的黄金公开市场和最大的外汇公开市场。不过，至上海解放前夕，由于长时期的恶性通货膨胀和国民党统治区社会经济状况严重恶化，整个金融业处于混乱、无序状态，上海金融市场的社会功用和地位已急剧下降。

---

① 朱斯煌：《民元来我国之银行业》，《民国经济史》（上册），第42—43页。
② 天津证券交易所曾于1948年2月开业，但同年8月即停业。

四

20世纪上半叶中国金融中心在不同区域间的多次变迁，是旧中国中央政权直接控制新式金融机构和主要金融业务的结果。

在世界各主要资本主义国家的金融体系中，由国家政权掌握的中央银行和由金融资产阶级控制的商业银行，在资本构成、人事、主要职能和业务范围等方面，都有着明确的区别。国有化的中央银行独占货币发行权，并对整个金融业实行宏观调控，但不得经营商业银行的业务；某些国家的中央银行的前身可能是私人银行（如英国的英格兰银行）或官商合资银行（如法国的法兰西银行），但只有在完成资本和机制国有化并放弃商业银行业务之后，才能真正取得中央银行的地位。商业银行一般具有相对独立的地位，其业务并不受国家政权的直接干预。

旧中国的情况则不同。一方面，政府银行本身既具有中央银行的地位又经营普通商业银行的业务，晚清与北洋政府时期的中国银行（前身系户部银行、大清银行）、交通银行是如此，南京国民政府时期的中央银行更是如此。从20世纪30年代初开始，学者们多次提出应使中央银行真正成为"银行之银行"，就必须在独占发行权的同时放弃普通银行业务，政客们也曾承诺考虑实施，但始终没有兑现。而1934年中央银行增资到1亿元和1935年对中国、交通两行的第二次增资，使政府银行的资产和业务范围都远远超出其他银行。

另一方面，旧中国政府又力图直接控制地位重要的商业银行，其中尤以南京国民政府为甚。如1928年和1935年两次对中国、交通两行增资改组，最终使两行官股分别达到50%和60%①；又如继1931年以加入官股方式控制新华银行之后，在1935年先后接管面临困境的中国实业、四明和中国通商三家银行并改为官商合办，至1937年2月该三行的官股都占85%以上，董事长和总经理均由官董担任②。对于北四行、南三行等暂时不能直接加入官股的商业银行，则采用另一种形式的人事参与，即把这些银行的主要决策者，如吴鼎昌、周作民、陈光甫等人，拉入政府银行董事会乃至畀以官职，使他们的利益直接与国家政权系缚在一起。由于主要商业银行也直接或间接受制于中央政府，失去了独立地位，金融中心随政治中心的变化而迁移，自是势在必行了。

应当指出，同商业资本家和工业资本家相比，中国金融业资本家是中国资产阶级中最年轻的阶层。事实上，直到20世纪初随着一批新式银行相继开业，近代意义上的中国借贷资本才有了相对独立的形态，中国金融业资本家才形成相对稳定的阶层。此后相当长的一段时间里，这个阶层在政治上摇摆不定，有时甚至是幼稚的。例如，金融业资本家在社会活动中有着明显的区域局限性，虽然至20年代初，京、津、沪、济、杭等10来个大城市已各自成立了银行公会，从1920年至1924年连续召开了5届各地银行公会的联合会

---

① 《中华民国金融法规档案资料选编》（上册），第590、593页。
② 《银行周报》第20卷第10期，1936年3月17日。

议,但一直未能成立实体性的全国银行业同业组织。无论在北洋政府时期还是南京国民政府时期,中央政权的某些财政金融政策,曾受到金融业的批评,可是中国金融业资本家始终没有以超越区域局限性的整体名义陈述重要的反对主张,更遑论有力的一致行动了。

中国金融业缺乏独立地位的另一重要体现,就是过于依赖中央财政。民元以降,中央财政的收入和支出,往往需要金融机构特别是新式银行的介入。以政府发行公债库券为例,从劝募、承销、垫款和收缴款到逐期还本付息,各主要环节均需银行业代为经理。同一问题的另一方面是,金融业既服务于政府财政,又得益于政府财政。特别是对于各大商业银行而言,诸如对政府机关贷放款、公款存储汇兑、经理公债库券等财政性金融业务,不啻为主要利益所在。如北洋政府时期和南京国民政府初期,公债库券利息加上承销折扣,便可使银行投资相应的年利率达到3分左右①。因此,只要中央政权不面临即刻垮台的危局,各银行往往对这类财政性金融业务趋之若鹜。在近代中国政治中心对金融中心的"牵动"现象背后,仍然是经济第一性原理在起作用。

20世纪上半叶中国金融中心的区域变迁,对经济、政治、社会等领域都有着影响作用(包括正面与负面的)。当然,由于地区和时间的不同,金融中心变迁所产生影响的程度与方式,会有所差别。

金融中心变迁首先对相关地区金融业本身(包括银行、钱庄银号、证券交易所、信托与保险机构等)有着重大影响。它使得金融业

---

① 详见《旧中国公债史资料》,第14、26页。

内部重新整合，同业之间的业务往来更臻密切，但竞争的范围也更广、更激烈；并导致不同地区的金融经营管理思想、方式、作风的冲撞与交融。从整体而言，全国性金融中心的变迁有利于金融辐射范围的扩大、金融市场的拓展，加快了中国金融业近代化的进程。

金融中心变迁还影响着有关地区的工商业的发展，这种影响主要是通过贷放款等业务额的变化体现出来的。1928年中国、交通两行中枢机构自北平南迁上海，其他银行也纷纷收缩在北平的业务，北平的工商业明显随之逐渐衰落。但这次金融中心南移对天津工商业的不利影响要小一些，因为北四行仍以天津作为对工商实业放款和投资的中心，直至1935年华北政局急剧恶化后，业务重心才开始南移。在此期间，银行业对天津纺织业、化学工业以及华北的几大煤矿、铁路公用事业以及商业等，从资金和经营管理上，都曾给予较大的支持。

1928年全国金融中心的南移，对上海地区工商业的发展有明显的推动作用。由于上海成为全国最大的资金集散地，上海各大银行对工商业的投资逐年增加。以南三行的工矿业放款总额为例，1930年共为2 137.8万元，1933年增至5 506.7万元，1936年又增至7 263.1万元[1]。又如，中国银行总管理处迁至上海后，调整业务方针，"力谋以低利资金扶助大小工商业"[2]。从1930年到1934年的五个年度中，中国银行对工业的放款在放款总额中的比例分别为

---

[1] 张仲礼：《近代上海城市研究》，上海人民出版社1990年版，第314页。
[2] 中国银行民国18年度报告，《中国银行行史资料汇编》上编（1912—1949）（三），第1192页。

6.57%、10.14%、11.46%、12.08%、13.25%，对商业的放款占放款总额的比例分别为 20.14%、21.79%、22.38%、27.02%、29.77%。但也应当指出，对政府机关的放款一直是中国银行放款的重点所在，在上述各年度占放款总额的比例分别为 48.93%、47.19%、42.61%、43.90%、41.91%①。这大体上也代表了同时期上海地区整个银行业的放款基本状况。如果再考虑到这一时期上海银行业对公债库券的巨额投资②，那么金融中心南移对上海工商业所起的积极影响，显然不可估计过高。

抗日战争时期，以重庆为中心的西南地区经济事业有长足发展，其原因是多方面的，如沿海地区技术和设备等生产要素的大量移入、市场的迅速扩大等。然而中国金融中心迁至重庆，则在融通资金方面起到了不可或缺的作用。1939 年 9 月四联总处决定把公私厂矿及各项经济事业作为贴放业务的重点之后，1940 年四行联合对工矿业放款共 10 954.72 万元，交通事业放款 1 655.05 万元，粮食放款 5 088.86 万元，平市及购销物资放款 17 162 万元；1941 年四行联合对工矿业放款增至 21 564.4 万元，交通放款增至 19 334 万元，粮食放款增至 17 245 万元，平市及购销物资放款为 10 458.86 万元③。如再加上四行各自单独承办放款和直接投资的数额，四行对战时后方地区提供资金的总额更为可观。反观重庆地方性金融业，由于

---

① 《中国银行行史资料汇编》上编（1912—1949）（三），第 2036、2063、2100、2174 页。
② 1931 年上海 27 家银行所持有的公债票面额共达 5.24 亿元，占同期公债发行总额的 57%。引自《近代上海城市研究》，第 311—312 页。
③ 《四联总处史料》，第 452—453、460、463—164 页。

融资能力有限，1940年各项放款总额仅4 275.3万元，其中商业放款为4 140.9万元，占96.86%，工矿业放款27.5万元，占0.64%，交通与公用事业放款20.6万元，占0.48%；1941年放款总额虽增至27 437.1万元，但同业放款便占去20.02%，余额中商业放款为14 319万元，工矿业放款2 649.3万元，交通与公用事业放款459.4万元，农业贷放款则微乎其微①。迁川的其他大商业银行也为经济事业提供了大量资金。以金城银行重庆总处为例，该行1944年度所运用的资金之中，购买证券和房地产共约13 600万元，对工矿业放款11 400万元，对农林、商业、交通及公用事业等放款共约7 600万元，另对生产事业直接投资达2 400万元②。很显然，迁川政府银行和其他大银行提供的巨额资金，是原有地方性金融机构无力承办的。这也是金融中心西迁对后方地区战时经济最显著的促进作用。

金融业不仅为经济发展融通资金，而且还利用分支机构多、辐射范围广的优势，提供信息与咨询方面的服务。这方面的典型是20世纪30年代初在上海成立的中国征信所。该机构由上海各大银行分派一名金融专家组成董监会，其主要业务有：接受委托，调查工商企业和个人的身家、事业、财产、信用，如替银行调查放款对象，替制造商调查批发商，替批发商调查零售商的情况；调查市场动态；编印工商行名录；发行商情报告，登载市场

---

① 《四川经济季刊》第1卷第3期，1944年6月，第90页。
② 《金城银行史料》，第700页。

变化、外汇标金的涨落、国内公债的买卖、花纱布和杂粮面粉的交易情况。中国征信所成立后,业务极为繁忙,调查的行业达60余个,每年发行各种报告数百份,自创办到1936年7月,共发行报告3万余份①,成为国内最大的经济信息和咨询服务机构。抗日战争爆发后,仍留在上海的中国征信所业务大大收缩。与此相应,西迁的中中交农四行则在重庆设立了联合征信所,为四川和大后方其他各地工商业提供经济信息和咨询服务。

金融中心所在地还是专业性金融刊物的编辑发行中心。20世纪20年代北京银行公会编印的《银行月报》、交通银行编印的《交通银行月刊》、天津大陆银行编印的《大陆银行月刊》,所刊内容不仅有京津及华北地区的金融和工商行情,还有全国各地的经济状况、资源调查情况等。在上海,除了上海银行公会编印的《银行周报》和上海钱业公会编印的《钱业月报》外,自20年代末起,先后有《中央银行旬报》、《中央银行月报》、《金融统计月报》(中国银行经济研究室编印)、《中行月刊》(中国银行总管理处机关刊)、《金融周报》(中央银行经济研究处编印)等刊物问世。在抗战时期的重庆,则先后有《中央银行经济汇报》、《金融周刊》(四联总处编印)、《金融知识》(邮政储金汇业局编印)和金融界同人编辑的《金融导报》等刊物问世。尤其是抗战前在上海和战时在重庆编辑出版的金融刊物,不仅在种类上大大超过20年代的京津,而且在内容方面有下列特色:(一)金融与工商行情、

---

① 《旧上海的金融界》,上海人民出版社1988年版,第350页。

信息数量多且刊布及时;(二)注重国外金融和经济状况的介绍;(三)较多登载论文和书评,既分析经济状况,又介绍有关货币、银行、金融、财政、工商等方面的知识和理论。

由此看来,全国性金融中心的变迁,不仅直接影响到有关地区工商实业和社会经济的发展,还在经济知识和理论的传布、公众经济意识的形成等方面起着重要作用。

在金融中心所在地,不仅是工商实业界,而且公众生活也与金融状况有了更密切的联系,在金融市场的运作处于有序或基本有序的情况下,人们通常不会注意到这种联系;而一旦出现被称为金融风潮的无序状况时,公众生活乃至社会的方方面面,都不可避免地受到远甚于其他地区的影响,如1916年北京政府命令停兑中国、交通二行京钞,京钞流通量最大的京、津两地的挤兑风潮也最为严重,导致政局和社会治安长期不稳。直至1919年,因京钞低贬,"京师商民受此影响,大起恐慌,而一般劳动社会,首感苦痛,尤有不稳之象"①。又如,1934年因国际市场银价暴涨,中国白银大量外流,在金融机构最为集中的上海引发了最严重的金融恐慌,进而导致"工商业益就衰敝""百业蒙其影响""市况日趋疲敝",整个上海弥漫"投机与恐慌之风"②,南京国民政府在种种措施未能奏效之后,只得实行法币政策,切断币制与白银的联系。作为战时金融中心的重庆,于抗战后期接连发生美金

---

① 《中华民国货币史资料》第1辑,第362页。
② 《中国银行行史资料汇编》上编(1912—1949)(三),第2180—2181页。

公债风潮和黄金加价风潮。而战后国内唯一公开的黄金市场上海，也于 1947 年初爆发黄金风潮，致使经济秩序乃至社会秩序失控，严重危及国民党的统治①，上海成为军政大员和有钱人抢购黄金、市民抢购生活必需品的场所，最后以彻底关闭黄金市场、行政院院长宋子文下台而告终。金融中心所在地的公众虽然有可能获得较便捷的金融服务，但又是金融风潮严重时社会环境恶化最主要的承受者。

总之，金融中心的形成和变迁，应成为促进经济与社会发展的积极力量。然而，在 20 世纪上半叶的中国，由金融风潮而引起经济危机和社会危机，却成为金融中心所在地无法摆脱的怪圈。不过，导致这种现象的原因，不能简单地归之于金融业本身，而应从直接控制金融业及整个社会经济命脉的旧中国统治集团违背经济规律与历史发展潮流的倒行逆施中，去寻找答案。

（原载《中国社会科学》1994 年第 6 期）

---

① 《大公报》1947 年 3 月 7 日。

2

近代银行制度的形塑与政商关系

中国金融业有着悠久的历史，无论票号还是钱庄，都有数百年的历史，但其中的新式银行业，是在1840年鸦片战争之后才出现的，最初是在若干通商口岸登陆的外商银行，过了半个世纪之后，到了1897年，才出现了第一家中国人自办且股本均为本国资本的银行——中国通商银行。此后，华资银行业发展迅速，与外商银行、本国钱庄形成鼎足之势，到了20世纪30年代，俨然成为中国金融业前行的引领者。目前金融史的研究成果中，上述几大金融势力的发展演变都有较充分的论述，但基本停留在行业史的层面上。在几种代表性的金融史著作和教材中，都谈到了近代中国的货币制度，但缺少对于银行制度产生和发展的系统性叙述和研究[1]。也有学者主要从理论探索的角度出发，梳理了"近代银行制度建设思想"提出发展的过程，指出从1846年魏源的《海国图志》到辛亥革命前，西方银行制度与银行理论逐渐被介绍到中国[2]，这些可以视为华资银行业产生和初步发展的知识和学理前提。事实上，与钱庄、票号

---

[1] 参见洪葭管主编：《中国金融史》，西南财经大学出版社1993年版；李飞等主编：《中国金融通史》第二卷、第三卷、第四卷，中国金融出版社2008年版；叶世昌、潘连贵：《中国古近代金融史》，复旦大学出版社2001年版。

[2] 程霖：《中国近代银行制度建设思想研究（1859—1949）》，上海财经大学出版社1999年版。

等本土传统金融机构不同，华资新式银行业在其萌生阶段便有着合法性的认定问题；银行通常采行股份制的公司组织，不仅要受到公司法的规范制约，更有银行业专门的制度性规定。笔者以为，自19世纪70年代到清朝末年，是近代中国银行制度的形塑时期，而对银行制度形塑起直接作用的，一是政府当局集银行制度文本的颁行者与银行运行监管者于一身；二是作为投资人和经营者代表的绅商，逐渐形成银行资本家群体。本文拟围绕晚清银行制度的形塑过程，梳理政商之间的合作、互动乃至博弈关系，以冀揭示出近代银行行业发展与相关制度之间的内在理路，拓展金融史的研究视野。

一、近代银行制度的早期构想

在金融史的研究中，通常以1897年设立的第一家华资银行——中国通商银行的章程，以及此前盛宣怀在奏呈设立银行时的有关说明，视为近代中国银行制度建立的开端。但是，至少在中国通商银行开业的20年前，设立华资银行已成为洋务企业家和相关地方督抚之间认真讨论的话题。如1876年春《申报》报道称，曾任怡和洋行买办、时任轮船招商局总办的唐廷枢与福建巡抚丁日昌"商酌，拟由中国纠聚股份设一大银行，并在东洋各埠及英京伦敦亦设分行"。该报道称："此信确与否，固尚未悉，惟商客无银行来往，生意必不能畅行。"后续的报道还提到了拟设银行的"章程"内容，如采取招集股本的方式、分期逐次缴齐股款、仅限国人认股、银行开始地点等①。可以认为,洋务企业家倡设银行的主张,首先代表了商界的利益,但也得到了有关地方督抚的认可和支持。

此后,洋务派官员积极倡设银行,但屡屡受挫,"银行之议,久未图成"②。1885年9月间,北洋大臣兼直隶总督李鸿章曾向户部提交一份银行章程,结果户部以该章程"只计其利,不计其害,且又假手洋商,使利归外人,害遗中国,逐款奏驳,事遂中止"③。但是,各方创设银行的努力并没有停止。1886年1月,《申报》刊登了一份佚名绅商拟呈李鸿章"宪鉴"的《有限国家银行章程》共10条,分别为:(一)银行益处;(二)本银;(三)银行办法;(四)总局和分局;(五)督办权;(六)账目;(七)银行股票刊印;(八)银行利权;(九)报效;(十)条规。根据该章程,该"国家银行"需要得到清廷的批准方得开办,尤其是招股1000万关平银和"只银行独占利益、他人不得分润"等利权,均要求获得"谕旨恩准";该银行"总局设于北京,作为根本",上海分设总局,各地设分局;人事方面,由清廷"简派京外大员"任督办,另由股东"公保"并经督办查核产生的总办,负责日常管理,包括"随时查阅账目、盘兑存银";主要业务方面,要求准予经办国家借款、各省官款收发,以及"发买军火

---

① 《中国拟设银行》,《申报》1876年3月18日;《华商新设银行纪略》,《申报》1876年5月20日。

② 盛宣怀上李鸿章说帖(1882年冬),夏东元:《盛宣怀年谱长编》,上海交通大学出版社2004年版,第168页。

③ 督办军务王大臣等关于开设银行的奏议,光绪二十一年十二月二十日(1896年2月3日),谢俊美编:《中国通商银行——盛宣怀档案资料选辑之五》,上海人民出版社2000年版,第705页。

机器等件银两、并出洋官员廉俸,皆归银行办理汇兑","有海关各省税银皆交银行收存,——遇有发洋即由银行汇兑";承诺所有收存之官款"三月以内认息三厘,三月以外认息五厘"。另外,强调该银行的运营办法"皆照外洋历经试验参酌尽善之最妙新章",银行一切账目每6个月刊发一次,"俾股友及大众知晓";银行股票"股友可随时买卖,不须向银行更名挂号,银行只以股票为凭,以免纠葛"。紧接着上述章程稿的,是该佚名绅商致"宫太傅中堂阁下"即李鸿章函,强调"中国仿设西法银行"的必要性,要求当局"准令招商,聚集巨股,妥善施行;中国国家派员察查,可以坐收利权;纵有折阅,亦无关碍"①。可见,该绅商向李鸿章提议设立的银行虽然冠名"国家银行",其"国家"属性的体现,主要在于获得清廷批准而设立,派大员督办以及办理诸多政府业务,但并无官股所代表的政府投资,采行的是较典型的官督商办体制,即监督权归政府,经营权和利益归投资商,如果说政府有所得益的话,实际上也只是作为特殊的客户而言;强调政府"可以坐收利权"而无关"折阅",正是从商人的本位出发而最易打动政府的利益关系说辞。应当说,这是以商人利益取向为主的银行制度文本。

虽然这份章程关于设立"国家银行"的提议没有见到下文,但李鸿章于一年之后直接饬令津海关监督周馥、东海关监督兼办轮船电报事务盛宣怀、会办轮船招商局务马建忠,与驻美公使张荫桓推荐的美国传声公司商人米建威,面商合议《华美银行章程》12款及

---

① 《谨拟有限国家银行章程恭呈宪鉴》,《申报》1886年1月27日。

专条 1 款①。李鸿章对于这份由美国商人与他所指定的若干官员拟定的章程颇为满意,"察核所拟尚属妥当,俱可照准",即令双方签押,一份存北洋官署,一份由米建威带回美国,落实美商投资②。这份章程在制度性安排上值得注意的是:明确开设银行的合法性,来自于"北洋商宪李傅相"即李鸿章的"允准保护维持",而非"谕旨恩准";银行设于北洋通商大臣官署所在的天津以及上海,而非北京;这是一家中美合资开设在中国的官督商办银行,由中、美绅商分别集股 500 万元,董事由众商公举,总办、副总办、管事人员等均由商董议举,并"禀报北洋大臣批准";各种洋务工程借款,也是"应先禀请商宪"同意之后再由银行派人考究利弊,订立合同亦须"请商宪批准立案";银行设厂铸钱"其式样、轻重应由北洋商宪批定遵行"。而为了"上答商宪保护维持之意",银行方面将向"商宪"提供一年期的无息借款 50 万元,此外的借款以 150 万元为限并计息。至于该行与清廷的关系,则体现在两个方面:第一,国家借款将按照"商家借贷"计收"最轻利息";第二,对于"国家特准"生意,银行奉准办理得利,"除附股息外,其余一半归还中国国家,一半归于本行"。至于一般的商人借贷,须以"产业货物作抵,利息从轻"。这同样是官督商办、政商合作的制度安排,只是把"官督"确定为银行置于北洋通商大臣的"保护维持"之下并且主要人事安

---

① 米建威禀及会议章程,光绪十三年六月初三日(1887 年 7 月 23 日),《中国通商银行——盛宣怀档案资料选辑之五》,第 697—699 页。

② 李鸿章咨周馥、盛宣怀、马建忠文,光绪十三年六月初三日(1887 年 7 月 23 日),《中国通商银行——盛宣怀档案资料选辑之五》,第 697 页。

排和重大业务须得到"批准",而股商的权益和对官衙的义务,都有明确的规定。

值得注意的是,在上述得到李鸿章亲自"察核所拟尚属妥当"的章程 12 款暨专条 1 款之外,同时还有一份《华、美绅商集股设立中国官银行草议》22 条①,对于银行的官、商两方面属性和两者之间的关系,有更清楚的表述。

就"官"的属性而言,该《中国官银行草议》第一条便强调,该银行"禀蒙北洋商宪李傅相允准督理,故名中国官银行","应就近在天津设立总行";在总共 22 项条款中,明确提到须经过"商宪"即李鸿章"督理""定夺""节制""奏准""批定""批准""察核"等处的,就有 13 条之多,涉及该银行开设的合法性以及多个方面。提供给李鸿章使用的免息款项的数额亦高达 200 万两。

"商"的属性,则几乎体现在每一条款中,同样在第一条就写明"本行系有限公司,由华美各绅商集股在中国开设";其他如规定股本总额为"先集资本银五千万两,由中美各绅商均听入股;……如生意兴旺,原集股本五千万两不敷应用,再集股本银五千万两,仍只准华、美各绅商添入";自延董事数人,须殷实公正熟谙商情者;延致董事以下各人,均须取切实保人结状,秉公录用;"中国国家"即清政府向银行借款,须经华、洋员董议定;官办各大工程借款,无论数额、利息、归还日期及如何察理维持等,皆载入合同,

---

① 华、美绅商集股设立中国官银行草议,光绪十三年六月(1887 年 7 月,天津),《中国通商银行——盛宣怀档案资料选辑之五》,第 697—699 页。

经"商宪"批准入案,且须以其生意和产业作抵押;华洋各商借款,可以货物、产业或股票抵押等。

《中国官银行草议》体现的依然是一家中美合资的官督商办银行的制度性规定,表面看似乎"官督"涵盖了银行的各主要方面,但基本上只是原则性和外在的规定。而"商办"的特点更明显,且落实在股本、人事、经营、业务等方面的制度文本中。说到底,李鸿章作为当时力推洋务实业的关键人物,是接受盛宣怀提出的"银行只可商办"的主张的,盛宣怀具体参与了上述银行制度性文本的起草,力陈银行"盈亏听商自主,官不宜过问,(李)傅相尚以为然"[①]。李鸿章最后决定采用更为简约和低调的《华美银行章程》,不无避免来自清廷中反对商办银行的保守派阻扰之用意。但是,不到三个月,"清廷以有人奏直隶总督李鸿章与美商米建威订约股开华美银行",认定"此事流弊甚多,断不可行,着即行罢议,迅速复奏"[②]。此后,李鸿章也没有继续向清廷奏请设立银行,他多年所关切的中国人自设银行的几个制度性文本,只停留在了构想层面。

作为洋务运动最主要的推行者,李鸿章对办银行必须采取官督商办体制的主张是非常明确的,在他主办的一系列洋务企业中,如轮船招商局、开平矿务局、上海机器织布局、电报招商局等,均采取了同样的制度。更值得指出的是李鸿章与洋务企业家

---

① 盛宣怀上翁同龢禀,1887年夏(光绪十三年丁亥夏),《盛宣怀年谱长编》,第168页。

② 李允俊主编:《晚清经济史事编年》,上海古籍出版社2000年版,第527页。

群体之间的密切关系,如他在上述洋务企业中对怡和洋行买办唐廷枢、宝顺洋行买办和保险公司创办人徐润、太古洋行买办郑观应等人,既加以信任重用,又有着督饬和控制,两者之间在思想取向上则互相影响。这些人都是办银行须实行官督商办制度的倡行者,以李鸿章为代表的近代中国银行制度的早期构想中,所体现出来的,正是当时洋务企业中的政商关系。

二、第一家华资银行的制度文本

甲午战争中国战败后,清廷发布令各省筹拟变法自强上谕,于是出现了多个官办银行的方案,如顺天府尹胡燏棻提出从中央到地方设立"官银行"的主张:"于京城设立官家银行归户部督理,省会分行归藩司经理,通商码头归关道总核";银行业务主要为印行钞票、办理军饷官俸之出入授受及查核、放款、押款,并指出了用人必须按照西法,用商务之章程,杜官场之习气,慎选精明廉洁之人,综计出入①。御史张仲炘提出的"官银行"方案,主张先拨官股,再由银行广招商股,实质是官商合办;在制度构建方面强调仿行商办和参考西方银行②。稍后,恭亲王奕䜣和户部尚书敬信等在奉旨查核张仲炘的奏折时,也提议"特简大臣承办"设立官银行,"当于承办之先,博考西俗银行之例,详稽中国票号之法,近察日本

---

① 中国人民银行总行参事室编:《中国近代货币史资料》第一辑清政府统治时期(下册),中华书局1964年版,第637页。
② 同上书,第641页。

折阅复兴之故,远征欧美颠扑不破之章,参互考证,融会贯通,拟定中国银行办法,咨会筹商妥定,即由户部指拨专款,请旨开办"①。可见,此时不仅是洋务派地方督抚,而且参与廷议的高层京官,都对设立新式银行的必要性以及基本制度有了相当程度上的共识。

就在顺天府尹胡燏棻、御史张仲炘提出"官银行"不久,1896年11月,曾为李鸿章幕僚且协办、督办过多个洋务企业,以四品京堂候补督办铁路总公司事务的盛宣怀,在其奏呈自强大计折附片中,提出了创设"商办"银行的具体方案。盛宣怀所提出的设立银行的主张,虽然本质上也是官督商办体制,但在政商关系上有了新的制度设计。他明确指出,虽然一般说来银行制度文本要"善于中国之票号、钱庄",并且有"国家任保护,权利无旁扰,故能维持不敝",但如果"执官府之制度"搞官办,必然重蹈咸同年间"部钞殷鉴"。在他看来,"银行者,商家之事,商不信,则力不合;力不合,则事不成"。他的基本构想,就是在制度层面,明确规定新设之银行是"商行",要招商股,"悉由商董自行经理",而非"官银行""国家银行"②。

盛宣怀的奏折引起了清廷的高度重视。光绪帝在看到该奏折后,便面谕军机处:"银行一事前交部议,尚未定局。昨盛宣怀条陈,有请归商办之议。如果办理合宜,洵于商务有益,着即责成盛

---

① 《中国近代货币史资料》第一辑清政府统治时期(下册),第641—642页。
② 盛宣怀奏呈自强大计折附片,光绪二十二年九月二十六日(1896年11月1日),《中国通商银行——盛宣怀档案资料选辑之五》,第3—4页。

宣怀选择股商，设立总董，招集股本，合力兴办，以收利权。"军机处即传知总理各国事务衙门、户部以及盛宣怀本人遵办①。这也是清廷批准举办本国银行的第一例，预示着第一家华资新式银行——中国通商银行即将问世。

中国通商银行的基本制度文本，主要体现在 1897 年 2 月 20 日定稿的《中国通商银行大概章程》之中，这个章程是盛宣怀与他所选择的"股商"即"商董"和从中产生的"总董"们反复商讨而形成的。如银行商董们曾提出"拨发官本"和"仍归商办"的方案②，并议订章程四十条，包括银行总纲四条、总行章程十二条、分行章程二十四条，在政商关系方面提出不少具体意见，如"拟请特简大臣督办，并派大员总办"；"由户部筹定资本一千万元为额，先拨二百万元以便建造屋宇，购买印票机器"；"股东所买股份即系自己产业……股东公举董事至少五人。董事中再推某为总董，某为副董，某为本行总理，均须有股份稍多之人"③。十位总董中排名第一的张振勋（南洋华侨巨商、张裕酿酒公司和佛山机器制造公司等企业的创办人），曾向盛宣怀拟呈了五个方面的《银行条议》，强调"今中国开办银行，无论现下将来，管事经手必需除去官场气习，皆用熟悉商务之人"；"银行招股袭轮船招商局遗意而变通之，先集商股

---

① 军机处关于盛宣怀开办银行的批文，光绪二十二年十月初八日（1896 年 11 月 12 日），《中国通商银行——盛宣怀档案资料选辑之五》，第 8 页。
② 银行商董呈递说帖，光绪二十二年十月初八日（1896 年 11 月 12 日），《中国通商银行——盛宣怀档案资料选辑之五》，第 8—9 页。
③ 银行董事酌拟章程四十条，光绪二十二年十月（1896 年 11 月），《中国通商银行——盛宣怀档案资料选辑之五》，第 30—35 页。

五百万两"。除了印造银票即纸币"宜奏准通行各省埠,所有本行银票准取现银,并输纳地丁钱粮"等之外,该《银行条议》完全不提"官督"方面的内容①。而在总董中排名第三的严信厚曾入李鸿章幕,并在数地海关开设官银号,在上海、宁波等处开设多家机器纺织、面粉、榨油等公司,就在盛宣怀奏呈自强大计的五天之后,严信厚等即向盛提交关于设银行、发行钞票的条陈,指出:"如设立官银行,章程一切悉照西法。"②两个月后,严信厚接连为盛宣怀拟就两份银行章程共27条,其中不乏较重要的主张,如"银行不领官本,召集华商股份五百万两,先由招商、电报两局筹拨股本银二百万两,以为之倡,其余三百万两,选举各省董事,分别认股";"银行仿照汇丰银行之规制,以精纸机器印造银票与现银相辅而行";"银行收存公中之款,以权子息;购买船械,以银合镑;收付洋债,以镑合银;均须随时考核,以杜暗耗"。盛宣怀对严信厚的拟稿逐条批阅,如严稿中有盛宣怀为拟设银行的"督办"并刊刻关防,盛宣怀批"不必有此名目""不可";严稿中有银行"参用西法",盛宣怀改"参用"为"悉照"③。于是,在盛宣怀奏呈自强大计折近三个月后,在"参酌各总董议论及西国银行章法"的基础上,形成

---

① 张振勋拟呈银行条议,光绪二十二年十一月十六日(1896年12月20日),《中国通商银行——盛宣怀档案资料选辑之五》,第36—37页。
② 严信厚等关于设银行、发行钞票的条陈,光绪二十二年十月初二日(1896年11月6日),《中国通商银行——盛宣怀档案资料选辑之五》,第4页。
③ 严信厚所拟银行章程,光绪二十二年十二月初十日(1897年1月12日);严信厚所拟第二个银行章程,光绪二十二年十二月十八日(1897年1月20日)。均引自《中国通商银行——盛宣怀档案资料选辑之五》,第42—48页。

了《汇订中国通商银行大略章程》20条;然后听取了京、津多位高官的意见,形成了由盛宣怀最后定稿的《中国通商银行大概章程》。

盛宣怀把光绪帝的谕旨做了进一步的发挥,并将其作为银行章程的第一条:"中国创设银行已奉上谕,选择殷商,设立总董,招集商股,合力兴办,以收利权,并请户部酌存官款,自系为通商兴利起见,此系奉特旨开设之银行,应即名为中国通商银行,以示商股商办,而官为护持,与寻常商家银行不同,用图推广,俾垂久远。"这也是盛宣怀对于理想化的官商关系基本原则的概括。该章程修订后总共22条,包括公款汇存、用人办事、总行所在地、股本、股利、报效、分支行、纸币发行等主要方面,呈送清廷,希望一并获得批准[1]。总理衙门虽然原则上肯定该章程"就大概办法而论,亦颇周备",但对多项条款提出异议和修订意见,盛宣怀在与通商银行各总董商议之后,即作出针对性的回复说明。如章程将总行所在地定为上海,在北京设分行,总理衙门则认为"京都若为分行,似觉外重内轻,不足以崇体制",主张在北京、上海两处均设总行。对此,盛宣怀坚称"上海为中国通商第一口岸,应以上海为银行总汇之所,以便中外交易";"而京都既非通商码头,股份不多,又无总董,势必隔膜",但同意"京都、上海均称为中国通商银行,其余各省、各埠则称为通商分行"。又如,

---

[1] 中国通商银行大概章程,光绪二十三年正月十九日(1897年2月20日),《中国通商银行——盛宣怀档案资料选辑之五》,第56页。

在银行盈利分配安排方面,章程规定在股东官利除外之余利中,先提公积金及分给总、分各行董事人等酬劳,其余按十成分,以八成分给股东,以二成报效国家。总理衙门提出,应于官利、公积、花红之外,按十成分派,应提五成报效公家,盛宣怀则坚持章程原定二成报效的规定,并声称若银行实际利薄,则遑论报效。另外,在发行钞票的准备金问题上,盛宣怀不同意总理衙门提出的分存部库、藩司及关道各库的要求,但关于铸币所得之利益,盛宣怀答应银行所得津贴之外全数归公。总理衙门要求中国通商银行承诺与汇丰银行一样,随时以一二厘的低息向清政府提供数十万或数百万的急需贷款,也为盛宣怀所拒绝[1]。值得指出的是,在收到盛宣怀代表通商银行总董的回复之后,总理衙门并没有坚持原先的要求,而是肯定了盛宣怀与"各总董详筹妥议,具见实事求是之意",同意通商银行"及早开办,其有未尽事宜,仍随时声复本衙门可也"[2]。

中国通商银行是"奉旨开办"的,盛宣怀本人是以"候补四品京堂"的身份被上谕指名"责成"办理"选择殷商,设立总董,招集股本,合力兴办,以收利权"等开办事宜的,其章程各条款获得了总理衙门的核准,这些是中国通商银行得以在1897年5月27日在上海开业的基本制度性保障,也是该行"与寻常商家自行开设银行不同"所在。但是,中国通商银行的基本属性依然是商

---

[1] 盛宣怀咨复总理各国事务衙门王大臣文,光绪二十三年三月十一日(1897年4月12日),《中国通商银行——盛宣怀档案资料选辑之五》,第8页。

[2] 总理各国事务衙门咨盛宣怀文,光绪二十三年三月十八日(1897年4月19日),《中国通商银行——盛宣怀档案资料选辑之五》,第71页。

办银行，其股本均为商股，根据章程，中国通商银行额定资本500万两，先收半数250万两，包括"盛大臣认招轮局、电报两局华商股份一百万两；各总董认招华商股份一百万两；其余五十万两，应听各口岸、各省会华商投股"。中国通商银行并没有严格意义上的官股，但开办时准领生息官款100万两①。总的来看，围绕中国通商银行设立的制度安排，清廷在官商关系方面，基本上接受了盛宣怀所提出且代表商董利益的"商办官护"的安排。

1897年中国通商银行的设立，既代表着华资新式银行业的产生，也标志着近代银行制度在中国已经不仅仅是字面和文本上的，而且已经生根萌芽。虽然相应的谕旨和总理衙门核准的中国通商银行章程都是特定的，并非开办其他华资银行时可以直接援引的，但却是尔后中国出现新式银行业和相应制度文本体系的先声。

三、华资银行业制度文本初成体系

继中国通商银行设立之后，1905年户部银行的设立，代表了国家银行制度或者说官办银行制度在中国的问世。

应当指出，还在盛宣怀为设立第一家华资银行而广为征求制度性文本的方案时，尽管"官督""官助"名义下的"商办"是主流性的主张，但也不乏"官办"为先、"官办"为主的意见。盛宣怀曾收

---

① 中国通商银行大概章程，光绪二十三年正月十九日（1897年2月20日），《中国通商银行——盛宣怀档案资料选辑之五》，第8页。

到过一份列有六个方面建议的"银行管见",开头便是"银行宜官设也",提出:"今日之开银行,商办必不成。惟有奏开官银行,以户部为纲领,南北洋为枢纽,各省为脉络,庶可一气贯通,天下利权在握,然后朝廷特简一熟悉商务之大员督办其事,则商股可不招而集,奸商市侩为我指挥,商务之不兴,吾未之信也。"在银行股本筹措方面,主张"先筹备股本五百万两,分为官股四成,商股六成。官股四成,即奏请户部拨借库款银二百万两,分十年归还,每年纳缴五厘息银,此筹官股之法"①。这与盛宣怀"银行只可商办"的主张在本质上是不同的,因而没有为盛所采纳;但却与近十年之后开设的户部银行的制度性文本,有着共同的"官办"取向。

1904年3月初,清廷财政处在关于试办户部银行的奏折中提到:"中国向无银行,各省富商所设票号、钱庄大致虽与银行相类,特公家未设有银行相与维系,则国用盈虚之大局,不足资以辅助。……现拟先由户部设法筹集股本,采取各国银行章程,斟酌损益,迅即试办银行,以为财政流转总汇之所。"根据户部拟订和奉旨"依拟"的《试办银行章程》(共32条),户部银行实行官商合办的股份有限公司制,额定资本400万两,分4万股,每股库平银100两,由户部认股2万股,为最大股东,得派总办、副总办各一人,另由股东举理事4人;其余2万股"无论官民人等,均准购买";经

---

① 拟设银行官见六则,光绪二十二年十月(1896年11月,上海),《中国通商银行——盛宣怀档案资料选辑之五》,第28页。

营范围包括存放款、买卖金银、汇兑划拨公私款项、票据贴现、保管等。该银行归国家保护,凡遇市面银根紧急,可向户部银行请求拨给库款接济,但照章按期计算息银;每季须将营业资财报告送呈财政处、户部查核,财政处、户部可随时调阅银行清账,但"各项贸易事项,公家均不干涉"。发行之钞票准予公私出入款项一律通用;一切库款官款,均准以该行纸币照缴;各省解部款项并准一体解兑;办理户部出入之款项;有整齐币值之权①。《试办银行章程》是为户部银行"量体裁衣"拟订的,将户部银行定位于"中央银行"②,相应的制度规定也不是其他银行可以照搬的。但其明确规定的采用股份有限公司制,则是以后各银行都采行的制度;而关于与政府财政当局的各项条款,其体现的基本原则也为嗣后政府银行的条例、章程所沿袭。

1908 年户部改为度支部后,户部银行改名大清银行,原先的《试办银行章程》经奏准改为《大清银行则例》,对于股本的规定为:资本总额增加至 1000 万两,分为 10 万股,"股票概用记名式,由国家认购五万股,其余限定本国人承买"。对于营业事项的表述如下:短期折息、各种期票贴现或卖出;买卖生金生银;汇兑划拨公私款项及货物押汇;代为收取公司银行商家所发票据;收存各种款项及保管紧要贵重物件;放出款项;发行各种票据。《则例》进一

---

① 《中国近代货币史资料》第一辑清政府统治时期(下册),第 1039—1042 页。
② 据光绪三十四年正月三十日度支部尚书载泽折:"臣部所设银行原名户部银行,即为中央银行。"见于《中国近代货币史资料》第一辑清政府统治时期(下册),第 1044 页。

步明确了大清银行作为国家银行享有如下特权：代国家发行纸币、经理国库及公家一切款项、代公家经理公债票及各种证券；代国家发行新币。值得注意的是《则例》较具体地规定了大清银行"不得"经手的方面："大清银行除上开事项外，不得再营他业"；"不得将本行股票作为抵当之物，亦不得自行买回"；"除营业应用地基房屋外，不得将不动产买入或承受"；"不得以行中款项营运他项工商事业"。在高层管理人员方面，大清银行由度支部简派正监督、副监督各一人，另由股东总会公举理事4人，呈准度支部派充；各分行总办由银行呈准度支部奏派，经理、协理、司账等由银行职员公同选派，呈度支部备案①。

总体看来，户部银行和大清银行是官股占有一半的国家银行，承担着清廷重要的财政与金融职能，其基本制度体现了清政府的支配性的地位，但也反映了中国金融制度早期近代化、规范化的轨迹。

1907年底邮传部奏请设立交通银行，则有如下几方面的考虑：自办并振兴交通事业四政之需；经办京汉路赎路债票股票；借款所办铁路各款之存储；经办轮、路、电、邮各局存款；办理国外汇兑。根据邮传部所拟并奉旨"如拟"的《交通银行奏定章程》七十四条，交通银行的基本制度体现了"商"与"官"两方面取向的结合。如《章程》宗旨的第一条便宣布："交通银行纯用商业银行性

---

① 《大清银行则例》，《中国近代货币史资料》第一辑清政府统治时期（下册），第1045—1048页。

质,由邮传部设立,官股四成,商股六成,一切均照奏定商律办理。"对于私人存款,规定"应按照外国银行通行规则办法,妥为收存营运,不能问其款之所从来","非持存款凭券不得用官力向银行强迫阅帐查办,致使银行信用稍有损碍"。在向官府借款方面,强调"该行系官商合办之业,凡各部省、各地方官,虽因公事,若无抵押的款,不得违章挪借,致失国民信用"。交通银行的基本经营范围包括存放款项、买卖生金生银、汇兑划拨公司款项、票据贴现、贵重物品保管等一般银行业务,没有经理国库、发行公债等特权。但在人事和管理方面,归由作为"最大股东"的邮传部来决定,如定派总理和协理各一人,专管总分行事,"总理、协理均听邮传部堂官命令";总行、分行均定派总办一人,酌派副办一人,有办事全权;另由邮传部派出总稽查一人,随时赴行专司稽查之责;银行每季须详造营业资财报告呈送邮传部查核,年终结账转咨度支部查核,邮传部可随时调查各账,"此外各项贸易事业,公家决不干预"①。与户部—大清银行相比,交通银行带有更多商业银行的特点,而与政府财政较少直接的关联。

除了上述专门针对国家银行的《试办银行章程》《大清银行则例》,以及邮传部主管的《交通银行章程》之外,其他商业银行的章程规则也有获得奏准或咨准的。如1905年,商部曾奏请设立模范商业银行,"整理商业,必以银行为基础。银行者,所以汇集资本、酌

---

① 《交通银行奏定章程》(光绪三十三年十一月初四日邮传部奏颁),交通银行总行、中国第二历史档案馆合编:《交通银行史料》第一卷(1907—1949),中国金融出版社1995年版,第172—181页。

盈剂虚,握商界交通之机关。银行益众多,商业益发达,国势即益强盛"①。当时清廷已经意识到,除了政府直接控制的官办银行之外,将陆续出现"普通银行",亦即"民立银行":"东西各国有中央银行,复有普通劝业储蓄各项银行。考其制度,约有两端:一为国家银行,由国家饬令设立,与以特权,凡通用国币,发行纸币,管理官款出入,担任紧要公债,皆有应尽之义务。一为民立银行,为商民之所请立,必由政府批准然后开设,大旨皆与商民交易,凡其集股数目,营业宗旨,以及一切办法,均当呈明于户部,而款项营业情形仍须随时报告。"②有鉴于此,1908年2月度支部颁发了《银行通行则例》共15条,其第一条即规定,凡是开设店铺经营所列银行业务的,无论用何店名牌号,总称之为银行,皆有遵守该则例之义务。这一规定就其本质而言,确定了银行业作为金融业代表性行业的地位,而钱业等本土传统金融业均被归入该法规的适用范围,不复有单独法规颁行之可能;《银行通行则例》较明确地规定了银行的业务范围、申请开设银行核准注册的基本程序和申报内容,并要求银行开业后应按期向政府申报资产和收支情况并须向社会公布,但对于银行开办资本未设最低限额。根据《银行通行则例》,各省官办或官商合办之行号,亦须限期申报注册,并遵守则例;官办行号每省会商埠只准设立一所,商办金融机构的数目则无相应的

---

① 杨端六:《清代货币金融史稿》,生活·读书·新知三联书店1962年版,第369页。
② 度支部尚书载泽折——改户部银行为大清银行并厘定各银行则例,光绪三十四年正月三十,《中国近代货币史资料》第一辑清政府统治时期(下册),第1044页。

限制①。同年,清政府还颁布了多个关于银行业的条例,如《银行注册章程》《储蓄银行则例》《殖业银行则例》②。可以认为,清末已经形成了华资银行业制度文本体系,尤其是民间资本进入银行业的大门业已打开,银行业的准入、营运、监管等方面已经有了"法定"意义的制度规定。这也意味着围绕银行制度的政商关系将有新的定位。

四、结　语

近代银行制度从早期构想,到第一家华资银行即中国通商银行的制度文本的问世,是以李鸿章、盛宣怀为代表的洋务派官员,与实质是绅商的企业家群体之间,通过较长时间的充分交流而达成的共识。事实上,在银行股本构成、主要组织和人事、权益与风险等问题上,不仅官商之间有着不同的取向和分歧,甚至洋务派官员与清廷决策机构之间、不同绅商之间,观点与主张也并非完全一致,但是,各种讨论甚至争议的参与者,对于中国人自办银行且股本均为本国资本的必要性、迫切性上,则是基本一致的;政商之间所持的立场也都是积极和建设性的。第一家华资银行制度的本质,与绝大部分洋务民用企业实行的"官督商办"制度大体相同,但能够以"商办官护"的形式出现,即"官"的作用主要体现在合法性与准

---

① 《银行通行则例》(光绪三十四年正月十六日奏准),中国第二历史档案馆、中国人民银行江苏省分行、江苏省金融志编委会合编:《中华民国金融法规档案资料选编》(上册),档案出版社1989年版,第145—148页。

② 同上书,第148—156页。

入的把控、对于全部制度文本的核定;"商"的定位则是直接投资和直接经营,并承担相应的利益与风险。这些都表明,华资新式银行的诞生不仅是洋务运动的延续,更是这一运动的升华。通过近代银行制度的早期构想到第一家华资银行制度文本的问世及初步运作,待到设立国家银行与一般商业银行的时机成熟之后,相应的银行制度文本体系的形成也就水到渠成了。

还应当指出,经历辛亥鼎革、清廷退位等政治风潮之后,中国通商银行依然维持运作;在清理改组大清银行基础上成立的中国银行,其体制的基本属性即国家控制的政府银行,并无本质性区别;交通银行条例虽有些微变化,其制度则基本上是连续与延续的。而对于晚清末期建立的一般意义上的银行制度体系,北京政府财政部于1912年9月18日颁令:"兹暂定在则例未修正以前,仍暂照前清度支部奏定各种则例及注册章程办理。凡有设立银行号者,仰即转饬遵照办理可也。"[①]直到20世纪20年代中期,前述《银行通行则例》《银行注册章程》《储蓄银行则例》《殖业银行则例》等依然得以遵行。可见,围绕晚清银行制度的形塑过程,政商之间的合作、互动乃至博弈关系,其作用和结果基本上是积极、稳定的;近代银行业的产生与发展离不开相关的制度文本,银行业的经营运作则是制度文本得以检验和存废的基本依据。

(原载《河北师范大学学报(哲学社会科学版)》2018年第1期)

---

① 财政部致京师商务总会令稿(1912年9月18日),《中华民国金融法规档案资料选编》(上册),第145页。

近代中国内债史研究对象刍议
——以国民政府 1927 年至 1937 年为例

近代中国的内债,是整个中国近代史研究中十分重要的问题。绝大部分中国近代史、现代史教材和作为断代史的中华民国史著作,以及相关时段的经济史、财政史、金融史教材、著作,都涉及内债问题,其中有些著作还做了专题性述评。但是对近代中国内债问题做整体性观照的成果,仅有千家驹主编的《旧中国公债史资料(1894—1949年)》(财政经济出版社1955年版,中华书局1984年新版),其中的"代序"《旧中国发行公债史的研究》一文,另刊于《历史研究》1955年第2期,又以《论旧中国的公债发行及其经济影响》为题发表于《文史哲》1983年第6期。迄今为止尚未见有以近代中国内债问题为研究对象的教材和专著问世。不过,近年来旧中国内债史的资料已有较多刊布,如在《中华民国史档案资料汇编》的有关财政经济分册里,以及若干金融机构资料集里,都可以较方便地查到①。一些档案

---

① 这方面的资料集见有:中国人民银行上海市分行编:《上海钱庄史料》,上海人民出版社1960年版;中国银行总行、中国第二历史档案馆合编:《中国银行行史资料汇编》上编(1912—1949),档案出版社1991年版;交通银行总行、中国第二历史档案馆合编:《交通银行史料》第一卷(1907—1949),中国金融出版社1995年版;中国人民银行上海市分行金融研究所编:《金城银行史料》,上海人民出版社1983年版;中国人民银行上海市分行金融研究所编:《上海商业储蓄银行史料》,上海人民出版社1990年版;上海市档案馆编:《一九二七年的上海商业联合会》,上海人民出版社1983年版。

部门已对馆藏史料进一步整理开放。在阅读了上述著述和资料文献的基础上，笔者提出了关于内债史研究对象的若干思考，以就教于学界同仁。由于旧中国政府举借的内债债项甚多，情况不尽相同，本文以1927—1937年期间南京国民政府举借的内债为例进行讨论。这不仅在于资料颇为集中，而且相关的研究成果也较丰富，笔者的探讨可以有明确的比照。

一、内债与公债

千家驹《旧中国发行公债史的研究》一文，把研究对象概括为"旧中国发行公债的历史过程和它的影响"。在《旧中国公债史资料》的附录统计表中，有债券名称、发行定额、实发行额、担保品、利率等要件。从该《资料》所收入的大部分公债库券条例中，还可以看到关于发行主体、票券面额、是否折扣、是否记名、还本付息日期、清偿期限、票券其他功能等要件，以及关于票券发行机关、还本付息经理机关、基金保管机构的规定。这些当然都属于研究对象。附录统计表的最后一栏"其他"，给出了某些债款要件改变的情况，提示内债关系本身是一个过程。近年来关于内债整理的成果问世①，表明已有研究者关注内债关系的延续性和阶段性，把与债项各要件有区别但又密切相关的内债风潮和理债问题列入了研究范围。

---

① 参见王晶：《1932年的公债风潮：国民政府与上海金融界关系述评》，《档案与史学》2000年第3期。

研究内债史往往要对许多债项进行梳理和统计，得出相关结论。但是如果未关注某些性质不同的债项，或者将这些债项混同于常规债项，得出的结论就可能是不周全的，可能只注意到内债问题的共性而未达及特性，没有揭示内债问题的某些重要内涵。如果的确有上述疏漏，那么与较长时期以来对"内债"与"公债"两个词的混用、误读有关。

　　在近代中国财政史上，内债与公债的区别是清楚的。公债即国家公债，包括内国公债和外国公债，"内债"与"外债"则是相应的简称。内债，指中央政府在国内以信用方式向个人或团体筹措资金，其债权—债务凭证的形式可有公债票、国库券与合同、契约之分。反之，在国外举借或向外国债权人举借的，便是外债。在给定的研究范围内，用"公债"来表示"内债"并不会导致理解上的歧异；但是，有些著述在对"内债""公债"做统计或统计性评述时，只列入采用公债票、国库券形式的债项，省略、忽视了非债券形式的内债，混淆了不同形式的债项之间的区别；对于债券形式的债项，公开发行谈得较多，以债券抵押借款的甚少提及，语焉不详。这就容易对复杂的内债问题做简单化的理解。

　　1927年至1937年期间国民政府举借了大量内债，这已是不争的事实。至于举债总额，几种研究成果的记载有所出入。千家驹记为："综计自一九二七年到一九三六年这十年之内，南京政府正式发行了二十六亿元以上的内债。"① 杨荫溥的遗稿《民国财政史》谈

---

① 《旧中国发行公债史的研究》，《历史研究》1955年第2期。

道:"本期十年内(1927—1936年)先后发行了内债二十三亿二千一百万元。"①与以上两个统计数字出入较大的是《民国社会经济史》:"综计1927—1936年间,共举内债43.42亿元。"②新近问世的研究成果中,也有沿用此说的:"1927年至1936年间,国民党政府发行有担保的内债总额43.42亿元。"③千家驹明确把1936年发行的统一公债14.6亿元定义为"调换旧债",未计算在新发行各债的总额内④;而且也没有把1928年的5亿元"国民政府财政部建设公债"计入⑤。那些大大超出千家驹统计数的结论,很可能把统一公债与"建设公债"一并统计在内了。笔者以为,举借新债与整理旧债,拟发而嗣后实际未发,或虽发但名称和数额已与最初条例不同之债项,都应列入1927年至1937年期间内债史的研究范围;但如果都计入各债项总数,则宜对有关情况加以说明。

笔者要着重指出的是,一些著述往往只把公开发行公债票、国库券的债项列入研究范围,忽略了对非债券形态的内债债项和以债

---

① 杨荫溥:《民国财政史》,中国财政经济出版社1985年版,第65页。
② 陆仰渊、方庆秋主编:《民国社会经济史》,中国经济出版社1991年版,第257页。
③ 刘克祥、陈争平:《中国近代经济史简编》,浙江人民出版社1999年版,第512页。
④ 《旧中国发行公债史的研究》,《历史研究》1955年第2期;洪葭管主编:《中国金融史》(西南财经大学出版社1993年版)第306—307页也明确指出统一公债与其他新债的区别:"1936年,国民党政府共发行各种公债208 200万元,除统一公债14.6亿元是旧债外,新债发行额达62 200万元。"
⑤ 据建设公债条例第三条,该公债发行期限及办法未定(《旧中国公债史资料》,中华书局1984年版,第167页)。千家驹把1928年的发行总额计作1.5亿元(同上书,代序言,第19页),显然未计入该建设公债。但是将"建设公债"的要件列入该书附录之统计表中(同上书,第370页)。

券抵押借款的研究，这是对"公债"一词的狭义使用。仅基于公开发行债项的统计以及相应的评判，会导致对内债问题所包含的财政和政治关系认识上的简单化和片面性。全面考虑内债的各种形式和内债问题的复杂性，这是笔者主张在泛指和统称场合使用"内债"一词，进而区别"内债"与"公债"、"举借内债"与"发行内债"的不同含义的主要理由。

事实上，千家驹对公开发行的债券与非公开发行的债项之间还是有所区别的，如："这一年（指 1932 年）虽未正式发行公债，国民党政府仍向银行借了一亿数千万元。""除公开发行的债券之外，国民党政府复于一九三四年一月以意国退回庚款为担保向上海银行团（由中央、中国、交通、浙江兴业、上海商业、中南、金城等七家组成）借了国币四千四百万元。"①收入《旧中国公债史资料》的"财政部无确实抵押内债各表计算总说明"把北洋时期的内债分为公债、借款、库券三类，借款又分为盐余借款、内国银行短期借款、各银行垫款三项②。但千家驹又往往不区分"内债"与"公债"。他一方面把"旧中国发行的公债分为四个时期来研究"，而在对各时期做概述性说明时，又屡屡使用"内债"，如"清政府举行的第一次内债是一八九四年"，"北洋政府之大量发行内债是从一九一四年（民国三年）开始的"，"综计自一九二七年到一九三一年这五年之内共发行了内债债额达十亿五千八百万元之巨"。他把南京国民政府

---

① 《旧中国发行公债史的研究》，《历史研究》1955 年第 2 期。
② 引自《旧中国公债史资料》，第 101—102 页。

"筹措反革命的战费"方法归纳为"增加附税""借外债""发钞票""借内债"4种,这里的"借内债"当指广义的举借内债,包括公开发行与非公开发行的方式。但前引"综计自一九二七年到一九三六年这十年之内,南京政府正式发行了二十六亿元以上的内债",显然仅统计了公开发行的部分①。《旧中国公债史资料》所附《旧中国的公债统计表》,只收入公开发行的债票库券,也使人易产生"内债"即"公债"的印象。

1927年至1937年期间国民政府举借内债的主要方式有:第一,发行公债库券;第二,政府以债券向金融机构抵借;第三,直接与债权人发生关系,既不通过中介方,也不采用债券抵押的方式。《旧中国公债史资料》所列出的主要是第一种情况。第三种情况的借款事实上不少,如南京国民政府正式成立之前中国银行提供的几笔借款,1927年4月上海银钱业两笔垫款共600万元。在《交通银行史料》中便见有:1933年中国、交通、中南、金城等行向铁道部垫款450万元;1935年中国、交通、中南、金城、盐业银行向铁道部垫款486万元;1936年中央、中国、交通三行向铁道部透支借款300万元;1935年和1936年南京当局以湘岸盐税做抵,两次向中、中、交三行举借现款充做军费,每次为200万元;1936年财政部以粤桂闽区统税收入向中、中、交三行借款1 200万元②。在业已出版的中国银行、金城银行、上海商业储蓄银行的史料中,都可以

---

① 《旧中国发行公债史的研究》,《历史研究》1955年第2期。
② 《交通银行史料》第一卷(1907—1949)上册,第398、405、385—386、388页。

见有关于非债券抵押借款的记载。

从 1928 年开始，第二种情况即以债券抵借的次数颇多，情况最为复杂。30 年代的研究者曾有如下描述："政府发行公债，多当需款孔殷之求，等不得债票拿去发售，预先就以债票向银行抵押借款，然后由银行陆续按市价而出售，等到债券售出，再行结帐。"①直接发售（购买）债券与作为抵押品的债券之间是有区别的。作为抵押品的债券所有权尚在国民政府，政府方面按实际获得的押款支付利息，其利息率与作为抵押品的债券并不完全相同。如果国民政府清偿押款本息，债券即须归还政府。通常押款届期或逾期而又无法以现款偿付本息，国民政府便会委托银行或钱庄在市面上出售债券以抵付借款本息，或以债券按市价折抵。顺便指出，国民政府不仅向银行业而且也向钱庄业多次以债券抵借。某一债券可能有若干数额直接向市场发售募集，其余部分向金融机构抵借，但最终又以所抵债券按市价清偿，这样被清抵的那部分债券实际是在二级市场上易手。对债券抵押借款的研究不仅具有相对独立的意义，也是全面研究相关债票库券发行实际情况之所需，是 1927 年至 1937 年期间内债问题中难度较大但极具研究价值的部分。

我们可以看看抵借个案的概况。1928 年 3 月 23 日，国民政府财政部向上海市钱业公会借款 100 万银元，以续发江海关二五库券 200 万元为抵押（后抽回 50 万元）。在这笔抵借中，国民政府承担的

---

① 佳驹：《国民政府与内国公债》，《东方杂志》第 30 卷第 1 号，1933 年 1 月 1 日。

债务额是 100 万元，而不是作为抵押品的数额 200 万元或 150 万元；清偿期由起初规定的 3 个月两次展期，实际则为 7 个半月；最初 3 个月利息率为 8 厘，以后展期内增至月息 9 厘。在国民政府最终明确授权清结之前，钱业公会对作为抵押品的库券并无处置权；因此不能把抵押品的押借折扣率简单地视做发行折扣和计为债权方的收益率。这笔 100 万元的抵押借款与续发江海关二五库券本身在利息率、期限等要件上，都有所区别，应视为两笔借款。换言之，续发江海关二五库券的一部分初次发行时便被认购，但其余部分被充当押借抵押品，最终才被清抵的。如果对续发江海关二五库券进行专题研究，除了公开发行之外，还应搞清楚其余部分的库券是向哪些债权方以何等条件进行抵借的，最后是怎样清抵的。

在谈到公开发行债券与抵押借款的区别时，不可不提到美国学者小科布尔的著作《上海资本家与国民政府（1927—1937）》。书中写道："在 1928 年 3 月至 1931 年 11 月期间，上海钱业公会在十三笔交易中所购入的债券是三千零六十万元，而实际所贷出的款是一千五百六十二万五千元（见表5）。"书中表 5 为"上海钱业公会购买政府债券项目表（1928 年 3 月—1931 年 11 月）"，共列出 13 项，且注明"资料来源：中国人民银行上海市分行编：《上海钱庄史料》（上海1961），第 207—209 页"①。但经查上引《上海钱庄史料》有关页码，所列表格是"1927—1935 年钱业认购反动政府债券、借垫及押

---

① 《上海资本家与国民政府（1927—1937）》，杨希孟译，中国社会科学出版社 1988 年版，第 79—81 页。

款明细表",是把认购债券、借垫及押款三个方面的共30项按时间顺序分别排列;而《上海资本家与国民政府(1927—1937)》所见的13项,都应属于押款即以债券为押品的借款,在这13项中钱业得到的债券都只能说是政府方面提供的押品而非"购买"债券本身,各项折扣率都只是抵押品与垫款额直接的比率,而不是购买折扣;这13项"购买",无论从金融史还是经济史的角度来看,都不是"购买"而是抵押借款。在《上海钱庄史料》中确实列出并注明为真正"购买"的,如1929年5月1日认购续发卷烟库券、11月2日认购上海市公债,但《上海资本家与国民政府(1927—1937)》一项也没有摘引。《上海钱庄史料》还记有1930年11月国民政府以民国十九年善后短期库券(注明数目不详)押借200万元,《上海资本家与国民政府(1927—1937)》的表格中也没有收入。笔者查阅了《上海资本家与国民政府(1927—1937)》的英文原著,发现上述问题发生在英文版,其中表5的标题是"购买"(purchase),表中又标明钱庄提供的是"贷款"(advance),获得的是"证券"(securities),并有以下一段话:"After the formal date of issue, the bonds would either be placed directly on the market at the Shanghai Stock Exchange and the Shanghai Chartered Stock and Produce Exchange or retained by the banks."[①]需要指出,从整体来看,金融业持有的债券分为两部分,即自有部分(直接从国民政府方面承购或购自市场)和抵押部分,可

---

① Parks M. Coble, Jr., *The Shanghai Capitalists and the Nationalist Government, 1927-1937*, Harvard University Press, 1980, pp.70-72.

以自由向证券市场出售的是已经真正购买的自有债券；至于政府抵押借款的那部分债券，只有在政府方面授权清结的情况下，作为债权方的金融机构才能处置。但英文版只字不提国民政府的授权。中译本没有注明英文版与所引《上海钱庄史料》的出入①。国内的某些著述也提出了与小科布尔完全一样的结论：上海钱庄业确实以极大的折扣分 13 次"购买""购得"了上述债券。不知这些著述是直接对《上海钱庄史料》相关资料进行研究后而得出统计结论的，还是采用了小科布尔著作中译本未加说明的直译？

除了钱庄业外，国民政府还多次向银行业押借。如财政部和交通银行之间，分别于 1934 年和 1935 年 5 次抵借共 2 580 万元，押品合计为民国二十年赈灾公债 426.09 万元、民国二十二年和二十三年关税库券共 3 548 万元；1936 年 3 月和 7 月以复兴公债 2 915 万元共押借 2 040 万元，9 月又以统一公债和复兴公债票面共 4 300 万元押借 3 000 万元②。还可以举出许多押借个案。这类个案绝大部分没有列入千家驹的统计或统计性评述。不少著述虽然提到有非正式发行的借款、抵借，但实际上几乎都没有如同公开发行的公债库券那样做直接的研究。把国民政府公开发行的各公债库券按其条例上的数额，按阶段、按时期进行统计和比较，当然有其科学性、学术价值和意义。《旧中国公债史资料》出版后，不少研究成果运用该书代序

---

① 《江浙财阀与国民政府（一九二七——一九三七年）》（南开大学出版社 1987 年中译本）第 44 页表 5 为"上海钱业公会所属钱庄购买政府债券的条件"，所列 13 项同《上海资本家与国民政府（1927—1937）》中译本。

② 《交通银行行务纪录汇编》（三），《交通银行史料》第一卷（1907—1949）上册，第 380—387 页。

和附录统计表中给出的实发数额进行阶段、时期的内债发行额的统计，或照搬该书的统计结果。但该资料的"例言"中有说明："本编后附一统计表，其中'实发行额'一栏，凡官书档案有记载者概以列入，其无特殊记载者，即以'发行定额'为'实发行额'，这可能是不符合实际情况的，仅以供研究者的参考。"该书没有注明统计表中发行定额与实发行额相同的许多债项中哪些是"官书档案有记载"，哪些并无记载。因此在运用该书资料进行统计时，应加以说明，不能只是简单地按该时期各债项的条例将发行额相加计算。

迄今为止关于国民政府非公开发行内债尤其是以债券抵押借款的研究成果甚少，这主要是受到资料刊布状况的限制，也与对内债内涵缺乏周全的把握有关。不过，准确理解和使用"内债"一词，明确内债不仅包括狭义"公债"即在国内发行的公债票、国库券，还包括直接借款和抵押垫借，进而搞清它们之间的区别，这还是应当可以做到的。

二、债务方与债权方

如同近代中国的外债问题一样，内债关系的确立无疑要有债务和债权两个方面，然而在为数不多的涉及内债的研究成果中，实质上都是从债务方（通常指中国政府）的角度出发，叙述内债政策的制定以及内债的发行、使用、本息的偿付等环节。这一视角当然是非常重要的，且有待于进一步深入研究。

研究1927年至1937年国民政府发行的内债，"债务方"问题还有必要"进一步深入研究"吗?

笔者以为,从研究内债史的要求出发,有必要搞清所论及债项的直接举借主体,即是由"国民政府"还是由其直属部门出面发行或洽借签约的。而在做统计性、概述性表述时,如果仅提某时期"国民政府"共发行若干数额内债,理应把该时期经国民政府批准或授权的由各直属部门出面举借的各债项都考虑在内。前文提及的《民国社会经济史》有如下表述:"1927年至1931年的5年间,国民政府发行的有担保的内债共25次,总债额共10.58亿元……(略去以下列出各年度债项数和年度总额)"①该书注明这一统计引自财政经济出版社1955年版的《旧中国公债史资料》代序,但笔者查核这一版本的原文,在按年度列出25项内债及给出总额10.58亿元后,注明:"上表未把伪交通部、建设委员会所发行的各种债券计算在内,仅以伪财政部发行者为限。"②事实上,同期国民政府直属的其他部门也公开发行了若干债券,如:1929年铁道部收回广东粤汉铁路公债2 000万元;同年和次年交通部两次电政公债各1 000万元;1930年建设委员会电气事业长期公债150万元和电气事业短期公债250万元;同年铁道部北宁铁路机车设备短期公债500万元③。上述这些借款的具体用途、担保品和基金保管机构都不同于

---

① 陆仰渊、方庆秋主编:《民国社会经济史》,第256页。
② 《旧中国公债史资料》,财政经济出版社1955年版,代序,第15页;而中华书局1984年新一版《旧中国公债史资料》的代序中(第19页),仍保留了此段注文,仅略去了两处"伪"字。
③ 《旧中国公债史资料》,第187、189、191、194页;贾士毅:《民国续财政史》(4),商务印书馆1933年版,第340、341页。

财政部所举借各债,是评价该阶段"国民政府"内债政策和整体意义上内债问题全局时,应当予以关注的;在做相应统计时,如果是考虑到非财政部门发行内债的特殊性而分列分述,当然是可以的,不加说明而略去,显然不妥。

1927年至1937年期间公开发行各债券的具体发行者,究竟是财政部还是其他部门,或者是财政部与其他部门共同发行,应当有较准确的表述。20世纪30年代财政部与国民政府所属其他部门共同发行的公债为数不少,如1931年财政部与实业部共同发行过江浙丝业公债;1935年与交通部发行过电政公债;与铁道部在1934年共同发行玉萍铁路公债,1936年发行过第三期铁路建设公债,1937年发行过粤省铁路建设公债和京赣铁路建设公债。研究内债史既要指出各债项之间的共性,也要揭示其区别,包括具体债务方的不同。把1927年至1937年期间各项公债的发行主体都简称为国民政府,固然有助于使相应的经济关系和财政关系的本质更为凸显,但在做统计性的表述时必须考虑到具体债务方的周全。

至于非公开发行之借款(包括押借),财政部之外的其他部门有多项举借。如向上海商业储蓄银行举借的就有:1930年9月外交部以民国十九年关税库券50万元抵借20余万元;建设委员会1934年以淮南电气公债押借90万元;同年交通部以西安电话局收入担保,借款22万元,海军部借款50万元,等等①。又据金城银行1937年

---

① 《本行政府借款之研究》(1934年12月),《上海商业储蓄银行史料》,第606—609页。

6月统计,对政府各机关的放款情况为:财政部放款7 057 227元,交通部放款329 580元,实业部放款61 450元,军事机关放款216 946元①。可以认为,国民政府通过财政部出面举借内债的数额大于其他部门;但是如果把财政部所借内债等同于国民政府举借的全部内债,这样的结论难免不周全。

除债务方之外,构成内债关系的还有另一方即债权方。应当明确:谁是南京国民政府的债权方? 南京国民政府向哪些机构、团体和个人承担有还本付息的义务呢? 进而言之,在论及的债项中,债权方为什么要对南京国民政府提供债款? 债权方对款额、利息率、担保、期限等要件持何态度? 债权方对国民政府的内债政策及其他重大政策持何立场? 从现有研究成果的实际情况来看,强调不仅要从债务方,也要从债权方的角度出发,有助于更为客观、全面地研究旧中国内债问题本身,从而使近代中国内债史得以确立相对独立的分支学科地位,也可以拓宽近代中国工商史、金融史、社会史的研究领域。同时,相对于近代中国外债史研究中的外国债权方,研究内债史的债权方问题的资料条件要有利得多,就整体而言具备了研究的可能性。

南京国民政府成立后,继承了北京政府时期所发而未清偿的若干内债债务,还承认了广州和武汉时期发行的部分公债。当时这些债票库券的持有者何止成千上万。这些人当然也属于南京国民政府的债权方,但由于债券并非南京国民政府所发行,故不列入本文考

---

① 《金城银行史料》,第484页。

察范围。本文提出应加以关注的是，南京国民政府本身所举借内债的债权方问题。

以往的大部分研究成果实际上都涉及债权方及提供债款的目的等问题。千家驹指出："金融资产阶级为了它本阶级的利益以全力支持国民党政府，它们一方面从国民党政府胜利的果实中分润其剥削劳动人民的赃物；一方面通过了对南京政权的财政支持，从而加强了它对国民党政府的控制，使南京国民党政府更忠实地为它服务。国民党政府和金融资产阶级的互相利用，狼狈为奸，在公债发行上是表现得很突出的。"他还指出，当时的"持票人会"，"事实上即上海的银行团，也就是中国的金融资产阶级"①。杨荫溥则称："控制着上海金融经济命脉的江浙财阀""买办财阀"，"以承购公债的方式支持反动政权"②。上述提法虽然过于绝对化和简单化，毕竟还涉及了债权方问题。然而，千家驹在《旧中国的公债统计表》中收入了1927—1937年期间发行的50余项公债库券，分别给出"债券名称""发行日期""发行定额""实发行额""担保品""利率""其他"共7个要件，但没有列出债权方或者经销、代销机构③。这是十分典型的以债务方为本位，尽管列出的各要件对于债权方来说都是很重要的。其他一些著作简要指出南京国民政府内债的发行对象是银行与公司，大量的公债都是由银行包揽或承

---

① 《旧中国公债史资料》，代序，第18、20页。
② 杨荫溥：《民国财政史》，第61页。
③ 《旧中国公债史资料》，第370—375页。

购①。可以明显看出，论者的重点所在实际是作为债务方的南京国民政府。近年新问世的关于江浙金融财团的研究成果，则进一步明确指出，购买南京国民政府公债的不仅有银行、钱庄，还有"民众自愿认购"，"有部分公债是因民众购买而得以顺利推销的"②。南京国民政府所发债票库券的持票人数额之多，当不少于北京政府时期。

下面以南京国民政府成立之初举借的几笔内债为例，来探讨与债权方有关的几个问题，即：1927年5月1日开始发行的江海关二五库券3 000万元，1927年7—8月间的盐余库券垫款828万元，1927年10月和次年2月两次发行的续发江海关二五库券4 000万元。

1927年4月4日和25日分别签署的上海银钱业两次垫款共600万元，属于直接举借。当时上海银行公会有25家会员银行共承担了400万元；钱业公会的84家会员钱庄共200万元，每次每家认购11 900元，公会每次出400元③。这两次垫款的债权方，既有少数的"财阀"，也有百来家银行、钱庄的相关股东、投资人。从债务方蒋介石当局出发，这两次垫款可以认为是来自上海金融界的重要支持；联系当时的历史背景，可以看到在南北之间、宁汉之间、国共之间，上海银钱业的垫借不无政治上选择的

---

① 《民国社会经济史》，第255页；洪葭管主编：《中国金融史》，第268页。
② 姚会元：《江浙金融财团研究》，中国财政经济出版社1998年版，第268页。
③ 《一九二七年的上海商业联合会》，第89—90页；《上海钱庄史料》，第207页。

意味。但是，如果仔细研究一下垫款合同和相关文件，可以解读出别的含义。如第一份垫款合同对不少问题都有明确规定：垫款数额——银行公会各会员银行垫借200万元，钱业公会各会员钱庄垫借100万元；利息率——月息7厘，"自交款之日起算，陆续收款拨还，利随本减"；担保和偿付方式——"以江海关收入二五附税作抵，由银钱两公会自借款日起，派员监收，逐日由收款行照数分派各行庄，至垫款本息还清之日为止。但本垫款本息未还清以前，如库券已销售有款，得以销售之款，尽先归还之"[①]。银行公会要求派往江海关二五附税局监收的代表，"所有每日收入附税若干，暨每日分派各行若干，拟请逐日开单见示，以凭备案存查"[②]。在上海银钱业看来，与蒋介石当局还有着债权方与债务方之间的利益关系，必须严格按照商业原则，才能保护债权方的利益和要求。而加入垫款的各行庄作为不同的债权人，相互之间亦是"在商言商"，锱铢必较。

江海关二五库券是南京国民政府首次公开发行的债券，如果仅知道发行定额和实际发行额都是3 000万元，这只能笼统地说，南京国民政府得到了工商界的支持。而搞清具体是谁（商会、银行、钱庄、工商企业等）、各承募多少库券，则显然有助于认识的深化。对于自行购买库券的公众数及其具体情况，尚难以明了。但有关档案显示：这笔库券自1927年5月1日起开始发行，至5月9日，上海

---

① 《一九二七年的上海商业联合会》，第57—58页。
② 上海银行公会执行委员叶扶霄、胡祖同致沈服周函，1927年4月5日，上海市档案馆藏上海银行公会档案（以下简为上海银行公会档），档号S173-1-28。

市商业联合会所属的交易所联合会、纱厂联合会等 32 个会员，共认购 190.7 万元①。而其中大部分会员各自又有若干个工商企业。再从上海金融业来看，到 5 月 19 日共承购 504 万元，其中有 25 家银行和 100 多家钱庄②。各行庄的资力不一，与国民党方面关系的密切程度也有区别，但承募并不踊跃，如上海聚兴诚银行就曾表示："此项库券，敝行最多只能认购票额 2 万元。"③ 到后来只能统一规定，各行庄须按前两次垫款额的 84% 认购江海关二五库券。在购买、承销江海关二五库券的"债权方"中，上海中国银行颇引人注目。当时蒋介石曾强令其购买 1 000 万元，上海中行总经理宋汉章只同意垫借 400 万元，代销 600 万元，结果与蒋介石发生正面冲突，引起上海金融界大哗，甚至连江苏兼上海财政委员会主任、上海商业储蓄银行总经理陈光甫都站在中行一边，向蒋介石据理力争。虽然最后江海关二五库券如数被购买和抵借，但金融界在政治高压和商业利益直接冲突的情况下如何应对处置，是研究这一时期内债问题时应当注意的。

紧接着江海关二五库券之后的盐余库券的结局，体现出债权方的态度对国民政府举债数额的制约。财政部原来宣布将发行盐余库券 6 000 万元，蒋介石致电上海银钱两业，要求"设法垫募"。财政部次长钱永铭亲赴上海商催垫款，但金融界反响冷淡，中国银行担

---

① 《一九二七年的上海商业联合会》，第 85—87 页。
② 《上海钱庄史料》，第 207 页。
③ 引自上海市银行公会致聚兴诚银行函，1928 年 5 月 23 日，上海银行公会档，档号 S173-1-28。

任额度最大，也仅 246 万元，且从 7 月下旬到 8 月上旬分 4 批解款。居第二的交通银行垫借额只有 120 万元，以下北四行共 100 万元，南三行共 80 万元，四明银行 40 万元，再往下 20 家银行，每家认额多的为 8 万元，少的仅 5 000 元。钱业公会总共只肯承担 200 万元，下派到各庄时，85 家会员每家 2 万元，共 170 万元；公会出面与 20 家元字庄商议，希望每家承担 1 万元，元字庄方面统一口径："如此巨数万难担任。"最后每家只认垫 5 000 元，余下的 20 万元只得以钱业公会名义借垫。结果，到 8 月中旬蒋介石宣布下野时，上海各行庄解交款项总共才 828 万元，银行公会和钱业公会与财政部代表就这一数额匆匆达成垫借合同，两业且要求财政部在合同中写明："在本借款未清偿以前，国民政府为顾全市面金融计，允不再向两公会借款。"①上海金融业的最终认定数与盐余库券原定 6 000 万元的发行额相差如此之远，以至于接任财政部长的孙科只好中止发行盐余库券，到同年 10 月以续发江海关二五库券换回作为押品的盐余库券。

至于续发二五附税国库券，大部分也是由金融机构购买或提供抵押垫款。值得注意的是金融业对利息率的计较。1928 年初，继孙科之后出任财政部长的宋子文宣布续发江海关二五库券加发 1 600 万元，利息率由月息 7 厘增至 8 厘。两同业公会便向财政部方面提出，两业所认 1 340 万元续发江海关二五库券，在 1927 年 12

---

① 上海市钱业公会常会议事录，1927 年 7 月 16 日、30 日，上海钱业公会档，档号 S174-1-2；《一九二七年的上海商业联合会》，第 133 页。

月底以前便已缴款,在预约期内应行加给1厘之利息,要求财政部查照各户预约券内载票额及缴款日期,核明补发。财政部拖到8月份才予以答复,称该项库券自加发劝募之日起利息已增至8厘,而原预约券已分散,无从补息。12月中旬,上海银行公会得悉财政部直属机关认购该库券者,已领到补息,遂再度向财政部交涉,要求同样的待遇;并指出"预约券分散"不能成为财政部拒绝补息的理由:"查敝会各银行之认购该项库券,与钧部俱有契约关系,与普通认购者不同,按图索骥,似不难复查……务乞俯念下情,准予补发。"这样,财政部不得不同意上海金融业关于续发江海关二五库券预约期内补息1厘的要求①。在筹募加发续二五券时,财政部长宋子文以加息、担保确实等条件和应为完成北伐"军事统一"尽义务相号召,不可谓不精明;但是作为债权方的上海金融业显然认为,在对国民政府尽义务的同时也绝不可以忽视商业利益。

还应指出,当时财政部曾要求国民政府所辖各机关及省、市、县政府所属职员,一律以一个月薪俸应募续发江海关二五库券;社会方面,凡行号、商店及厂家,均须以职员一个月薪水为标准认购。这是南京国民政府成立之后首次要求以薪俸、薪水额摊发债券,财政部要求上海银钱业在1928年3月15日前交款,未果;后

---

① 关于这次交涉情况,可详见上海银行公会与钱业公会1928年2月20日致宋子文张寿镛函、宋张同年8月4日复函、上海银行公会12月13日和17日致宋子文张寿镛电、12月17复上海银行公会电、上海银行公会12月22日致财政部函、宋子文1929年1月5日致上海银行公会函,上海银行公会档,档号S173-1-29;上海钱业公会档,档号S174-1-4。

来由上海商界劝募江海关二五库券协会出面，展至当月底，结果上海钱业南北各庄 95 家的职员，以一个月薪水为标准认购库券共 72 500 元，并在月底前如数交款①。尽可能搞清各级政府和各厂商行庄职员应募与认购续发江海关二五库券的情况，是从债权方出发研究这一债项的必然要求，有助于深入揭示债项所蕴含的社会关系内涵。

张嘉璈曾经指出，到 1931 年底为止，"估计未偿债券余额 7 亿余元中，银行之发行准备占 2 亿余元，个人与团体所有占 4 亿数千万元，外人手中六七万元。个人与团体所有之债券，一部分押于银行钱庄"②。如果按行业区分，金融业尤其是上海金融业无疑是这一时期内债的最大债权方。较长时期以来流行一种看法："金融资产阶级以承购公债支持蒋介石政权，同时他们也由公债买卖中发了财。"③就整体而言，这种看法并不错。但是，如果由此而认为，任何情况下金融业都乐于向南京国民政府提供借款、购买或承销债券，那就把作为债权方的金融业的态度简单化了。1927 年 4 月 25 日上海银钱业公会与江苏兼上海财政委员会达成的第二次垫款合同中就有这样的规定："自此次加垫后，不再续行垫借，并各地支行联号，亦不再加借。"④国民政府推销加募续发江海关二五库券之初，

---

① 宋子文张寿镛致上海银行公会和钱业公会函，1928 年 3 月 8 日，上海钱业公会档，档号 Q174-1-44；林康侯致钱业公会函，1928 年 3 月 26 日、31 日，上海钱业公会档，档号 Q174-1-47。
② 《中国银行行史资料汇编》上编（1912—1949）（一），第 631 页。
③ 《旧中国公债史资料》，代序，第 26 页。
④ 《一九二七年的上海商业联合会》，第 59 页。

1928年3月6日上海钱业公会委员会议通过的决定是：如以印就正式库券2万抵借1万，按照抵借手续办理，似不能推卸，但抵借之数愈少愈好①。同年9月，财政部商议以善后公债票面150万元向上海钱业公会押借100万元现洋，钱业公会讨论的结果是仅允以100万元票面押借现洋50万元，"并要求财政部，将来本会会员倘有募到是项公债，不论数目多寡，应随时扣除"②。1931年8月，财政部向上海钱业公会提出以新发行之盐税库券抵借200万元，遭到钱业公会的拒绝，结果财政部只得同意先结清此前的统税库券押款200万元，即由钱业公会代为售出作为押品的统税库券票面300万元之后，再以400万元的盐税库券重新抵借200万元的现款③。待到1932年以上海金融业为主体的持票人会与财政部谈判公债整理案时，提出的条件之一便是："政府不再向各商业团体举债为内战及政费之用。"④还可以举出不少的例子。在较高的利息率和有抵押的情况下，为什么金融业对于向国民政府提供借款依然持谨慎态度，这是值得研究的。从某些债项来看，其政治意义较突出；但从整体来看，金融业把向国民政府提供借款或购买债券看成是商业投资行为，追逐利润和规避风险，是题中应有之义。

---

① 上海钱业公会档，档号S174-1-3。
② 上海钱业公会第16期常会纪录，1928年9月26日，上海钱业公会档，档号S174-1-3。
③ 上海钱业公会第15、16期常会纪录，1931年8月2日、16日，上海钱业公会档，档号S174-1-5。
④ 《持票人会对于内债之宣言》，《旧中国公债史资料》，第26页。

三、起中介作用的团体和机构

进一步考察 1927 年至 1937 年期间国民政府的内债问题,可以发现:无论公开发行还是非公开发行债项,在债务方国民政府与真正的债权方之间,往往有某些团体和机构在起着中介作用。如上海商业联合会、江苏兼上海财政委员会、上海银行公会、上海钱业公会、江海关二五附税国库券基金保管委员会(以下简称江海关二五券会)、国债基金管理委员会等。蒋介石当然也派出军需官为筹饷直接催款奔波,国民政府财政当局也时常会亲赴上海与金融业接洽借款,即便如此,在这一时期的内债机制中,某些团体和机构的中介作用依然是不可或缺的。从内债史角度来研究相关的团体和机构,或者说通过研究这些团体和机构来考察当时内债问题的特殊性,是拓宽内债史研究领域的需要。

从概括商界、金融界与国民政府的关系而言,把上海商业联合会、上海银行公会和钱业公会等团体直接说成债权方,把江苏兼上海财政委员会直接说成债务方,并无原则性的不妥。1927 年共 600 万元的两次垫款合同,确实都是由上海银钱业公会与江苏兼上海财政委员会签署的。但是,如果仔细查阅有关史料,便可以发现,不仅这两次垫款,而且嗣后各次上海金融业承购承销债券、直接提供债款或垫款,真正的供款者是各行业商会(甚至工商企业)和具体的银行、钱庄;商业联合会和银行公会、钱业公会的实际作用,一方面是把国民政府的各次相关举债额落实到下属行业商会和行庄,另一方面是作为债权方的代表，向国民政府进行交涉。而江苏兼上海财政委员会虽然受命于南京当局，但金融工商界的代表为数不少，该委员会并不等同于国民政府本身，它的性质和在内债机制中的作用宜做具体分析。同样，对江海关二五券会和国债基金管理委员会这样的机构也应做较深入的研究。

上海商业联合会与江苏兼上海财政委员会都曾在1927年为南京国民政府募集内债，但二者的作用有较大区别，均值得做个案研究。

商业联合会仅承担江海关二五附税国库券400万元，在此额度内向所属各业商会、公所和同业公会摊派和催缴。从1927年4月下旬起，分别致函有关下属团体，又召集部分会员团体会议，下达和确定认销额。至5月6日，商业联合会解款150万元，其中80万元是下属团体所缴，70万元是向交通银行和上海商业储蓄银行借垫的。商业联合会固然打算完成所认定的承销额。但是，在催缴难以奏效的情况下，商业联合会也会把矛盾上交到江苏兼上海财政委员会，开列各团体名称、摊认款额，要求财政委员会直接"通函催其从速认销"①。商业联合会成立于1927年3月，同年11月解散，存在时间短，且基本上没有营业性收入，可支配的仅为64家团体会员一次性缴纳的会费共15 900元，完全不可能直接向国民政府提供借款②。尤其值得注

---

① 上海商业联合会致江苏兼上海财政委员会函，1927年5月14日，《一九二七年的上海商业联合会》，第101页。

② 据上海商业联合会结束时的报告，会费支出各项为：捐款6 591.28元，杂项5 507元，邮电1 400余元，薪工2 000元，广告器具等300元左右，余存75元。见《一九二七年的上海商业联合会》，第26页。

意的是，商业联合会后期对替国民政府募款的态度明显趋于消极：
"国军莅沪以来，我商民习处于憔悴呻吟之下，乃始而垫款，继则库券，竭商人之全力，以供绞脑沥血之金钱，无非促进政治……乃自清党以还，应有清明之望，而前辙依然，故吾犹是。虽曰训政方当期月，责备未可过严。然人寿究有几何，枯鱼先已入市。所谓内谋保障者，更不过如是如是。"①商业联合会包括上海工商业的数十家商会、公会、公所，江海关二五库券的发行对商业联合会范围内（除银行公会和钱业公会之外）的各个阶层究竟有什么具体影响，如何全面看待商业联合会对南京当局内债政策所持的态度；进而言之，1927—1929 年的上海总商会、1930 年之后的上海市商会对各项内债的态度，都值得进行深入的研究。

与上海商业联合会"以互助精神维护商业为宗旨"大为不同，江苏兼上海财政委员会虽然以上海金融界、工商界人士为主体，但却是蒋介石直接授意设立的官方机构，有支配江苏境内一切财政收入之权，和筹拨"驻苏军队月饷及其余各费"之责②。江苏兼上海财政委员会虽然存在的时间比商业联合会要短，却直接筹集了上海银钱业公会的两次垫款共 600 万元和发行江海关二五库券 3 000 万元。在筹款过程中，江苏兼上海财政委员会的首要角色是国民政府的代表，在两次垫款合同中，财政委员会都是以债务方的身份签约的，江海关二五库券也是国民政府委托其发行的。然而，与日后直

---

① 上海商业联合会结束宣言（稿四），1927 年 11 月，《一九二七年的上海商业联合会》，第 30—31 页。

② 《中华民国史档案资料汇编》第五辑第一编财政经济（一），第 3 页。

接出面接洽借款的国民政府财政当局(如1927年的孙科、1928年以后以及1932—1933年的宋子文、1931年底1932年初的黄汉梁、1933年10月之后的孔祥熙)不同,陈光甫等人当初之所以愿意以银行家身份出任财政委员会委员并为蒋介石筹款,更直接的考虑还是为了商界特别是金融界的利益。因此,当上海金融界与国民政府在内债问题上发生分歧甚至冲突时,财政委员会往往出面协调解决。1927年5月,蒋介石为使上海中国银行预垫江海关二五库券1 000万元,多次与上海中行经理宋汉章直接信函往来,待到出现僵局,便由江苏兼上海财政委员会主任陈光甫出面斡旋,最终由中行垫款400万元,承销库券600万元[①]。这样既保护了中国银行,又使国民政府举债的基本目标得以达到。江苏兼上海财政委员会的最终结束,除财政部和江苏省财政厅业已正式运作外,还有两方面的客观原因:第一,上海银行公会和钱业公会已经与南京国民政府有较多的沟通,财政当局可以直接向两公会提出借款、垫款的要求,由两公会再向众多行庄摊派、收款;第二,金融界、工商界代表人物已经在江海关二五附税国库券基金保管委员会这一新的专门机构中有了相应的地位。

上海银行公会和钱业公会,虽然是商业联合会会员,但在内债问题上所起的作用大大超过商会和其他各业的同业组织,正是通过上海银行公会和钱业公会,蒋介石当局获得了最初的两笔垫款共

---

① 关于江苏兼上海财政委员会在此次风波中的态度和作用,参见吴景平:《江苏兼上海财政委员会述论》,《近代史研究》2000年第1期第4部分。

600万元,以后发行的债券,大部分都有两业公会参与承销和押借。在国民政府财政当局看来,除了可以直接向中国、交通等大银行交涉垫借、押借之外,两业公会无疑是金融业债权方的代表,否则的话直接与数以百计的银行、钱庄打交道,举债过程就会变得十分复杂和琐碎而难以操作,所需时间之长、募债成本之高,都会使国民政府难以承受。不过,无论在江苏兼上海财政委员会时期还是在此后,银行公会本身通常不直接提供借款,钱业公会有时会承担各庄摊派后的余额,而它们的作用主要都在于把国民政府各次所要求的垫款、押借和债券发行数额分摊到有关行庄,并直接汇集缴付债款,参与内债基金保管和管理事宜,实际上成为1927—1937年期间国民政府内债政策运作机制中不可缺少的部分。另一方面,上海银行公会和钱业公会首先和最直接代表了会员行庄的利益,或就新借款的数额、期限、利息率、担保抵押,或就已发行债券的还本付息和整理,与国民政府财政当局多次进行交涉。正因为如此,银钱业公会还成为上海非会员金融机构、沪外金融机构甚至所有内债持票人公认的代表。这在1931年底至1932年初的债券停付本息风潮中,以及尔后内债整理方案达成的过程中,体现得非常明显。

与上海银行公会和钱业公会相比,江海关二五券会受到研究者的关注要少得多①。江海关二五券会是南京国民政府自1927年公开发行第一笔内债起便成立的内债基金保管机构,主要由上海银钱业

---

① 宋时娟的《江海关二五附税国库券基金保管委员会始末》(刊于《档案与史学》2000年第3期)是公开发表的关于江海关二五券会的第一篇论文。

公会及商会的代表所组成,以后到 1932 年改组为国债基金管理委员会为止,江海关二五券会陆续保管有 21 种公债库券的基金,基金来源包括关税、盐税、统税、内地税、煤油特税以及庚子赔款退还部分,与相应的征收机构甚至财政部有着直接的关系;更与基金存放机构、还本付息经理机关、华商证券交易所往来密切。应当指出,江海关二五券会不仅对内债基金负有保管之责,还在不影响还本付息的前提下,适当运用基金现款贷放与金融同业。如 1928 年 5 月,为调剂上海金融,江海关二五券会决定以余存现款 150 万两贷放上海银行公会和钱业公会,由两公会转放与同业行庄①。这就使江海关二五券会具有了一般营运性金融机构的某些性质。不过,正如江海关二五券会的名称所示,该机构的基本职能是保管公债库券基金,而随着所经管债项的增加,江海关二五券会与国民政府之间的分歧和矛盾也时而发生。在 1932 年 1 月停付公债库券的风潮中,江海关二五券会主要成员以"头可断,基金绝对不可动摇"的原则相勉,进而公开以此昭告国人,终于使当时的孙科政府不得不放弃挪用内债基金的打算;但当上海银钱业公会决定接受宋子文的展本减息整理方案后,江海关二五券会又表示"应以一般持票人之意思为意思",同意了整理方案②。总体上看来,江海关二五券会的存在和运作维护了金融工商界持票人的利益,使内债发行有所节制,对国

---

① 上海钱业公会会议纪录,1928 年 5 月 28 日,上海钱业公会档,档号 S174-1-44。
② 江海关二五库券基金保管委员会会议纪录,1932 年 1 月 13 日、2 月 18 日,《中华民国史档案资料汇编》第五辑第一编财政经济(一),第 516、519 页;《银行周报》第 16 卷第 1 号,1932 年 1 月 19 日。

民政府债信的维持起到了一定的作用。这客观上也符合国民政府的利益。由江海关二五券会改组而设立的国债基金管理委员会，除了保留上海银钱业、商会的代表之外，现任公债司长、关税署长和总税务司都作为当然委员，一方面使得组织上更臻完备，另一方面国民政府加强了对该委员会的控制。1932年4月5日，国债基金管理委员会正式成立后，除接收原有江海关二五券会所保管的基金外，到抗日战争爆发前还对新发行之跨地区、全局性的共12项公债库券的基金加以管理。除江海关二五券会和国债基金管理委员会这样的多种债券基金保管机构外，同时期还有一些专项内债的基金保管机构，如津海关二五附税国库券基金保管会、疏浚河北省海河工程短期公债基金保管会、铁道部收回广东粤汉铁路公债基金保管会、交通部电政公债基金保管会，等等。

　　指出上海商业联合会、江苏兼上海财政委员会、上海银行公会、上海钱业公会、江海关二五券会、国债基金管理委员会等机构、团体起了重要的"中介"作用，绝不意味着可以低估这些机构、团体在内债问题中的作用，而是为了更准确地理解它们的地位与影响，无论是在募款还是在理债方面。例如，由上海银行公会、钱业公会出面就内债问题与国民政府进行交涉，正是各成员行庄把两个公会推向前台的结果。忽略"中介"机构与债权方的区别，把二者等同起来，不利于揭示南京国民政府时期内债问题的复杂性、特殊性，有碍内债史研究的深入。

　　以上谈到的三个方面，都与内债本身直接相关，自然都应列入

1927年至1937年期间内债史的研究范围。但从更广的视角考察，还有一些问题应引起关注。如北京政府遗留未清偿的对内债务对南京国民政府的内债政策究竟有何影响；国民政府本身所发行的各项债券的上市情况，某一债券的上市与日后行情是如何影响到现有其他债券行情，进而影响到以后的发行的；公债库券市场与股票市场的关系；公债库券风潮的起因及其对债务方和债权方的影响；1932年和1936年两次公债整理案对相关债权方的影响究竟如何①；如何评价地方借款与中央借款的关系；金融业对政府借款与对工商业放款的比较；特定债项中的外债部分与内债部分的共存问题；政府当局的内债政策与金融工商界有关主张的交互影响，等等。在掌握史料和搞清事实的基础上对这些问题进行深入探究，无疑有助于进一步拓宽内债史的研究领域，有助于构建较为完整和科学的内债史研究体系，同时也有助于对1927年至1937年期间的某些重大问题做出更全面、更客观的评价。

（原载《中国社会科学》2001年第5期）

---

① 整理案涉及之债券，利息率降低，期限延长，有的甚至延长到20世纪四五十年代才能清偿。这样，就投资角度来考察，1927—1937年期间相关债权人最终从购买债券中获得了多少利益、收回了多少本金，都需要具体分析。

关于近代中国外债史研究对象的若干思考

外债问题在整个中国近代史的研究中占有十分重要的地位。在业已出版的有关著作中，无论是带通史性质的《中国近代史》①、《中华民国史》（多卷本）②，还是有关经济、财政、外交、社会等专史类著作，对外债问题均有专门的章节加以叙述。不过，在这些著作里，外债问题一般以单个债项的形式出现，至多论及某一较短时期（如甲午战争时期）内各项外债的若干共性问题；而对近代中国外债史的全局性问题则没有评述，至于有关外债史的论文，虽然时见刊布，亦多为个案研究。

有关近代中国外债问题的资料，较早问世的是《中国近代外债史统计资料（1853—1927）》③。该书既有各时期按年编列的外债表，也有若干专题性统计表，且对征引出处，如《清实录》、《筹办夷务始末》、《筹办夷务始末补编》、《清代外交史料》、清政府有关抄档和奏稿、北洋政府公报、《北华捷报》等报刊及日英美等国档案，均一一详尽注明，颇便于查核，但1927年以后的部分未编列。此外，该书属资料性质，也不可能在各章节的简短说明中充分阐述中国近

---

① 《中国近代史》编写组撰，中华书局版。
② 李新总编，中华书局版。
③ 徐义生编，中华书局1962年版。

代外债史研究的全局性问题。

近年来,近代中国外债史资料的刊布,有了较大的进展。其中最重要的是《中国清代外债史资料(1853—1911)》①(82余万字)、《民国外债档案史料》②(共12卷,约660余万字),以及《中国外债档案史料汇编》③(共3卷,约960余万字)。这就使包括晚清和民国年代的近代中国外债史的研究,能够确立起较为完整的框架。再加上各种已经刊布的通史类、专题类档案资料集所包括的外债史料和较长时期以来英、法、德、美、日、俄(苏)等国陆续公布的档案中所包括的中国外债史料,可以认为,在学术界已具备了把近代中国外债史作为一门相对独立的学科加以研究的基本条件。

迄今为止,仅有一部述及晚清到民国末年中国外债问题的专著,即刘秉麟编著的《近代中国外债史稿》④。该书内有"清政府时期的外债""北洋军阀政府时期的外债"和"国民党反动政府时期的外债"三编,可视为全面进行中国近代外债史研究的滥觞之作,至今依然是研究外债问题的重要参考著作。当然,从今日研究的需要来看,该书的论述过于简略;而更大的缺憾在于,把近代中国外债史作为一门相对独立的学科时必须阐明的各点,如中国近代外债史的研究对象和体系、近代中国外债的主要特点和研究方法等,书中都没有正面论及。这些问题在通史类和经济、外交、政治、社会等

---

① 中国人民银行总参事室编,中国金融出版社1991年版。
② 财政部财政科学研究所、中国第二历史档案馆编,档案出版社1990—1992年版。
③ 上海市档案馆、财政部财政科学研究所编,1988—1989年内部交流本。
④ 生活·读书·新知三联书店1962年版。

专史类著作中不会提及，但在对外债问题作专门研究（无论从宏观还是从个案角度出发）时，必须加以考虑。

近年来，笔者对于外债史的研究对象问题有所思考，现将这些思考整理如下，就教于诸位同仁。

一

近百年的中国外债问题，应包括哪些基本的方面？换言之，如果把外债问题的研究，视为中国近代史研究的一个专门领域，那么其研究对象应该是什么呢？

要回答这个问题，应该综合考虑外债的一般性定义和近代中国外债问题的具体状况。外债，一般指一国对国外的负债，反映国与国之间的借贷关系，包括政府机构、国营单位的对外债务，也包括没有政府担保的私人对外负债。就广义而言，近代中国外债史应研究该时期中外之间所有债务债权关系，中方可以是政府，也可以是非政府的团体或个人；应研究中国作为债务方和债权方的两大类情况。但从研究的可行性来看，相关的较完整的资料，主要是旧中国中央政权所涉及的对外债务关系，即中央政府直接的对外债务关系和那些经中央政府允准的地方性对外债务关系。当然，中央政权的对外债务关系，会在诸多问题上涉及地方政府，这些情况也将适当予以研究。再从实际情况看，近代中国政府主要是处于债务方而不是债权方的地位，亦即中方主要是为获得借款，为争取较有利的借款条件而与外国债权方交涉；获得借款后，又得为还本付息筹措相应的款额。所以，目前有关著述中提到的外债问题，通常是指近代中国中央政府所举借的或者是经中央政府认可的由地方政府举借的外债。本文也以此为论述的对象。

近代中国的外债问题究竟源于何时？近代时期经中央政府认可以及由中央政府直接举借的外债总共有多少呢？这是作为独立学科的中国近代外债史必须首先说明的。

关于近代中国外债的起源，自《清朝续文献通考》提出同治四年（1865年）说之后，长期以来为治外债史者沿用。如贾士毅在《民国财政史》中称："我国募集外债，始于前清季年。同治四年，与俄国缔结伊犁条约，赔偿损失需费甚巨，遂向英国伦敦银行，借英金一百四十三万一千六百六十四镑二先令，约定签字后，逾四个月，开始偿还。"①范文澜所著《中国近代史》亦称清政府举借外债自1865年始。直到刘秉麟的《近代中国外债史稿》，亦持此见。徐义生在《中国近代外债史统计资料》中提到了1853年向上海洋商借款，但称确数未详②。《中国清代外债史资料》则清楚地表明：咸丰三年（1853年）二月，上海道台吴健彰为剿灭太平军，募雇英美船3艘，议价银洋13 000元。据《筹办夷务始末补遗》载，咸丰三年二月二十二日奉朱批："奏均悉。自应如此办理。"③就目前所见资料，吴健彰向上海洋商借款，是经清廷允准认可、由地方当局筹借的第一批外债，可视作中国近代外债的起源。而在1853—1855

---

① 《民国财政史》下册，第4章"国债"，上海书店影印本，第17页。
② 《中国近代外债史统计资料（1853—1927）》，第4—5页。
③ 《中国清代外债史资料》，第1—2页。

年间，上海道台向洋商借款共 246 382 两①。至于近代中国中央政府举借的最后一项外债，则是 1948 年向美国举借的购船款项 424.375 0 万美元②。至于专业研究者之外对于近代中国外债起源的种种看法，虽然也值得了解，但往往没有可靠的史料依据，更谈不上科学的历史分析③。

那么，近代中国各时期中央政府举借的以及经中央政府核准认可的外债究竟有多少呢？ 这确实是外债史研究中应该解决的问题，特别在对近代中国外债作全局性的评价时，应有比较准确的量的统计。

我们先看看能否搞清近代中国所借外债之总额。要比较准确地统计近代中国的外债总额，会牵涉到诸多技术性难题。比如，以哪种货币作为统计单位？ 银两、银元、英镑、法郎、马克、美元……且不说不同货币之间的折算会碰到的困难，即便是同一种货币单位，在不同时期的币值亦有变动。因此，即使先按不同的货币单位分别计算，要确定每一种货币最适当的"相对价格"年份，也不是容易的。而把相隔数十年的同一种货币单位的借款额简单相加，并

---

① 据《中国清代外债史资料》第 136 页中日甲午战争前外债表所载相关各债款项计算。

② 见于《民国外债档案史料》第 11 卷，第 638 页。

③ 如 1934 年 1 月，时任中法工商银行巴黎总行代理总经理的亨利·巴尔在一份报告中谈到："中国对外举债可追溯至 1874 年间，即自中国政府为获得借款而求援于外国各类金融团体的时候开始的……可以说，那时候的中国称得上是既无外债又无内欠。"（见《中国外债档案史料汇编》第 1 卷，第 1 页）这一结论显然把中国外债起源的时间估计得偏晚了。

不能准确反映外债的量的含义。

还有些借款，其总额之中要先行扣还此前其他若干债项的积欠额，如光绪二十四年（1898年）达成的关内外铁路借款，须付还津榆路借款、津芦路借款所欠本息近 300 万两①。这样，该三项借款合同所载款额简单相加，就必然大于三款实际上的偿付本金额之和。

笔者认为，比较实际的也是更为基础性的，是尽可能地搞清近代中国各个时期所达成的外债债项数，以及每一债项数额的确切含义。如果债项数不全、各项借款的数额不确定，借款总额的统计就谈不上准确性。

关于近代中国各个时期外债的债项数，有各种不同的说法。

先看晚清时期，关于甲午前外债，刘秉麟在《近代中国外债史稿》中只提到 13 项。但该书以 1865 年伊犁问题作为起点计算②。据《中国近代外债史统计资料（1853—1927）》载，从 1853 年吴健彰向上海洋商借款起至 1894 年德华银行山东河工借款，共 43 项③。《中国清代外债史资料》则列有 62 项④。这也是对甲午前外债债项数最多的记载。从甲午到辛亥革命时期清政府举借的外债，《中国近代外债史统计资料 1853—1927》记为 112 项⑤，《中国清代外债史资料》记有 135 项⑥。

---

① 《中国清代外债史资料》，第 259 页。
② 《近代中国外债史稿》，第 5—9 页。
③ 《中国近代外债史统计资料（1853—1927）》，第 4—10 页。
④ 《中国清代外债史资料》，第 136—146 页。
⑤ 《中国近代外债史统计资料（1853—1927）》，第 28—53 页。
⑥ 《中国清代外债史资料》，第 247、315、842—849 页。

又如民国时期的外债债项统计。据刘秉麟的《近代中国外债史稿》和贾士毅的《民国续财政史》,在袁世凯时期举借外债共50项,其中长期外债18项,短期外债32项;袁世凯死后,北洋政府共举借外债88项。

但是,刘秉麟和贾士毅都只是统计未清偿的外债,未计入已清偿本息的债项。较为详尽的统计显示,北洋政府举借过多项外债。据《中国近代外债史统计资料(1853—1927)》,北洋政府共举借387项外债,其中袁世凯时期共68项,袁世凯之后共319项①;又据《民国外债档案史料》记载,北洋时期共借外债463项,其中袁世凯时期125项,袁世凯之后共338项②。

南京国民政府举借的外债,《民国外债档案史料》记载有85项,其中战前52项、抗战时期22项、抗战结束后11项③。

当然,以上对各时期债项数的统计还是粗略的,其中若干债项中又包括数项外债,须作进一步的梳理,但可大体反映出近代中国外债史研究对象的范围。

然而,上述统计都只是指业已达成的债项。对于近代中国的外债问题,已达成的外债固然要加以研究,未达成的外债的谈判交涉,已达成但嗣后未付诸实施的草合同,也都应作研究。《中国近代外债史统计资料(1853—1927)》提到甲午战争前拟借未成及成否未

---

① 据《中国近代外债史统计资料(1853—1927)》第114—128、148—196页资料统计。
② 据《民国外债档案史料》第4—9卷目录页债项数统计。
③ 据《民国外债档案史料》第10—11卷目录页债项数统计。

详的外债共 25 项，第一项为 1857 年 5 月闽浙总督向福州英国领事借款 50 万两，最后一项是 1893 年湖南巡抚向汇丰银行借款 50 万—60 万两①。该书还列举了甲午至辛亥前拟借未成和成否未详外债共 36 项，其中第一项为 1894 年李鸿章、盛宣怀向奥商借款 100 万英镑，最后一项是 1911 年东三省正金银行借款 500 万日元②。

至于民国时期，徐义生所编《中国近代外债史统计资料(1853—1927)》提到了自辛亥后到 1927 年拟借未成及成否未详的借款共 79 项，包括辛亥革命时期南京临时政府和南方各省军政府借款 10 项，袁世凯时期的 28 项，皖、直、奉系军阀时期共 41 项③。《民国外债档案史料》记载了辛亥后至 1947 年期间未成或成否未详债项 52 项，显然资料不全④。与此相关的海外刊布的档案中，也有若干未成外债的资料，如 1935—1936 年中英之间关于 2 000 万英镑币制改革借款的谈判⑤，1943 年和 1944 年中美之间关于 10 亿美元的谈判⑥。注重未成或成否未详的外债资料的收集、整理与研究，实际上是整个近代中国外债问题研究中难度较大而又非常重要的部分。

对未成或成否未详外债的研究，不仅有其相对独立的意义，而且也是全面研究某些已成债项的需要。某些外债的谈判交涉虽然没

---

① 《中国近代外债史统计资料（1853—1927）》，第 11—12 页。
② 同上书，第 54—56 页。
③ 详见同上书，第 100—102、198—202、232—234 页。
④ 《民国外债档案史料》第 11 卷，第 855—878 页。
⑤ 详见 *Documents on British Foreign Policy 1919-1939*, Ser.2 Vol.20, London Her Majesty's Stationary Office, 1984。
⑥ 详见 *Foreign Relations of the United States*, *Diplomatic Papers*, 1943, 1944, China, U.S. Government Printing Office, 1957, 1967。

有成功，或者达成了草合同又未能付诸实施，但实际上却是嗣后达成的其他债项的前期准备。例如，1935—1936 年中英之间关于 2 000 万英镑借款的谈判，虽然最终没有达成协定，但所进行的谈判使中英双方对彼此的条件均有了较充分的了解，从而在 1937 年孔祥熙访问英国期间双方能够非常顺利地达成 2 000 万英镑的金融借款草合同。由于中日战事扩大，该草合同中止施行。到 1939 年和 1941 年，中英之间达成并且实施了两次平准基金借款。这可视作 1935—1936 年的币制改革借款和 1937 年的金融借款交涉在新情况下继续进行的结果，只是英方由原来的汇丰一家银行又加入了麦加利银行，提供的款额由 2 000 万英镑减为 1 000 万英镑，年利率有所降低，担保和其他条件也有所变动①。换言之，1935—1936 年的币制改革借款谈判、1937 年的金融借款草合同、1939 年和 1941 年的两次平准基金借款的达成与实施，共同组成了从中国施行币制改革到太平洋战争爆发前夕，中英之间以英镑借款维持中国法币汇率的基本过程；抽掉任何一个环节，都不能完整地揭示其中错综复杂的关系。至于 1943—1944 年中美 10 亿美元借款谈判未能成功，既是 1942 年中美达成 5 亿美元借款的必然结果，又是两国之间关于中国对美回惠租借的结算陷入僵局的重要原因。在外债史著作和资料中，未成或成否不详的债项，应同已成债项一样，有相对独立的部分和一定的篇幅。

---

① 中英两次平准基金借款的合同，可见于《中外旧约章汇编》第 3 册，生活·读书·新知三联书店 1962 年版，第 1131—1135、1195—1202 页。有关谈判交涉的资料，见于《民国外债档案史料》第 11 卷；秦孝仪编：《中华民国重要史料初编》第三编（二），台北："中央"文物供应社 1981 年版。

二

要在整体上对近代中国的外债问题有较准确的把握，须以科学的个案研究，特别是典型债项、重大债项的深入研究为基础。而个案研究又应从搞清构成特定外债关系的要件入手，如债权方、债款形态、债款数额、折扣、利息率、期限、抵押和担保、用途等。要通过仔细研究借债的谈判交涉文件和达成的借款合同，弄清有关的外债要件；并且通过相关的后续资料，弄清要件有无变化。

研究任何一项外债，首先都会遇到债权方问题，即债款是谁提供的。

涉及近代中国外债问题的角度不同，阐明债权方情况的程度也就不同。如在分析某一阶段外债总额对中国政府的财政意义时，这些外债究竟来自哪些国家并不重要。又如，在比较某一阶段从不同的国家所获得的外债额之间的差别时，除了国别之外，也并不需要注明每一项债款分别来自哪个特定的外商银行或者公司。通常认为，无论从通史还是从政治史、财政史、金融史、外交史的一般角度来看待近代中国的外债，对债权方情况指明国别，已足以说明问题了。

然而，如果把近代中国外债史作为一门相对独立的分支学科，对债权方的情况就不能仅仅是说明国别。债权方应是债款的实际提供者。即便同属于外国政府贷款，具体提供债款的部门也有不同，在某些情况下，特定的借款者代表着特定的意义。例如，1936年4月8日签订的中德易货信用借款合同，只载明德国政府向中国政府提供一亿马克的信用借款，由德国国家汇兑银行经办相关事宜①。但据德国外交档案记载，这笔款项是从德国国防部基金中拨出的，对此德国政府是高度保密的，连当时在华的德国军事顾问团总顾问法肯豪森也不知道②。这一借款的特定来源，反映了抗日战争爆发前夕中德之间经济和军事合作关系的密切程度，因而须明确指出。

债权方的另一直接意义，是本金和每一期息金的具体收受者，即作为债务者的中国方面究竟对何一实体承担还本付息义务。一般说来，借款合同对中国外债的债权方有明确的规定。签署借款合同的外方往往就是债权方，中方只对签约贷款者承担还本付息的义务。外方作为债权方通常执有中方所开之凭证，最初往往是"由关督出印票，督抚加印"③。前述咸丰三年至五年（1851—1855年）上海道台向洋商所借各款，以及左宗棠以陕甘总督的身份在同治六年（1867年）和光绪元年（1875年）分别向上海洋商的借款，因北京三海工程光绪十二年（1886年）两任粤海关监督分别向汇丰银行所借之款，都是此种类型。

近代中国外债问题中债权方的复杂性，在于一些外债中采用了发行债票的方式。从19世纪70年代起，中国部分外债采用了发售债票的筹款方式④。光绪二十年底总理衙门向汇丰银行借款1 000万

---

① 《民国外债档案史料》第10卷，第302页。
② *Documents on German Foreign Policy 1918-1945*，Ser.C，Vol.5，London Her Majesty's Stationary Office，1966，p.91.
③ 陕甘总督左宗棠同治六年三月二十五日折，《中国清代外债史资料》，第24页。
④ 据《中国近代外债史统计资料（1853—1927）》，1874年福建台防借款200万库平两，由汇丰银行在市场上按九五扣发行。见该书第6—7页。

库平两（习称汇丰洋款或汇丰银款），以及随后的甲午各债，即汇丰镑款（汇丰金款）、瑞记借款、克萨借款、俄法借款、英德借款、英德续借款，均采用了发行"股票"即债票的方式。晚清政府举借的其他一些重要外债（如粤汉、广九、津浦、沪杭甬等铁路借款），也采用了发行债票的募债方式。1911年清度支部与四国银行团达成的币制实业借款，最初亦准备发行债票。北洋政府时期的克利斯浦借款、陇海铁路借款、善后借款、芝加哥大陆商业银行借款，南京国民政府时期的完成沪杭甬铁路借款、南镇铁路借款、叙昆铁路借款等，也发行了债票。

应当指出，是否发行和如何发行债票，是研究近代中国外债问题中的债权方这一要件时必须搞清楚的。一般说来，不发行债票，借款合同的外国签约方就是债权方，与中国债务方之间的关系还是比较清楚的。但是，一旦发行债票，情况就不同了。某项借款系在国外发行债票，购买债票者也就成为该债项的债权人。国外购票者的情况十分复杂且有变动之可能（尤其是该项债票在国外证券市场上市之后）。如果没有在借款合同中作出明确规定，中国方面不能直接控制和影响已发售债票的易手①，债票所有权的这种改变虽然不会直接影响到中国还本付息的数量，但会影响到还本付息的方式，

---

① 光绪二十六年（1900年）达成的中美粤汉路借款合同第17款规定："美国人不能将此合同转与他国及他国之人。"（《中外旧约章汇编》第1册，生活·读书·新知三联书店1957年版，第963页）债权方美国合兴公司后将大部分债票让售比利时方面，中国方面遂提出交涉，最后另借款赎回原债票。光绪三十三年（1907年）的广九路借款合同第15款也有相同的规定，见《中外旧约章汇编》第2册，生活·读书·新知三联书店1959年版，第372页。

对于中国募集和发行新债则会产生较大的影响。中国政府一般不会直接与单个的外国债权人发生关系，而是委托某机构（通常是外商银行）经理出售债票、收解款项、还本付息等事宜。正是由于经理机构的介入，中方与外国债权方之间的关系变得模糊起来，而与中介机构的关系却凸显了。有些著述在谈到若干发售债票的外债时，直接把经理机构称作债权方。如刘秉麟的《近代中国外债史稿》在概述1913年善后借款的内容时，把该借款合同中关于债权方的条款简单地归为："债权者：汇丰银行、德华银行、东方汇理银行、道胜银行、横滨正金银行。以债权人关系，故又名五国善后借款。"①

近代中国的确有个别债项的债票发行机构就是债权方。如光绪二十四年（1898年）的芦汉铁路借款合同规定，由11 250万法郎债票的发行者即比利时铁路公司分两次直接购买下全部债票②。又如光绪三十四年（1908年）的英法借款（亦称汇丰、汇理银行借款）合同，也规定"此项借款债票英金五百万镑统由承办银行认购"③。另外，如果某些公开发售债票的借款，在从签署合同到本息清偿毕的整个期限内，与中国债务方、经理机构、持票人相关的国际环境没有发生重大变化，或三者之间的契约关系未受到其他关系变化的牵动，全部本金息金均如期清付（如上述汇丰洋款和汇丰镑款），那么对中方而言，经理机构始终是债权方的代表，持票人即真正债权方

---

① 《近代中国外债史稿》，第104页。
② 《中外旧约章汇编》第1册，第776—777页。
③ 《中外旧约章汇编》第2册，第542页。

是谁、具体情况如何，并不十分重要①；研究者从宏观角度出发，不提持票人，直接称经理机构或称所在国政府为债权方（笔者并不赞成这种略去和简称），似乎也不会妨碍读者从中国本位出发去理解该项借款的财政意义和外交意义。

然而，在发售债票的情况下能否把外国经理机构等同于债权方，这不仅涉及近代中国外债史研究对象的准确性和研究方法的科学性，而且首先是一个历史事实问题。不少外债是在国外金融市场上公开发售的，经理债票发售的机构往往并不是债票的直接购买者。如第一笔甲午外债汇丰洋款，就是于1894年11月上旬在伦敦公开发售的，汇丰银行方面特地为海关总税务司赫德保留了667张债票，约合50 000英镑②。至于汇丰镑款，则于1895年5月在伦敦售出③。如果进一步探究，那么我们还可以了解到，实际上汇丰银行本身也不直接经理发售这两项借款的债票，而是委托伦敦的一家投资辛迪加包销的，汇丰向该辛迪加支付包销费。

当然，汇丰洋款和镑款的债票基本上为英人所购，其债权方问题还是比较清楚的。但有不少债项的实际债务方情况颇为复杂。先

---

① 如同治十三年（1874年）汇丰银行福建台防借款200万库平两，实际上汇丰在市场发行了债票，但在中方经手人沈葆桢等是年七月二十一日向清廷报告借款基本条件的奏折中，未提及在市场发行一事。见《中国清代外债史资料》，第39—41页。三年后（光绪三年，1877年），汇丰银行的西征借款500万库平两在市场九八发行（《中国近代外债史统计资料（1853—1927）》，第6—7页），而左宗棠当年五月二十六日报告借款条件的奏折中同样未提及发行一事。见《中国清代外债史资料》，第52—54页。
② 金登干致赫德电（1894年11月7日），《中国海关密档》第8卷，中华书局1995年版，第783页。
③ 金登干致赫德电（1895年5月11日），《中国海关密档》第8卷，第862页。

以北洋初期的奥国借款为例。该借款包括自 1912 年到 1914 年的六次借款，通常认为该六项借款均由奥国资本团出资，德商瑞记洋行只是居中办理，故统称奥国借款。然而进一步考诸史料，总额为 475 万镑的六次借款"虽名奥国借款，而持票各国人士皆有"，包括德、奥、英、法及各中立国。于是，"自欧战发生，德、奥及各中立国各债主所应得之利息，固可由奥京直接付给，而英、法人士所持债票之利息，非在英京付息不可"①。

善后借款的情况更为复杂。总额 2 500 万英镑的债票，由五国银行团平均承借。如果只是为了说明哪些外国银行参与了借款，从而把五国银行团直接说成是债权方，大体上还是可以被接受的。但是，作为专门研究外债问题的论著，则应把有关的史实作准确的表述。无论从借款合同的相关条款还是从债票发行、支付本息的实际情况（特别是从较长的时段）来看，善后借款的债权方是一个十分复杂的问题。当时，五国银行团获得承借权后，各方均采取了公开发行债票的方式。其中，英国、德国、法国各 500 万英镑，均在各该国国内发行；俄国 500 万英镑，其中在俄国国内发行 2 777 780 英镑，在比利时发行 1 388 880 英镑，在英国发行 345 240 英镑，在法国发行 345 240 英镑，在德国发行 142 860 英镑；日本 500 万英镑，其中在英国发行 2 071 440 英镑，在法国发行 2 071 420 英镑，在德国发行 857 140 英镑②。

---

① 外交部调查奥款纠葛报告（1915 年 3 月 27 日），《民国外债档案史料》第 4 卷，第 34 页。

② 《民国外债档案史料》第 4 卷，第 438 页。

根据发行情况，对善后借款的债权方问题应作两个层次的考察。

首先，五国银行团各有承募500万英镑债款的权利，在债票发售之后，又有还本付息的经理权。其次，从实际发行债票数额的情况来看，依次为：在英国发行了7 416 680镑，在法国发行了7 416 660镑，在德国发行了6 000 000镑，在俄国发行了2 777 780镑，在比利时发行了1 388 880镑。中国政府是与五国银行团直接发生关系的，又通过银行团与持票人（主要在欧洲各有关国家）发生关系。就外债史的一般意义而言，五国银行团只是善后借款的中介人和经理机构，最终的债权方应该是持票人。1917年中国对德宣战后，把德华银行原经理之德发债票的还本付息事宜，改托汇丰银行等兼代；而1926年道胜银行倒闭后，也由汇丰、汇理、正金三银行分别代为经理原俄发债票的还本付息事宜。不过，中国政府可以取消德华银行、道胜银行的还本付息经理权，但并不意味着中国方面已经取消了相应的那部分债务。同样的道理，1929年南京国民政府让中国银行取代汇丰等银行来经理善后借款德发、俄发部分的还本付息事宜后，我们也绝不可能把中国银行称作善后借款的债权方。

当然，有些外债虽然通过发行债票来募款，但外方经理机构还提供小额垫款，如1902年4 000万法郎的正太铁路借款由华俄银行垫款100万法郎，1908年150万英镑沪杭甬铁路借款由英商中英银公司垫款10万镑。就这些小额垫款而言，外方经理机构是真正的债权方。而就主借款而言，如果把外债经理机构简单地等同于债权方，显然有碍于对有关债项的复杂性进行周全的考虑，也无法科学地说明涉及的问题。

　　指出债权方与经理机构的区别,并不意味着可以低估经理机构在近代中国外债问题中的作用,而是为了更准确地理解经理机构的地位与影响,尤其是在募款方面。对中国而言,首要的是通过哪个机构、以什么样的条件筹得债款。而诸如汇丰银行这样的机构在涉及的大部分对华借款中所扮演的角色,主要的并不是债款的直接提供者,而是作为中国政府和英国债权者之间的中介人。它既是英国债权者的代表,又是英方投资进入中国市场的最好向导之一,还是中国政府债务信用度的"评估者"和"担保者"。在接洽甲午战费借款的过程中,海关总税务司赫德与在伦敦办事处的金登干便有如下共识:"今后的借款将只由总理衙门、总税务司和汇丰银行经办","由总理衙门委托汇丰银行与总税务司商议或协同办理,作为经办一切借款(直接由中央政府批准)的唯一代表"[①]。中国驻英公使龚照瑗也致电清廷,建议所有借款均须委托汇丰银行办理[②]。很清楚,当时中英所共同注重的,正是汇丰银行在英国对华借款中的募款中介人作用,而绝不是直接供款;双方都意识到,汇丰的特殊作用是任何具体的投资者所无法替代的。事实上,由汇丰这样的大银行取代一般洋商成为中国政府举债交涉的主要对象,正是债权人把经理机构这一"一般债权方"推向前台的结果。忽略经理机构与债权方

---

　　① 赫德致金登干(1894年12月16日),金登干致赫德(1894年12月14日),《中国海关密档》第6卷,第195—196、193页。

　　② 引自金登干致赫德电(1895年1月15日),《中国海关密档》第6卷,第221页。

的区别,把二者等同起来,不利于揭示近代中国外债问题的复杂性、特殊性,有碍外债史研究的深入。

三

深入近代中国外债问题的个案研究,还应搞清外债的其他各要件。

如从形态来看,近代中国的外债可分为现款外债和非现款外债。晚清时期的中央外债,通常是现款外债。北洋时期的大部分中央外债,也是现款外债,如善后借款、西原借款等。但是,晚清后期已经出现了非现款外债。非现款外债中,商业信用借款(亦称商业信贷)较为多见。商业信贷的初期形态是工程折价借款,如光绪二十六年(1900年)的沪沽新水线借款,实际上是中国方面收回丹麦大北公司、英国大东公司合建之大沽—烟台—上海间水线折价款,中国方面从外方未得到现款,而是在清偿全部价款和利息后,将该水线的管理权和收发报权完全收回[1]。在外债史上有重要地位的1933年美国棉麦借款,实际上是典型的商业信用借款。通过借款,作为债权方的美国并不是向中国提供美元现款,而是在美国进出口银行向中国提供有一定款额的账户,中方可在款额之内购买货物(通常规定只能购买债权国的产品)。一般的商业信贷,作为债务方的中国必

---

[1] 《沪沽水线合同》(1900年8月4日)、《沪沽新水线合同》(1900年10月26日),《中外旧约章汇编》第1册,第970—974页;交通部电政司《清偿沪沽正水线价款暨烟沽副水线价款》(1936年5月),《民国外债档案史料》第3卷,第144页。

须按合同的规定，用现款支付借款的本金和息金。非现款外债的另一种形态是易货借款，这种借款主要源于中外双方互有特定货品需要，如军火、战略物资、农产品等。特别是在南京国民政府时期，易货借款曾经是一种重要的外债形式，如抗日战争前的德国对华易货借款，抗战初期的苏联三次对华易货借款，美国对华桐油、华锡、钨砂、金属四项借款。对中国而言，易货借款的特殊性，在于提供合同所规定的外国债权方所需要的特定货物，来抵付借款（实际上是中国相应获得的外国货物的价款）本息。易货借款形式上是交换货物，实质则是中方获得所需要的外国货物，但不用现款外汇支付价款，而以外方需要的货物来抵债。

尽管现款外债或非现款外债，在借款合同中都是以价值额而不是使用价值额为计算单位的，但是，区分外债的具体形态，仍然十分重要。不区分外债的形态，就无法进一步区分不同债项的不同用途。即以上述中美棉麦借款为例，美方允诺向国民政府方面提供的（中方实际可以得到的）究竟是美元现汇、中国银本位货币，还是美国棉花和麦类产品？联系到1933年中国国内政局及中国所处的国际环境，棉麦借款的具体形态显然影响到对该项借款的财政意义、外交意义的理解和评价，是述及棉麦借款时不应略去的。

又如，借款数额是述及每一债项时必须讲明的。款额通常指一定货币单位的借款本金额。广义的借款数额，应考虑到中方拟借款额、外方拟贷款额、合同借款额。拟借和拟贷款额，是谈判交涉阶段双方所提出的，对于评价最后达成的款额有重要参照作用。合同借款数额又分名义借款额和实际借款额。名义借款额是指借款合同载明的最大借款本金额，通常也是计算息金的标准。这就牵涉到借款的折扣问题。在有折扣规定的情况下，名义借款额亦称为原借数额或虚额，中方获得的只是打了折扣的实借额，但要按名义借款额偿付本金和息金。

折扣是从借款额这一要件派生的①。从近代中国若干外债的合同来看，一是指债票发行折扣，指债票发售价低于债票面额的比率。如作为甲午战费借款的汇丰银款，其合同载"所发股票不按实数发付，而以二分折扣转售"；汇丰镑款合同则规定"汇丰银行转售股票折扣，不得过四分半之数"。是否规定发行折扣、发行折扣的多少，是评价近代中国各外债借款条件优劣的重要指标。但是，应当指出，发行折扣名义上是为了利于债票的发行而对购票人的让惠，经理发售债票的外国银行还得进行另外的扣除。如上述汇丰银款合同规定，除了二分发售折扣外，银行还要扣除"经手规费暨他项经费"；汇丰镑款合同则明确规定，除了不超过四分半的"转售股票折扣"外，银行还将"按原借款数"以二分计算扣除经手规费，另扣除"约计原借四分半之数"的保费、税契、经纪等费②。但是，也有的借款合同是把发行折扣与其他费用的扣除统计在一起

---

① 应当指出，近代中国有少数外债债票系溢价发行，如光绪十二年（1886年）因三海工程粤海关向汇丰银行接洽的第二笔借款，便规定每张债票（面额为上海规元250两）标价不低于262.5两。见于《中国清代外债史资料》，第115—116页。也有少数未发行债票的借款实收额有折扣，如经过光绪末年和宣统元年交涉最后签署的中日新奉、吉长铁路借款，虽然日方并不发售债票，仍只按九三折扣交付，见《中外旧约章汇编》第2册，第556、586、591页。

② 分别见于《中外旧约章汇编》第1册，第598、605页。

的。如作为甲午赔款外债之一的1 600万镑英德借款,其合同在折扣方面的规定为:"银行等允办此款,交付中国,按本银虚数每一百合九十四镑,系统计一千五百零四万镑。"①在交涉中英德方面允诺:"九四折扣,一切费用在内。"②同样数额的英德续借款按八三折扣,汇丰银行"按本银虚数每一百合八十三镑"交付③。英德借款的九四扣、英德续借款的八三扣,应是包括发售折扣和发售经理费在一起的,故而也称作交付折扣,虽然不包括还本付息时的经理费。

所以,在述及近代外债的折扣时,应该力求准确,说明究竟是单指发行折扣,还是包括了其他费用。有些著作和资料集列出的外债简表中仅标"折扣"或"借款折扣",不说明是发售折扣还是交付折扣;列出的折扣中,有的借款是发售折扣,有的却是交付折扣,二者混在一起却不作说明。如对于甲午各债,分别列出自汇丰洋款到英德续借款的折扣数,其中汇丰洋款、汇丰镑款是发行折扣,而英德借款、英德续借款却是交付折扣④。还有的债项,其先后发售的债票的交付折扣是不同的。如光绪三十三年十二月签署的总额为500万英镑的津浦路借款合同规定,头次发售债票300万英镑按九

---

① 《中外旧约章汇编》第1册,第643页。
② 光绪二十二年二月初一日总署折,《中国清代外债史资料》,第197页。
③ 《中外旧约章汇编》第1册,第736页。
④ 《中国清代外债史资料》,第247页;《近代中国外债史稿》,第15页。顺便指出,《中国清代外债史资料》的统计表中,把俄法借款的折扣记作"94.81%",当是对借款合同第14款中"九四又八分之一扣"的误读;而《近代中国外债史稿》把汇丰镑款(金款)的折扣记作98,显然是误记。

三扣交付,以后发售则以四点五扣交付①。对给出的折扣数的含义不加说明,甚至对同一表内各项外债的折扣含义不同也不加说明,在近代中国外债史的专门性著述中不应该有这种忽略。在评价有关债项时(包括单个外债和对不同债项作比较),必然涉及折扣问题,搞清折扣的含义是基本的前提之一。

与外债数额相关联的,还有记价的货币单位。根据中外双方的协议,借款可以用债权国、债务国甚至第三国的货币作为计算单位。在中国近代外债史上,中外货币之间、不同的外国货币之间的折合率,特别是不同时期的折合换算,是十分复杂的。无论欧洲有关国家的货币还是白银价值的低贬,都会引起汇兑亏耗,与原有契约规定相比,在中方和债权方、外国经理银行之间会发生较大的利益差别,往往会引发中外之间的重大交涉。

利息率是构成外债关系的另一要件,对中国债务方和外国债权方均有重要意义,是达成借款的谈判过程中双方争执的重点之一,也是评价外债对中方所产生的影响的重要标准之一。利息率通常以年计,称作周年利息或周息;亦有以月计息的。在涉及利息率时,不能混淆或搞错年利息率和月利息率②。应当注意的是,有的借款合同规定有两种不同的利息率。如光绪三十四年(1908年)达成的汇

---

① 《中外旧约章汇编》第2册,第459页。但《中国清代外债史资料》第842页的《辛丑以后(包括辛丑年)的外债统计表》中,只是笼统地记作折扣"93%"。

② 如《中国清代外债史资料》第842页的《辛丑以后(包括辛丑)的外债统计表》中,把光绪二十六年(1900年)粤汉铁路美国合兴公司借款年利息率五厘,以及光绪三十一年(1905年)粤汉铁路港英当局借款年利息率四厘五,误为"月五厘"和"月四厘五"。

丰汇理京汉线赎路借款，期限为 30 年，规定前 15 年年利息率为 5 厘，第 16 年起则为 4.5 厘①。但是，现有的几种外债统计表均只是简单地计作"年息 5%""年五厘"②。此外，遇到规定有垫款的借款合同，应注意垫款和正借款利息率的不同。通常垫款的利息率要高于正借款。如光绪二十八年（1902 年）的中俄正太铁路借款合同，规定 4 000 万法郎的正借款年利息率为 5 厘，100 万法郎的垫款年利息率则为 6 厘③。津浦、沪杭甬、粤汉川汉等铁路借款合同，均规定了垫款的年利息率要比正借款高出一个百分点。这种在同一个借款合同中规定垫款和正借款利息率的区别，其实质是根据付款的先后规定不同的利息率，即中方需为较早获得的那部分款项（垫款）付出较多的利息。这种规定反映了外国债权方及其代表在计算贷款收益时的精明，是对中方急于得到债款的窘迫性的无情利用，应在外债史著述中有所记载。但是，在已出版的外债统计表中，垫款利息率高于正借款利息率的事实被略去了。

借款的期限，也有准确理解和表述的问题。近代中国外债的期限，通常指借款的清偿期限，即自借款合同生效起，到作为债务方的中国方面偿付全部本金和利息。对借款合同中有关期限的条款，应加以准确的理解。现有的几种外债统计表中所列出的期限，均为借款合同中的"最长年限"。对此应作具体分析。有的借款合同对

---

① 《中外旧约章汇编》第 2 册，第 541 页。
② 《中国近代外债史统计资料（1853—1927）》，第 42—43 页；《中国清代外债史资料》，第 842 页。
③ 《中外旧约章汇编》第 2 册，第 119、124 页。

期限只有一种规定,如汇丰洋款正式合同规定的 20 年。有的借款合同进一步规定不得改变偿还期限,如英德借款合同第四款:"此借款定为三十六年清还其本银……三十六年期内,中国不得或加项归还,或清还,或更章还。"①英德续借款合同第三款对 45 年的期限也作了同一原则的规定②。此类借款的期限,在外债统计表中当然只需直接写入而不会引起误解。应当指出,英德借款、英德续借款合同之所以明确规定归还借款期限,不允许有任何提前,与英方试图长期直接掌握海关总税务司署有关。

但是,另有一些借款合同对期限的规定则有所不同。

紧接着汇丰银款的汇丰镑款合同,其第三款虽然也载有"约期二十年还清其本",但同时规定:"中国国家有于以上所订二十年期内无论何时将借款按照原借足数偿还之权",只需"六个月之前在伦敦泰晤士报章出示告白,宣布众知"③。当然,如此规定借款期限的外债合同并不多见。

光绪二十四年(1898 年)签订的芦汉铁路比国借款续订详细合同,一方面规定中方在 30 年内清偿全部借款本息(第三款),又规定,在 1907 年以内中方不得增还或全还借款;1907 年以后,中方"无论何时,可将借款还清"(第五款)④。

还有的借款合同规定,在整个借款期限内均可提前清还,但分

---

① 《中外旧约章汇编》第 1 册,第 639 页。
② 同上书,第 734 页。
③ 同上书,第 604—605 页。
④ 同上书,第 774 页。

作必须加息和无须加息两个阶段。如 1900 年盛宣怀与美国合兴公司订立的粤汉铁路借款合同，规定在 50 年的期限里，"若于前二十五年内取赎，则每百加二厘半，应注明即是每金钱百元加二元半；再后二十五年，直至满期取赎，则勿庸加值"①。而 1938 年中法湘桂铁路南镇段借款合同则规定，在 15 年的借款期间，中国均可将市面流通的债票全部或部分赎回，但都要加付 25%的酬金②。

另有一些借款合同，把整个借款期限依次分为三段：（一）只付息，不得还本；（二）开始还本，如欲加额归还，则需加息；（三）可加额多还而不需加息。晚清的好几项铁路外债，如广九铁路借款、津浦铁路借款、沪杭甬铁路借款、粤汉川汉铁路借款等，都是如此。如英德津浦铁路借款合同第五款称：此借款"以三十年为期。自订定借款之日起至第十一年起还本"。第六款："由订定借款之日起至第十年后，无论何时，若中国国家欲将借款全数清还，或欲先还合同附表所载未到期之数若干，均可照办；至第二十年内，照债票上数目加价二镑半，即系每一百镑债票一张，还一百零二镑半；第二十年后，无须加价。"③在这里，很清楚地规定：头十年仅付息；第十一年至第二十年，开始还本，并可加额包括提前清偿全部本金，但加息 25%；第二十一年后，可提前清偿而无须加息。

归纳以上关于借款期限的条款，可以看出：所谓借款期限，既可指中方归还本金的最长年限，也可指中方提前归还全部借款的最

---

① 《中外旧约章汇编》第 1 册，第 964 页。
② 《民国外债档案史料》第 11 卷，第 80 页。
③ 《中外旧约章汇编》第 2 册，第 457 页。

起码的年限。前者指中方清还借款的最后日期，后者则指中方至少要向外国债权人支付多少年的净利息之后，才可在一定的条件下（通常为加息）提前还清全部借款本金。

从外债史研究的角度来看，搞清期限的确切含义，是完全必要的。自1853年上海洋商借款之后，大体上从中法战争开始出现了10年以上的长期债项；自甲午外债起，外债期限之长短在举债交涉中的重要性愈益凸显。对外方来说，清偿期限越长，不仅通过贷款获得的息金和其他新权益（经济、政治和其他方面的）越大越多，在有些情况下还与维持已获得的权益密切相关（英德借款、英德续借款合同中对海关管理制度的规定，大部分铁路借款合同对经营管理和沿线开发等权益的规定，便是较典型的例证）。对中方而言，借款期限过短，无法筹措本金；期限过长，既涉及息金总额之负担，又有碍相关权益之收回。正因为借款期限的具体规定至关重要，所以汇丰银行在反对俄法对华接洽甲午赔款借款时，"建议中国政府应保留十五年或二十年以后随时收回或改作其他债券之权"，指出这是"为了中国政府的利益"①。但同一个汇丰银行，在联合德华银行两次对华借款时，却在合同中明确规定中国不得提前清偿债款。所以，仔细研究各借款合同对于期限的具体规定是很有必要的。

近代中国的绝大部分外债，都规定有担保和抵押。外债史上的担保，是指作为债务者的中国方面，向外国债权方所作的履行还本付息的保证，包括将用何种收入还本付息。抵押或抵押品，应是在

---

① 金登干致赫德电（1895年5月17日），《中国海关密档》第8卷，第866页。

起债时即开始还本付息之前已经存在的,如现实的有价证券或产业的产权证,或通过借款必然产生的价值物,如铁路外债中应用借款完成的铁路和购置的土地等。如果用于担保的收入届时不能兑现,抵押品将由债权方支配。在研究中,要注意搞清担保的具体承诺者是谁,担保以何种收入用于还本付息,以什么作为抵押,应注意一些比较特殊的个案。例如,自甲午后到辛亥前的铁路外债合同中,大部分规定"国家作保""国家认保",以相关的铁路收入担保还本付息,以该铁路和路产作抵押。但也有以地方当局的名义作保的,如光绪三十一年(1905年)的港英当局粤汉赎路借款,规定由湖广总督和汉口税务司担保,尽管该项外债是"奉特旨"举借的;规定以两湖和广东的烟土税捐还本付息而不是铁路收入;不是以铁路本身及路产,而是由中方交存汉口英国总领事处的金镑厘金票为抵押,该厘金票盖用湖广总督关防并由汉口税务司签字,可在三省境内作完厘之用[①]。这类特例,正是近代中国外债问题复杂性的表现。

外债史上担保的具体形式较多,以相应收入的稳定性程度,又可分为确实担保和非确实担保。晚清以降,先是关税充当大笔外债的担保,然后盐税又充当过外债担保。关税和盐税都被视作确实担保。但正因为关税、盐税被用作外债担保,中国在管理关税和盐税方面的主权也遭到了严重破坏。海关总税务司制度和盐务稽核所制度,就和关税、盐税充当外债担保密切相关。在担保问题上,值得

---

① 《中外旧约章汇编》第2册,第321—323页。

进一步研究的是民国时期担保情况的变化。自 1912 年的克利斯浦借款和 1913 年的善后借款之后，关税和盐税基本上不再作为偿付外债本息的担保，研究者通常也认为，善后借款以后的外债均可视作无确实担保的外债。但应当看到，随着历史条件的变化，担保"确实"和"无确实"的内容也有了变化。以盐税为例，在北洋后期和南京国民政府初期，盐税一度并不"确实"，以盐税为担保的英法借款和湖广铁路借款的本息均有延付的情况，这在相当程度上是政治不统一的结果。而到了中日战争时期，关税和盐税收入都没有了确实的保证，一般说来也就失去了充当外债担保的价值。当然，国民政府在外债担保的问题上，较为注意维持民族主义的形象，宁可把增加的关盐税收入用作举借内债的担保。

  关盐税基本上退出外债的担保领域，并不意味着所有的外债都是担保不确实的了。如 1939 年 3 月和 8 月的英国信用贷款，是由中国银行担保本息的偿付的[①]。而 1939 年的美国桐油借款和 1940 年的华锡借款，也是由中国银行出面保证借款"本息如数清偿不误"的[②]。由于对英国信用贷款的担保实际上是与交通银行共同承担的，而桐油借款、华锡借款的本息担保在内部已确定由中央、中国、交通三行共同承担[③]，其本质无异于国民政府直接出面担保，故而为英美方面所接受。在当时特定的条件下，应视作中方所能提

---

  ① 《民国外债档案史料》第 11 卷，第 176、183、186 页。
  ② 《中外旧约章汇编》第 2 册，第 1130、1159 页。
  ③ 中国银行行史编辑委员会：《中国银行行史（1912—1949）》，中国金融出版社 1995 年版，第 550 页。

供的非常"确实"的担保了。所以,近代中国不同时期在担保主体以及担保品、抵押品方面所发生的重要变化,应列入研究的范围。

借款用途是外债关系的另一要件。研究者在述及重大债项时,往往对其用途作出明确的判断,如甲午外债中的克萨借款和瑞记借款,《近代中国外债史稿》列为赔款借款,而《中国清代外债史资料》则把该两项债款归为"备战借款"①。该两项借款合同均签署于1895年6月,此前中日间已订立停战条款和马关条约,且距第一次交付赔款的日期已迫近,再把借款用途与业已停止的中日战争的"备战"或战费相关联,确实有点牵强。但能否据此断定借款用途就是"赔款"呢? 克萨、瑞记两项借款都是由两江总督张之洞主持举借的(俄法、英德及续英德三项赔款外债均由总理衙门经办)。张之洞初委托驻英公使龚照瑗接洽借款,"因军饷及各项费用、械价浩繁紧急,必须有此一款,方能支持",至迟在1894年12月底或1895年1月初就已经在伦敦与英商克萨接洽②。嗣因"久无定议","需饷甚急",另饬上海道刘祺祥向洋商洽借③。在与德商瑞记洋行达成借款后,克萨借款亦达成协定。克萨借款的实际动用情况尚未见到直接相关的史料,但据光绪二十一年(1895年)三月二十九日张之洞

---

① 分别见于《近代中国外债史稿》,第14页;《中国清代外债史资料》,第247页。

② 张之洞致龚照瑗电(光绪二十一年三月二十六日电),《中国清代外债史资料》,第154—155页;另据金登干1895年1月4日致赫德函之附件,在上年12月底中国驻英使馆方面曾向汇丰之外的洋行接洽借款;1月12日函告龚照瑗已在与克萨谈判借款,"目的是为了偿付合同定货"。分别见于《中国海关密档》第6卷,第211、215页。

③ 张之洞致户部总署电(光绪二十一年四月十一日),《中国清代外债史资料》,第161页。

收到的总署来电,当可视为用于解决积欠饷需和购械①。至于瑞记借款的实际用途,可断定的有购炮价款、拨充防饷、兴办苏沪铁路、垫付上海纱机价款、拨允出洋经费等②。上述史料表明:筹借克萨、瑞记两债的目的是"甲午战费"和"备战",但是借款合同的达成是在停战和签订马关条约之后,其实际动用虽与原来的目的有关,却不尽相同,不宜与汇丰洋款、镑款一起划作"战费""备战"借款,然而也绝不是用作对日"赔款"。

在近代中国外债史上,不少借款用途的判断比克萨、瑞记两款更为复杂。借款合同是否对用途有明确规定,除了借款合同外还有无其他相关协定,合同签署后是否对债款又有过改变用途的协议,中方是否把债款挪作他用等,都是在研究中需要考虑的。在现有的几种外债史资料中,有关债款具体用途的资料特别缺乏,往往只能根据相应的用款机构来推断。另外,对于某些外债的特殊用途(如国民政府时期的平准基金借款),更应加强研究。

上述各要件都是借款的基本条件。有些借款交涉过程和最终达成的协定,还涉及其他一些条件,或称附加条件。这些附加条件往往是外国债权方所要求和提出,最后为中方所接受。有些附加条件对中方只有经济义务的规定,如1933年的中美棉麦借款规定,中方用借款在美国购买棉、麦之后,至少有一半以上货物必须用美国的

---

① 该电称:"奉旨:张之洞电奏请价款等语,南洋需款既经龚照瑗订定英商克萨行一百万镑,即著准其借用。"《中国清代外债史资料》,第156页。
② 张之洞致户部电(光绪二十一年五月十五日),致直隶总督王文韶电(光绪二十二年十月初十日),《中国清代外债史资料》,第163、165页。

轮船运回中国，相应的保险业务也必须有一半委托美国的保险公司办理①。但也有些借款协定的附加条件严重损害了中国的主权，如善后借款合同对设立盐务稽核所和盐款使用的规定。附加条件通常都载于借款合同内，也有附加条件并不载入合同本身，而是以其他形式要求中国方面接受的情况。这类附加条件往往对中国主权的损害更加严重。

四

近代中国外债史不单要研究"借债"，还应研究"还债"，即中方如何还本付息。一般来说，外债的偿付期限比较长，社会环境往往会发生变故，使得实际偿付的情况与借款合同的规定大相径庭。从整体而言，外债的偿付与外债的举借，两者之间既有联系，但又有相对独立、区别的方面。从国内学术界的实际状况来看，对外债偿付问题的专门研究更为薄弱，亟需加强。

晚清时期，已借各债本息的偿付问题尚不成为政府整个外债政策中的一个相对独立的部分。在晚清统治的最后十来年内，虽然每年都得为甲午七项政治借款（汇丰洋款、汇丰镑款、瑞记借款、克萨借款、俄法借款、英德借款、英德续借款）和庚子赔款支付本息，但自粤汉路借款起的十余项重大铁路外债的还本期，大体上是从民国元年之后才开始的。事实上，晚清统治最后十来年虽然财政状况较

---

① 《民国外债档案史料》第10卷，第139页。

窘迫，但并未出现外债本息积欠、难以偿付的严重情况，也并未因还本付息衍期而发生中外之间的重大交涉。

然而，进入民国时期后，对中央政权而言，外债的偿付有时甚至比外债的举借更为复杂。这是因为，无论北洋政府还是南京国民政府，为了获得各国的外交承认，事实上均公开作出了一定的承诺。如袁世凯在1913年10月致各国照会中表示："本大总统声明，所有前清政府及中华民国临时政府与各外国政府所订条约、协约、公约，必应恪守，及前政府与外国公司所订之正当契约，亦当恪守。"①这无疑包括承认偿付外债本息的义务。南京国民政府在1928年6月15日的对外宣言中表示："国民政府对于友邦以平等原则、依合法手续所负之义务，始终未尝蔑视。"②这里同样意味着对外债还本付息义务的承认。而1928年7月全国财政会议通过的财政部施政大纲则明确指出："内外债凡有确实抵押品者，维持原案继续履行"；"清理内外债，其无确实抵押品者，设立整理委员会，分别审查整理之"③。这实际上代表南京国民政府正式宣布，不仅将偿付有确实担保各外债的本息，并将对无确实担保各外债进行清理。所以，在获得了各国的外交承认之后，无论北洋政权还是南京国民政府，都面临着前政权遗留外债的偿付。完全可以这样说，对民国时期的中央政府来说，旧债还本付息的负担是始终存在的，当较长时间无法履行原借款合同规定的还本付息义务时，政府往往要对旧

---

① 程道德等编：《中华民国外交史资料选编》(1)，北京大学出版社1988年版，第28页。
② 《外交部公报》第1卷第3号（1928年7月），第132页。
③ 《国闻周报》第5卷第28期，1928年7月22日。

债进行整理。这样，对外债的整理就成为中央政权外债政策中十分重要的、具有相对独立地位的部分。

我们先看看北洋政府时期的理债概况。

一般认为，北洋政府是在欧战期间遇到偿付外债本息方面的重大困难的。可是，在欧战爆发之前，北洋政府实际上已不得不衍期支付若干短期外债本息。1913年12月30日，北洋政府外交部致函德、日、法、英、美、比、意、奥等国驻华使节，要求把财政部所管已逾期未付及将到期之各项重要短期借款，一律展至次年6月，由新借款项下归还，以纾财力①。为此，北洋政府财政部曾向五国银团商议二次借款，冀将各项短期外债一举清还。这可以视作北洋政府的第一个较重大的理债设想，但是没有得到各有关债权国方面的同意。1914年欧战爆发，北洋政府再次向各国进行交涉，希望"凡与中国政府有债务关系者，所有欠付债款，均暂从缓。一俟欧洲大局渐定，金融敏活，自必设法筹还，以全信用"②。当时，中国的要求曾得到美国、意大利等国家的积极回应，并与日本、英国、德国等国的若干债权方公司厂商达成过短期外债的整理方案。至1917年，北洋政府根据与有关国家达成的缓付庚款协议以及国际市场金贱银贵的行情，认为可以利用相应的款项购买以往中国政府在海外发行的债票③。这是一个采用国际金融投资方式的理债设想，在财

---

① 《民国外债档案史料》第1卷，第80—81页。
② 同上书，第83页。
③ 安格联复财政部函（1917年10月13日），《民国外债档案史料》第1卷，第95—99页。

政上具有相当的价值,并具备操作上的可能性。但北洋政府正处于财政收支极不平衡的状况下,以至于因缓付庚款而结余的那部分款项,均被挪为军政开支了。欧战结束后,积欠外债的整理已成为直接牵涉到财政全局的问题。除了财政部之外,北洋政府先后组织过全国财政讨论委员会、财政整理会、财政善后委员会、关盐两税抵借外债审核委员会等机构,研究外债整理问题,对整理外债的范围、限额、基金来源、调券方法、利率的重新确定和还本付息方法等,提出过许多方案。在1925—1926年的关税特别会议期间,中外之间为无确实担保外债的整理问题进行过多次谈判交涉,但没有达成任何方案。北洋政府后期未能解决整理外债的问题,除了债权国方面的因素外,还在于北洋政府无论在经济、财政、金融、军事、政治等方面,都已经无法继续统治下去了,已不具备对巨额外债进行认真整理的基本条件。随着1928年6月北洋政权的覆亡,中国中央当局的积欠外债(包括有确实担保和无确实担保),都遗留给了新的中央政权——南京国民政府了。

南京国民政府虽然较早就允诺整理无确实担保外债,但对于是否把西原借款等日债列入整理的范围,未能取得一致的意见。直到1930年8月才大体上确定了整理的范围。不久,九一八事变和一·二八事变爆发,国内财政金融局势和中外关系均发生了重大变化,原先设想的统一整理列入范围的所有外债的原则已不可能实施。至1934年,南京国民政府为整理无确实担保外债,作出了几项较明确的规定,如是年2月提出在28年的期限内把本息总额达7亿元的无确实担保外债清偿完毕的方案,整理基金的关税款额将由最初的每年2 500万元逐步增加到 6 000 万元，利率从最初的 3 厘逐年增至 5 厘①。同年 4 月，南京国民政府决定：整理外债取分别整理办法，不取整个交涉之方针，并规定凡欠债数额小而毫无问题者，应不待交涉而即时开始偿还；数额大而毫无问题者，即予承认并商议偿还方法；其有问题者另行交涉②。同年 5 月，又就积欠债项的不同情况确定了不同的理债实施机构，即由(1)财政部，(2)地方机关，(3)铁道部，(4)交通部，(5)铁道、交通两部会同财政部，分别进行整理③。

另从实际情况来看，从 20 世纪 30 年代初起，南京国民政府已就个别小额积欠债款同外国债权人达成整理方案或予以清偿。从 1935 年下半年起，南京国民政府加快了整理外债的步伐。至 1937 年上半年，已先后达成津浦、陇海、道清、广九、湖广等铁路借款，以及马可尼—费克斯借款、芝加哥大陆商业银行借款、太平洋拓业公司借款等多项积欠外债的整理方案。只是由于中日战争全面爆发，中止了已达成方案的实施。另外，英德续借款、善后借款等有确实担保的外债和庚子赔款，也于 1939 年被迫停止支付本息。1945 年中日战争结束后，国民政府一度考虑恢复偿付战时停付的各项外债，也提出过新的整理方案，终因财政经济局势所限，在偿付积欠旧债方面没有任何实际举措。

作为近代中国外债史的完整体系，应该包括"借债"和"还债—理债"这两个方面，两者之间既有联系，又有区别。特别是理

---

① 《民国外债档案史料》第 2 卷，第 122—126 页。
② 同上书，第 127 页。
③ 同上书，第 129 页。

债问题,本应在外债史体系中有相对独立的地位,但长期以来未得到应有的重视。如刘秉麟的《近代中国外债史稿》,全书共 18 章,没有一章是专门讲理债问题的,仅用一节的篇幅介绍南京国民政府"对旧债的承认和整理",至于北洋政府对外债的整理,只是在该节中顺便提及一笔。徐义生的《中国近代外债史统计资料(1853—1927)》亦未收入北洋政府时期有关外债偿付和整理的资料。至于其他著述,对整理外债也极少见有作专门叙述的。

是否把"还债—理债"作为相对独立的部分纳入研究范围,不仅涉及作为独立学科的近代中国外债史体系的完整性,还关系到体系构架的科学性。例如,关于近代中国外债史的分期,《近代中国外债史稿》分为"清政府""北洋军阀政府""国民党反动政府"三个时期;《中国近代外债史统计资料(1853—1927)》分为"清政府""辛亥革命"和"北洋军阀政府"三个时期。由于外债的还本付息义务一般不会仅仅因中国国内政局的变动而中止和改变,按中央政权更替来分期的方法,虽然大体上可以区分"借债"的重大阶段,却不能反映"还债—理债"的阶段性。反之,仅从"还债—理债"的角度分期,诸如 1925—1926 年的关税特别会议、1935 年起国民政府对无确实担保外债的全面整理、1939 年对关盐税担保各债的停付摊存等界点,同样不能适用于"借债"问题。至于把借债和还债—理债问题综合起来加以考虑,对整个近代中国外债史进行科学分期,尚有待于研究的进一步深入。

近代中国外债史的研究范围,绝不应仅限于借款协定所提到的各个方面。我们应该拓宽近代中国外债史的研究领域,深化研究的层面。例如，我们需要注意研究外债的动因，既包括债务方（中方）为什么要获得该项外债，又包括有关债权方（外方）为什么要向中国提供该项借款，还要注意研究对借款的达成有重要影响的其他因素。事实上，对借款交涉的结果有影响的因素往往很多，各种因素之间的交互作用也是十分复杂的，需作具体的研究分析。例如，要研究外债的影响，既要研究它作为一种特殊的账政收入如何对其他账政问题（如关盐税和其他税收的状况，中央政府军政费的开支、赔款的偿付、内债的劝募和使用等）产生影响，又要研究它在多大程度上同金融、币制、银行等方面互相制约和影响，还要研究外债与经济、社会的关系，特别应当注重研究外债与中国经济近代化和社会其他方面的关系。我们还需要研究外债与外国债权方的关系，即特定的外国债权方通过提供外债，从中国获得的权益究竟怎样。这不仅要研究借款合同所载明的或者蕴含的直接界于外国债权方的权益，而且要分析外方间接获得的权益，以及随着借款合同的履行和各种情况的变化，外国债权方的利益关系、中外之间的其他关系有无相应的变化。对于单个债项、国别债项的研究仍需继续进行；而不同债项之间、不同国别之间、不同时期和不同阶段之间的比较研究，更应引起研究者的重视。另外，在目前的情况下，外债思想（首先是中国方面有关主张和观点的发展）也应列入外债史的研究范围。这样，我们才能在研究中避免简单化，进行具体的历史的分析。

（原载《历史研究》1997年第4期）

5

上海银行公会改组风波(1929—1931)

1929年至1931年，上海银行公会面临因《商会法》《工商同业公会法》的颁行而被改组为同业公会并成为上海市商会会员的压力，虽奔走交涉于宁沪、官商之间，最终仍不能摆脱被强制改组的结局。多年来对这一银行公会沿革史上的大事(也是当时国民党政权整合全国工商团体过程中有一定特殊性的个案)，缺乏直接的专门研究①。在查

---

① 多年来，有多位学者围绕《商会法》《工商同业公会法》的颁行，论及国民党政权与上海总商会以及与整体意义上的上海工商团体、商界的矛盾冲突，如：小科布尔《上海资本家与国民政府（1927—1937）》（杨希孟等译，中国社会科学出版社1988年版）第三章"宋子文与上海资本家合作的政策"中的第三节"对上海资本家的镇压"（第55—73页）；黄逸峰等《旧中国民族资产阶级》（江苏古籍出版社1990年版）之"工商团体的整理与国民党控制的加强"部分（第367—373页）；徐鼎新、钱小明《上海总商会史（1902—1929）》（上海社会科学院出版社1991年版）之"反对国民党控制的斗争及其结局"部分（第390—401页）；姚会元《江浙金融财团研究》（中国财政经济出版社1998年版）之"南京政府控制商界"部分（第188—193页）；朱英《转型时期的社会与国家——以近代中国商会为主体的历史》（华中师范大学出版社1997年版）第十三章"社会与国家的互动关系"之第三节"社会终于被国家扼杀"（第523—534页）。这些论著对于把握上海银行公会改组风波的背景有很大帮助。但是，它们均未对银行公会如何应对改组压力作哪怕是最粗略的介绍。笔者主编的《上海金融业与国民政府关系研究（1927—1937）》（上海财经大学出版社2002年版）第十一章"金融法规：国民政府与上海金融业关系的特殊一面"之第二节"上海银行业要求颁行金融业公会单行法规的努力"（第341—348页），有一大致的勾勒。笔者在本文的写作中，仔细爬梳了上海银行公会档案中与此次改组风波直接相关的案卷，还尽可能查阅了上海市商整会、市商会方面的资料，以冀在弄清基本事实和分析评议两方面，达到专题研究的要求。

阅了相关档案资料的基础上，笔者以为，通过剖析上海银行公会改组风波始末，有助于进一步把握当时上海银行公会与南京当局、上海地方当局、市商会、上海钱业公会以及平、津、汉等地银行公会等方方面面的关系；同时对于上海银行公会与上海银行业同业公会、上海银行学会之间看似简单但有着复杂内涵的因承关系，可有更确切的了解；也是为因应近年来学术界加强研究同业公会的呼吁①所作的具体尝试。

一

上海银行公会改组风波，是在南京国民党政权实施训政、在上海地区整饬总商会等商人团体的背景下发生的。

1929年3月的国民党"三大"之后，国民党上海市党部以商民协会取代总商会的企图难以得逞，遂抛出了"整理"商人团体的方案，并获国民党中央批准。5月2日，国民党中常会决定设立上海特别市商人团体整理委员会（以下简为商整会），接收商民协会、总商会、闸北商会、南市商会②。5月23日，国民党中常会通过的

---

① 马敏在《近十年来中国的商会史研究及其展望》一文中指出："到目前为止，对近代同业公会的研究基本上还是一个空白，仅有为数甚少的几篇单篇论文，多限于简单的介绍。目前亟需充分发掘为数甚巨的各地同业公会档案及相关资料，对近代同业公会的产生、发展及运作情况进行历史的考察，探明行业内部组织由行会向同业公会转变的历史缘由，分析同业公会对企业与社会经济发展的影响，厘清同业公会与商会、政府之间的关系，以及此类业缘组织对于政府加强行业管理与规范的作用。"（见章开沅主编：《近代史学刊》第1辑，华中师范大学出版社2001年版，第220—221页）

② 徐鼎新、钱小明：《上海总商会史（1902—1929）》，第396页。

《上海特别市商人团体整理委员会组织大纲》，赋予商整会在"统一上海市商人团体之组织"方面如下具体职权："登记旧日上海商民协会、上海总商会、闸北商会、南市商会之会员"；"依据法令草拟统一团体之章程"；"筹备统一团体之一切组织程序"①。商整会即限上述四商人团体所属会员于8月31日以前向商整会登记，接着上海市党部民训会会同上海市社会局发出布告，规定"本市各种商业团体一律须向商整会登记再行办理注册备案手续"②。另一方面，依据1929年8月15日国民政府公布的《商会法》，商会会员分为公会会员和商店会员两类。而8月17日公布实施的《工商同业公会法》则进一步规定：本法施行前，原有之工商各业同业团体，不问其用公所、行会、会馆或其他名称，其宗旨合于本法第二条所规定者，均视为依本法而设立之同业公会，并应于本法施行后一年内，依照本法改组③。应上海市商整会的电询，9月13日，国民党中央训练部发出第228号训令，明确这两个法规适用于上海工商团体的整理改组④。但尽管如此，至同年10月上旬，仅有三成的上海商人团体前往商整会登记。商整会不得不把各团体登记的期限延长至10月31日，而上海市党政军联席会议议决：凡未经向社会局正式登记

---

① 上海特别市商人团体整理委员会组织大纲，上海市档案馆藏上海市商会档案（以下简为上海市商会档）Q201-1-626。

② 上海特别市党部民训会、社会局、商整会通告，1929年10月8日，上海市商会档Q201-1-626。

③ 《中华民国史档案资料汇编》第五辑第一编财政经济（八），江苏古籍出版社1994年版，第685、690—691页。

④ 中国国民党中央执行委员会训练部训令第228号，1929年9月13日，上海市商会档Q201-1-626。

者即认为非法团体，应予取缔，向商整会登记又成为向社会局注册备案的前提。上海市政府还于10月26日发出训令，转发工商部的咨文：公会名称必须冠以"同业"两字①。

日趋严密的"训政"法统，上海地方党政当局的高压督饬，加上王延松、骆清华等国民党在上海工商界的骨干分子实际把持的商整会、上海市商会的屡屡催促，使大部分工商团体不得不先后进行统一的登记注册、归并和改组为同业公会，成为官方直接控制下的上海市商会会员。这对于力图避免被强制改组的上海银行公会来说，意味着越来越大的压力。

上海银行公会正式成立于1918年，起初仅12家会员银行，1929年发展到24家，即中国、交通、浙江兴业、浙江实业、上海商业储蓄、盐业、中孚、聚兴诚、四明、中华商业储蓄、金城、新华储蓄、东莱、大陆、东亚、广东、永亨、中国实业、中国通商、中南、和丰、江苏、国华、中国垦业，可以说，是上海那些最重要的华商银行的组织，其实际影响力早已超出金融业，与南京国民政府和上海工商实业界都保持着密切的联系。上海银行公会虽然先后参加过上海总商会、商业联合会等团体，但均非直接因官方法规所致，在金融业务和社会活动领域里保持着独立地位。上海银行公会在财政上支持国民政府，但是在上海总商会与商民协会的争执中，公开支持前者，实际上站到了国民党上海市党部和市

---

① 上海特别市党部民训会、社会局、商整会通告，1929年10月8日；上海特别市政府训令第2215号，1929年10月26日。均见上海市商会档Q201-1-626。

政府的对立面①。当时，对于上海总商会等被禁止活动，上海银行公会虽然感到不满，只是大势所趋，不复继续公开反对，可是在按《商会法》《工商同业公会法》改组为同业公会并成为商会会员问题上，上海银行公会自认为不同于上海总商会等团体的其他会员。尽管1914年北京政府颁发过《商会法》《商会法施行细则》，但上海银行公会成立的直接法律依据却是1915年北京政府颁布、1918年修订的《银行公会章程》，该章程规定，各地银行公会的组织设立系直接由财政部核准，银行公会的章程及其他各项规约也是呈请财政部核准施行的②。1927年南京国民政府成立之后，颁布施行过《财政部金融监理局组织条例》《金融监理局检查章程》《金融监理局补行注册简章》《银行注册章程》《银行注册章程施行细则》，这些法规都没有直接涉及银行公会的地位问题，但均明确把银行业在内的整个金融业列入财政部的主管范围。因此，上海银行公会试图说服国民政府有关当局如同北京政府时期一样，对银行公会颁布单行章程，从而得以在国民党直接控制的商整会以及商会之外，保持相对独立的地位。

应当指出，从全国金融界来看，不甘心按照《商会法》《工商同业公会法》被强制改组为同业公会且成为商会会员的，还有平、津、汉等地的银行公会。它们都受到了所在地党部及商会的巨大压力，遂与上海银行公会之间频繁往来函电，要求上海银行公会领衔

---

① 徐鼎新、钱小明：《上海总商会史（1902—1929）》，第394页。
② 《银行公会章程》，1918年8月28日，《中华民国金融法规档案资料选编》（上册），档案出版社1990年版，第316页。

向南京当局力争。如1929年12月11日天津银行公会在来函中谈道：天津总商会转来国民政府颁行之同业公会法，嘱即查照，上海银行公会"曾否接到此项同业公会法，财政部公布之银行公会章程曾否修改，现在是否继续有效，各处银行公会应否改按新颁工商同业公会法改组，抑应仍依据财政部公布之银行公会章程，特此备函奉询"。又如，12月30日汉口银行公会的来函忧心忡忡地谈道："若必遵照新颁法令，改组同业公会，加入商会，为商会会员分子之一，于将来行使职权，有无妨碍，诚不可不详慎考虑，拟请贵会联同平津汉各会集合意见，公同呈请财政部核示，应否将各地银行公会仍遵照单行法令规定，无庸另行改组，以维现状而重金融。"1930年1月15日，北平银行公会的来函则更直截了当地提出："请贵公会主稿，联衔公呈财政部，仍照原颁银行公会章程继续有效，毋庸改组，以昭一律。"①

上海银行公会于1930年1月2日召开执行委员会议，一致决定须向南京当局交涉颁布银行公会单行法规，并即复函天津、汉口银行公会："此事关系重大，未便率尔更张，即使势必改组，亦待郑重考虑。昨经敝会议决，佥以银行公会原为遵照财政部单行章程所组织之团体，一切职权，向系独立。拟即根据此点，陈请财政部迅予颁布单行法，以重金融而免与同业公会法有所混淆。俟奉有明文容再函达。"②平、津、汉银行公会希望由上海银行公会出面，四地银

---

① 上引津、汉、平三公会致上海银行公会函，均见上海市档案馆藏银行公会档案（以下简为上海银行公会档）S173-1-17。
② 上海银行公会复天津银行公会函，1930年1月3日；上海银行公会复汉口银行公会函，1930年1月6日。均见上海银行公会档S173-1-17。

行公会共同呈请财政部颁布单行法规，而上海银行公会还进一步考虑到上海钱业公会的态度，于1月21日将所起草的致财政部电函稿征求钱业公会意见，钱业公会次日即答复"极愿赞同"①。1月29日上海银行公会又致函平、津、汉银行公会："查此事与吾业全体有切身利害关系，自宜合力请愿，敝会忝附同舟，义不容辞，业与此间钱业公会商定一稿，除联衔缮递外，相应将该呈文抄送，俟奉有部批，当再函达。"②复于1930年2月6日由主持上海银行公会会务的胡孟嘉赴南京财政部面递呈文。这份由上海银行公会、钱业公会领衔，并有平、津、汉银行公会参加联衔的呈文指出："查各埠银钱公会之设立，原系遵照前财政部于民国四年八月廿四日所公布之银行公会单行章程而组织，其统系完全隶属于财部，后至七年八月廿八日，部令又续加修正，纲举目张，悉臻完备。所有章程内规定一切职权，向系独立性质，殊未可与其他各业附属于商会者相提并论。推其立法本意，要不外乎金融事业，关系国民经济，上有辅助国家推行政策之职责，下有调剂民生发展实业之机能，其所负使命，显有特殊之处，非另行组织不受牵掣，殊不足以收指臂之效。以是各地成立之银钱公会，除将章程等等呈请财政农商两部暨当地省政府立案外，即为正式独立机关，沿用已久，绝无流弊。今若依照同业公会法改组，加入商会为会员分子之一，在系统上虽似完整，但于将来行使会务职权，势必窒碍孔多，循是以想，银钱两公

---

① 上海钱业公会复银行公会函，1930年1月22日，上海银行公会档S171-1-17。
② 上海银行公会档S171-1-17。

会既不能保持其固有之精神,则对于金融界之使命,自难望尽其厥职。一再筹思,对于银钱两业因处于特殊地位,实有碍难改组同业公会之处。"上海银钱业公会明确要求财政部转咨立法院:"准予援照现行银行公会章程,另颁单行法以维金融而重法令,俾各地银钱公会得以一致奉行。"①并将上海银钱两公会章程及营业规程各两件附送财政部。

财政部倒是比较重视这一意见,即呈文行政院指出:金融业与普通商业不同,其团体组织亦各有其特殊之点,该公会等职责在调剂金融,扶助实业,其对于商会实处于独立互助地位,其内容系依据旧有单行章程组织成立,迄今成绩尚有可睹,若骤令改组加入商会,则商业与金融转失均衡,且使职责不专于行政上之监督,亦殊多未便。行政院决定将该问题送立法院审议②。2月22日,立法院讨论行政院咨请颁布银钱公会单行法规章,议付商法起草委员会审查③。南京国民政府初期的财政开支仰赖上海金融业颇多,主要由财政部出面,直接与上海银行公会与钱业公会接洽垫借和承销公债库券事宜,再通过银钱业公会向各行庄具体落实。即便是在上海总商会、上海商业联合会存在和运作期间,财政部也往往直接与银钱业公会打交道,而不是舍近求远去找商会团体。这恐怕是财政部考虑原则上接受上海银行公会意见的重要原因。

---

① 杂纂:《银行钱业两公会呈请财政部颁布单行法》,《银行周报》第 14 卷第 7 号,1930 年 3 月 4 日。
② 财政部令上海银行公会等,1930 年 2 月 25 日,上海银行公会档 S171-3-17。
③ 《立法院第 77 次会议议事录》,1930 年 2 月 22 日,《立法院公报》第 15 期。

二

上海银行公会在呈文财政部的同时，即开始向立法院方面进行疏通工作。自 1928 年 10 月实行五院制之后，立法院成为国民政府的立法机关，《商会法》《工商同业公会法》就是经立法院通过后，再由国民政府颁布的。而立法院商法起草委员会、经济委员会则是审议经济类法规的专门机构，也就成为上海银行公会进行说服工作的重点。

1930 年 2 月 10 日，上海银行公会常务委员胡孟嘉、贝淞荪联名致函立法委员马寅初、卫挺生，称银钱公会之设立为遵照前财政部所颁布的单行法而组织，"一切职权向系独立，良以事关金融，殊未可与其他各业附属于商会者相提并论，沿用已久，绝无流弊，今若一旦改组，则银钱两业势难保持其固有精神，于金融前途障碍必多"；并告知：上海银行公会业已"与平津汉银行公会暨本埠钱业公会联衔呈请财部另颁单行法"，"倘财部将该项呈文咨请贵院核转时，务希顾念金融事业关系国计民生，鼎力维持，允予迅为颁布银行公会单行法，以资信守，而免更张"①。但是，立法院方面最初的态度颇为冷淡、消极。如身兼立法院商法委员会和经济委员会两个委员会委员的马寅初在复函中称："此事涉及立法之精神与主旨，未

---

① 胡孟嘉、贝淞荪致马寅初、卫挺生函，1930 年 2 月 10 日，上海银行公会档 S173-1-17。

识敝院同人能否赞成,弟当代为陈述意见。结果如何,容当日后通告可也。"①如果说马寅初的回函是"顾左右而言其他"的话,那么卫挺生则直截了当地表示了不同的意见。他谈道:"关于银行公会欲脱离商会法及同业公会法范围另提单行法一案,业与寅初兄谈过,弟二人对于此案俱无成见,该案到院时,自可将尊意向同仁代达。惟查商会法与同业公会法之规定,与银行公会并无多大利害冲突之处,且银行公会虽一方面为商会会员,而一方面仍为独立公会,并不妨其独立对外之资格,依照商会法亦并无因此即受商会操纵之虞,盖一方面以商会会员资格应谋一般工商界之利益,一方面以独立公会资格仍可谋同业之利益,且各银行公会间仍可彼此联络,调剂全国金融,是新法与银行公会之身价亦无稍损之虑,故该案即或不能通过,似亦无甚妨碍。未知尊意以为然否?"②

尽管马寅初、卫挺生的回函不啻泼了盆凉水,上海银行公会却丝毫没有松懈,而是继续努力。尤其是得知行政院已经原则同意对金融业实施单行法规后,胡孟嘉即指示加快对立法院方面的工作③。上海银行公会执行委员经润石出面,获得立法院两个相关委员会的成员名单:商法起草委员会委员——马寅初、罗鼎、卫挺生、楼桐荪、戴毅夫、王世杰;经济委员会委员——邵元冲、马寅初、吴一飞、张志韩、马超俊。上海银行公会的头面人物如李馥

---

① 马寅初致胡孟嘉、贝淞荪函,1930年2月13日,上海市银行公会档S173-1-17。
② 卫挺生致胡孟嘉、贝淞荪函,1930年2月15日,上海银行公会档S173-1-17。
③ 胡孟嘉致林康侯函,1930年2月20日,上海银行公会档S173-1-17。

苏、贝淞荪、胡孟嘉、陈光甫、杨敦甫、陈蔗青等,以个人名义纷纷致函以上人士,陈述在商会之外单独设立金融业公会的必要性。

然而,来自立法院的答复各不相同。2月24日李馥荪、贝淞荪、胡孟嘉、杨敦甫联名致函立法院统计处主任刘大钧,内容与前致马寅初、卫挺生函大体相同,希望伺机帮忙:"敝公会本为金融同业集合团体之一,奉此(指《商会法》和《工商同业公会法》,引者注)自应着手改组,庶符国家法令。惟案查各埠银行公会之设立,原系遵照前财政部所颁单行章程而组织,一切职权向系独立,良以事关金融,殊未可与其他各业附属于商会者相提并论……倘财部将该项呈文咨请贵院核办时,务希顾念金融事业关系国计民生,鼎力维持,允予迅为另颁银行公会单行法,以资信守,而免更张。"3月1日刘大钧复函称:"交谊所在,何敢推辞,惟弟在此间系担任统计事宜,创议法制,则归立法范围,不属敝处权限。转商立法委员马寅初、卫琛甫诸兄,据称执事来函,亦经收悉。另行颁布银行单行法,事关变更法制,办理为难。现已函复,谅邀台览,方命之处,尚希鉴原是幸。"①刘大钧的态度是"爱莫能助",但毕竟可资佐证马寅初、卫挺生的真实观点,上海银行公会对立法院同意通过银行公会单行法规的难度已有一定的思想准备。

上海银行公会执行委员陈光甫曾致函立法院经济委员马超俊,3月9日马超俊复函称:"承嘱之件查悉,已交商法起草委员

---

① 李馥荪等与刘大钧往来函,1930年2月24日、3月1日,上海银行公会档S173-1-17。

会从长讨论，弟当尽个人能力斡旋，冀副雅命。"而立法院商法起草委员会委员罗鼎在同日复银行公会函中表示："关于同业公会之组织一层，银行界确有特殊情形，甚佩尊论，俟将来提出讨论时，当敷陈此旨。"①这样的复函，又使银行公会对立法院方面尚存希望。

在3月13日下午召开的上海银钱业联席会议上，重点讨论了银行公会秘书长林康侯和《银行周报》主笔戴蔼庐拟就的《银行钱业之组织应否制定单行法审查报告》。该审查报告认为："以银钱业或金融业之营业目的物，及世界通例与吾国往事论，在审查者之意见，商业法典中应有银钱业法或金融业法制定之必要。考银钱业或金融业之目的物，主要者为货币，其买卖之形式为放款、存款与汇兑，而以有价证券及生金银为其副目的物，其与一般商业以货物为营业之目的物者为不同。夫货币生金银及有价证券，与国家财政社会经济息息相关，上有辅助政府推行政策之职责，下有调剂民生发展实业之机能，其所负使命，显有特殊之处，其影响所至，不仅及于一业一地，且及于全国甚则及于世界。故银钱业或金融业之地位，实为公私经济之枢纽，凡百事业之血脉，因之主管机关为政府之财政部，各埠原有之银钱公会，均系遵照前财政部于民国四年八月所颁布之单行章程而组织，其统系完全独立，相沿以来，推行甚利，绝无流弊……且吾国此后经济建设正求其充分之进步，如于银

---

① 马超俊复陈光甫函，1930年3月9日；罗鼎复陈蔗青函，1930年3月9日。均见上海银行公会档 S173-1-17。

钱业或金融业不为制定单行法律，以资遵守，既不能保持其固有之精神，对于金融前途，尤难收国家财政社会经济巩固活泼之宏效。至于银钱业法或金融业法之内容，大致不外乎银行钱庄信托公司及银公司票号资产雄厚者，均须规定其营业范围，资本金额，创立程序，主管机关，权利义务，营业期限，解散清算，组织金融业团体，设立票据交换所征信所等事项。苟该项法律制定，则银钱业之组织应否另定单行法之问题，可迎刃而解矣。"①该审查报告由林康侯宣读后，"众皆赞成"，然后由胡孟嘉于次日晨携赴南京，递交立法院②。这份审查报告强调金融业本身的重要性和特殊性，主张直接颁布银钱业或金融业单行法，认为这是银钱业公会避免被迫改组命运的根本之举，确实不无道理。南京国民政府自成立以来，虽然颁布了中央银行、中国银行和交通银行的条例和章程，却没有颁布一般意义上的银行法规、钱业法规，银钱业完整意义上的独立法律地位尚不明朗，也就谈不上银行公会、钱业公会的独立地位了。事实上，这份颇有见地的审查报告受到了南京国民政府行政和立法当局的重视，一年后出台的《银行法》大体上解决了银行业的独立法律地位。只是在银钱业公会问题上，立法院实际上采取了"去皮存骨"的办法，即《银行法》不直接谈及银行公会是否必须改组为银行业同业公会。

就在上海银行公会向立法院方面开展说服工作的时候，也受到

---

① 银行钱业之组织应否制定单行法审查报告（1931年3月13日银钱业联席会议讨论），上海银行公会档 S173-1-17。

② 银钱业联席会议事录，1930年3月13日，上海银行公会档 S173-1-14。

了来自上海市商整会的压力。3月17日,商整会制定公布了同业公会章程24条,其中强调:"本会(指同业公会)受上海特别市党部之指导并受上海特别市社会局之监督"(第10条),"本会为上海特别市商会之会员"(第11条);并且把完成"关于党政机关及商会委办事项",作为同业公会"应办之事务"(第16条第5款)①。由此,按照《商会法》《工商同业公会法》改组后的上海各业同业公会在"训政"框架之中的实际地位大体确定。银行公会曾向商整会提出,该会系根据单行法规组织,未必应照《工商同业公会法》办理。商整会请示了工商部之后,于3月26日致函银行公会,转知工商部对该问题的批示:"查工商同业公会法系奉国民政府明令公布,凡在中华民国之工商同业,皆应一律遵守,即因各业性质上之关系,有不得不适用新旧单行章程之处,仍应以不抵触本法为断。"②这就促使上海银行公会继续向南京方面做工作,包括更有针对性地起草有利于自己的法规文本。

由于立法院方面迟迟没有就银钱公会单行法规问题作出决定,上海银行公会认为不能坐等。本来上海银钱业是分设公会的,为了不至于被整合入商会,银行公会与钱业公会甚至考虑成立统一的"金融业公会"。先是由上海银行公会方面起草了《金融业公会法草案》,于5月中旬交钱业公会征求意见。钱业公会主席秦润卿提

---

① 上海市商会档 Q201-1-627。
② 《工商同业均应遵守新颁公会法,工商部已批复商整会》,《工商半月刊》第2卷第7期,1930年4月1日;商整会致上海银行公会函,1930年3月26日,上海银行公会档 S173-1-17。

出两点建议：其一，加入公会的资格，应定在资本额 5 万元以上；其二，把草案中"公会应于本区域内设置事务所"改为"金融业公会得分组设立办事处"①。而银行公会内部征求意见时，秘书长林康侯和浙江兴业银行总司库徐寄庼都认为定 5 万元门槛太高，以 2 万元以上者为妥②。至于秦润卿所提的在金融业公会内"分组设立办事处"，银行公会方面也考虑到了："将来公会成立后，银钱两业恐仍须分组办事，此事应否在公会法留一余地，或先落一笔，以便将来有所根据。"③这表明，上海银钱两业即便在打算合为一个公会时，都还有着很强烈的业别意识。最终成文的金融业公会法草案共计 38 条，其中第 2 条对金融业公会之职责规定为：(1)受财政部或地方政府之委托，或咨询办理或答复金融业之公共事项；(2)增进金融业之公共利益；(3)矫正金融业营业上之弊害；(4)办理票据交换所及征信所；(5)办理协助预防或救济市面之恐慌事项；(6)向财政部或地方政府建议关于金融业之事项；(7)办理其他关于金融业之事项。第 3 条规定：金融业公会为法人。第 4 条规定：金融业公会之主管官厅为财政部。第 7 条规定：金融业公会，应"呈请财政部核准设立"。第 9 条规定：凡经营金融业者均得为金融业公会会员，但须具有下列条件：(1)资本在国币 2 万元以上者；(2)注册设立已满一年以上者。第 31 条规定：金融业公会之解散，"非得财政部核准

---

① 秦润卿致胡孟嘉函，1930 年 5 月 16 日，上海银行公会档 S173-1-17。
② 徐寄庼、林康侯在金融业公会法草案稿上签注的意见（日期不详），上海银行公会档 S173-1-17。
③ 贝淞荪在金融业公会法草案稿上签注的意见（日期不详），上海银行公会档 S173-1-17。

不生效力"。第32条规定：金融业公会有违背法令、逾越权限或妨碍公益情事者，得由财政部解散之①。这一草案的本质内容，一是金融业公会仍同以往一样直接由财政部主管，从而绕过国民党地方党政机关的"指导""监督"；二是不必改组为同业公会且以属会名义加入地方商会，从而得以保持较多的社会独立性。

上海银行公会认为立法院是能否通过金融业公会法的关键所在，因此在征求钱业公会方面对草案稿的意见之后，即于5月17日将草案稿寄给马寅初，并由胡孟嘉、贝淞荪、徐寄顾和秦润卿四人联名致函马氏："兹闻本案开议在迩，爰拟就金融业公会法草案一件，寄奉台阅，藉供参酌，至乞察收示复。"5月24日，马寅初复函胡孟嘉等："此次草案，应由银行公会呈请财政部转呈行政院咨送立法院审议（原为财政部代拟之稿当以财政部名义提出），未识已送部否，甚为念念。"②在这封信中，马寅初没有对草案稿的内容以及在立法院通过的可能性直接发表看法，只是指出了程序有问题，即该草案稿属于上海银钱业公会代财政部所拟，应由财政部提交立法院，而不可由上海银钱业公会出面呈送。事实上，马寅初的提醒不是多余的。上海银行公会在把金融业公会法草案稿寄给马寅初时，并没有向财政部方面寄出同样的草案稿。上海银行公会方面是徐寄顾首先看到了马寅初5月24日的信，他立即在信纸上写了以下一行

---

① 上海银行公会和钱业公会呈财政部金融业公会法草案，1930年5月27日，上海银行公会档S173-1-17。

② 胡孟嘉等与马寅初往来函，1930年5月17日、24日，上海银行公会档S173-1-17。

字:"请孟公速转公会另抄一份由财部转。"胡孟嘉5月27日致函贝淞荪:"请兄偏劳一办,并乞于宋部长处面洽为要。"当天,上海银行公会便把金融业公会法草案稿寄往财政部,要求财政部转咨立法院①。贝淞荪虽然没有马上找宋子文,但于5月30日致函财政部次长徐堪:"该项呈文日内想已达典签,惟闻立法院关于此案开议在即,为特具函,奉恳务请执事迅为核转,俾于期前得以送到立法院,实深感祷。"即便在把金融业公会法草案稿寄呈财政部之后,上海银行公会仍然没有忘记与立法院的沟通,胡孟嘉在5月31日再次致函马寅初:"特函请执事设法提早开议,俾悬案可以解决。"②

财政部收到上海银行公会送呈的金融业公会法草案稿之后,于同年6月附上对此案之修改意见,一并呈请行政院转咨立法院审核采择③。在得知财政部的办理情况后,上海银行公会便期待着立法院审议的结果。

三

上海市商整会在完成了大部分商人团体的登记改组之后,于1930年6月21日正式成立了由国民党上海市党部和上海市政府社会局直接控制的上海市商会。而对于银行公会等尚未登记立案、着

---

① 上海银行公会上财政部函,1930年5月27日,见"银行公会复文摘由",上海银行公会档S173-2-39。

② 贝淞荪致徐堪函,1930年5月30日;胡孟嘉致马寅初函,1930年5月31日。均见上海银行公会档S173-1-17。

③ 财政部1930年6月12日、25日令,上海银行公会档S173-1-17。

手改组的团体,商整会和上海市商会则进一步施加压力。

上海银行公会曾询问商整会,银行应否依照《商会法》第 11 条举派代表加入,或照商店会员律,可单独加入。商整会在请示国民政府工商部并得到答复后,于 6 月 18 日致函银行公会,告以工商部如下批示:"应即依照工商同业公会法组织同业公会,由公会举派代表加入商会,不能适用该条商店会员之规定,单独加入商会,以符法制,而免纷歧。"6 月 20 日,即上海市商会成立的前一天,商整会发出了致银行公会函,内称:"本会奉令整理本市各商人团体,以办理登记为第一步,依法指导整理为第二步。现在登记手续业已完竣,所有工商同业公会法暨施行细则亦先后奉国民政府暨工商部颁布转行到会。至整理程序,亦由本会第三十四、三十六两次常务会议通过。兹查照该程序第二步规定,经本会指导科拟具办法,提交第五十五次常务会议,议决贵会应即改上海特别市银行同业公会名称。如贵会对于此项名称认为有疑义时,应于接函后七日内详具理由,申请复核,逾期不得再行呈请修改,并应于接函后十五日内,将以前使用之名称宣告废止,改用本会所定之名称,内部组织,并应依照工商同业公会法暨施行细则,即行改组,以重法令。"[1]1930 年 6 月 21 日商整会召开各业公会代表大会并且宣布上海市商会成立,徐寄庼被列入大会主席团,且在致闭会词中称:"在党的指导之下,商人有统一的组织,为盛大的集会,不要说在本市是创举,恐怕在全国亦是创举……今日会员大会的集会,即是商人新生命的开

---

[1] 上海银行公会档 S173-1-17。

始。"徐寄庼和银行公会常务委员贝淞荪还被选为上海市商会的第一届执行委员,尽管这时上海银行公会并不是市商会的同业公会会员之一①。这可视作改组风波中银行公会与市商会之间的关系除了分歧之外的另一侧面。它至少表明,上海银行公会在争取商会之外的独立地位的同时,对于国民党实施训政整饬商人团体和成立商会,在原则上并没有公开持反对立场。

上海市商会成立伊始,其所起草的《上海特别市工商业团体登记规则》,即经上海市政府批准公布。该规则明确规定:凡市区内依法组织之工商业团体均应遵照本规则呈请社会局立案后方予保护(第1条);凡发起组织工商业团体者经上海特别市党部许可设立组织筹备会后,应即备具由发起人联署之呈请书及筹备员履历表并检同市党部许可证、筹备会印鉴单等件,向社会局呈请备案。三个月内组织完成,经市党部认为健全时,呈请社会局立案(第2条)②。由于没有收到银行公会方面的答复,6月30日上海市商会又致函银行公会,抄录了国民党中央训练部第9274号函对商整会的批复,其中有如下文字:"查该市业经改组完竣之各业同业公会如确经申请当地党部之许可,由主管行政官厅之监督正式立案者,应准召集此等公会代表开会,其余未经整理完竣仍须依限整理完竣。"还抄录上海市社会局第4105号公函,内称:"查本市各同业公会代表大会虽经贵会召集开会,对于该项整理工作,固可暂告一段落,然查各工

---

① 《商整会昨日召集同业公会代表大会》,《申报》1930年6月22日。
② 上海市社会局第4056号公函,1930年6月25日,上海市商会档Q201-1-627。

商团体中经贵会整理改组完竣者固多，惟其中尚未整理完竣者亦属不少。该项未经整理完竣之团体仍希贵会迅即加以指导整理，务使本市区内各业统一团体之组织早日完成，相应备函奉达，即请查照办理。"上海市商会的结语是："相应录函奉达，务希查照，克日依法改组完成报会，以凭转复，盼切勿延。"①8月2日，上海市商会又致函包括银行公会在内的各业公会、公所："查《工商同业公会法》，系十八年八月十七日由国民政府公布，依照本法第十四条后载'依本法而设立之同业公会，并应于本法施行后一年内依照本法改组'之规定，则本市内各同业公会应于本年八月十六日前，一律改组完成。"②可是，过了这一期限的一周之后，上海银行公会方面依然不作任何答复，上海市商会即专门致函："查同业公会依法改组，现已届满。本会兹奉市党部民训会转奉中央党部令，查已未依法改组之同业公会数目，亟须即日造报。贵会已否如限依法改组就绪，未据函报，无从查考。用特函询，希迅行函复，以便汇转。如已经改组就绪，并祈将会员资本总额报告到会，至以为盼。"③值得注意的是，上海市商会把收函方写成"银行同业公会"，意指依照相应法规，原先之银行公会已失去其地位，不管愿意与否，必须改组为同业公会并成为商会之成员。可以说，上海地方当局和市商会的步步进逼，已经使得银行公会方面处境非常困难。

---

① 上海市商会致银行公会函，1930年6月30日，上海银行公会档 S173-1-17。
② 上海市商会公函，1930年8月2日，上海市商会档 Q201-1-635。
③ 上海市商会致银行同业公会函，1930年8月23日，上海银行公会档 S173-1-17。

四

　　另一方面，随着1930年8月中旬即《工商同业公会法》规定的各地公会、公所改组为同业公会期限的到来，汉口和平津的银行公会也同样遭到各地党政当局和商会的更大压力；与上海银行公会相比，它们对南京当局在这一问题上究竟是否会接受金融业的意见，更觉得没有底，所以又都与上海银行公会商议宜采取的立场。被各地同行公推为领袖的上海银行公会，在处心积虑与南京当局交涉之余，还必须在答复各地银行公会函电时字斟句酌，颇为不易。

　　汉口银行公会就受到了该市工商同业公会指导员的登门催促，告以一年内完成改组的期限业已满期，且各地呈请颁布银钱业公会单行法一节，已由立法院咨驳。汉口银行公会的担心是："立法院如果于银钱业公会单行法不允另颁，则我等银行公会即受同业公会法之束缚，逾限不办，虽不得遽指违法，而于行使公会重要职权上，恐不免障碍滋多。"汉口银行公会希望上海银行公会明确表示："究竟贵会对于此案，是否于请颁单行法一节，再接再厉，继续进行；抑或遵照同业法依法改组；或稍为犹豫，再视时机；或呈请展期，再行妥议。"要求上海银行公会拿出"至妥至当办法"①。只是上海银行公会本身也在寻找"至妥至当办法"，最后还是商请上海市商

---

　　① 汉口银行公会致上海银行公会函，1930年8月16日，上海银行公会档 S173-1-17。

会呈准工商部展缓改组期限至 1930 年底。于是，上海银行公会复函汉口银行公会："如此尚有四月宽限，当静候立法院审议结果如何，再行函达。"①此后，立法院又明确将工商同业公会完成改组的期限延长半年，即至 1931 年 2 月 17 日，这使得上海银行公会方面可以松口气。

在汉口方面，10 月中旬钱业公会已依照《工商同业公会法》完成改组，工商同业公会指导员几乎每天催促，这就给汉口银行公会很大的压力，遂于 10 月 18 日派出代表沈季宣携函赴沪，与上海银行公会面商应对办法，再度提出，希望上海银行公会出面请求财政部呈催行政院转咨立法院从速议行，"并由贵会与各方要人设法疏通，使立法院不致固执成见，则事有转圜，各公会均蒙贵公会之赐"②。与此同时，上海银行公会从立法院方面私人消息来源得知，"本会所请立法院颁布银钱业公会单行法一节……内中颇多周折，恐单行法不易实现，至多在银行法中加添银钱公会直接由财政部管辖等等条文"。面对渐趋明朗的不利处境，上海银行公会讨论决定："在立法院方面尚未完全绝望前，只可函复汉会单行法实现颇为困难，惟当在力争中，俟有结果再行函告。"③于是上海银行公会复函汉口银行公会："查本案虚悬已久，敝会待命之急，亦复相同，且闻请颁单行

---

① 上海银行公会复汉口银行公会函，1930 年 8 月 25 日，上海银行公会档 S173-1-17。

② 汉口银行公会致上海银行公会函，1930 年 10 月 18 日，上海银行公会档 S173-1-17。

③ 上海银行公会第 67 次执行委员会议事录，1930 年 10 月 23 日，上海银行公会档 S173-1-13。

法一节，颇难实现，但立法院既未驳斥，是尚未绝望，敝会自当乘间力争。无论能否实现，最后自有结果，届时容再布达。"①

同年12月6日，天津银行公会函询上海银行公会与南京当局交涉之结果，指出"现在各处商会积极进行改组，各同业公会纷纷加入"，并称："财政部颁布单行法一层，如能办到自无问题，否则各处银行公会究竟应否加入商会，抑应如何办理，似宜公同商定，以归一致。"12月29日北平银行公会也来函询问："贵会对于此事有无具体之办法。"上海银行公会只是如同10月间对汉口银行公会的复函一样，除表白当力争外，称只能等待来自立法院的结果②。

事实上，上海银行公会业已意识到，向立法院方面所进行的种种沟通工作，究竟成效如何，实在是没有把握；如果三地银行公会顶不住压力，在改组问题上做出让步，那么上海银行公会面临的压力就会更大，立法院通过金融业公会单行法规的可能性就更加渺茫。可是，如果要求三地银行公会一味坚持下去而金融业公会单行法规最终未通过，各地银行公会将面临何种更为不利的被动处境，的确难以预料。在这一问题上，上海银行公会实际上已经起不到汉、平、津银行公会期盼的领袖作用了。

在1931年的1月、2月之交，随着延长后的改组期限的临近，如何答复三地银行公会的询问，成为上海银行公会十分头痛的事

---

① 上海银行公会复汉口银行公会函，1930年10月23日，上海银行公会档S173-1-17。
② 天津银行公会、北平银行公会来函以及上海银行公会分别于1930年12月12日和1931年1月10日的复函，均见上海银行公会档S173-1-17。

情。1月24日下午,上海银行公会执行委员会议讨论如何回答汉口银行公会的函电,仍决定先查照此前复北平银行公会函,"婉复汉公会"。另议决"公推主席乘间与宋部长接洽关于银行法一层何时可以颁布"①。两天后发出的寝电称:"同业公会问题,距改组期限不满一月,关于敝会所拟单行法草案,截至现在,仍无批示,焦虑盼切,正复相同。刻正竭力向当局催询,期得最后结果,稍缓当再电达。"②但是,对于汉口银行公会而言,上海银行公会寝电只是以婉转之辞表述了对通过金融业公会单行法规的无望,不能解决汉口银行公会面临的实际问题。迫于"当局催促,进退维谷"之下,汉口银行公会首先提出,可否有条件地遵行同业公会法改组的方案,具体为:"今公会如果于单行法无法进行,可否呈请财实两部:一、银钱业同业公会遇有关于金融之重大事项,得建议于中央或地方行政官署;二、商会暨银钱业同业公会,遇有关于金融请愿事项,得联衔会呈中央或地方行政官署。如中央可以准行,则我会即受同业公会法之束缚,而权利未尽放弃,无形中仍是直隶财部,亦是补救之一法。"不过,汉口银行公会也声明:"如果单行法尚有希望,自仍以促其成功为是。"③另外,2月2日北平银行公会来电提到了新的担忧:"商会改组期迫,银公会迄未改组,似难加入将来国民会议选

---

① 上海银行公会第73次执行委员会议事录,1931年1月24日,上海银行公会档S173-1-13。
② 上海银行公会致汉口银行公会电,1931年1月26日,上海银行公会档S173-1-17。
③ 汉口银行公会致上海银行公会电,1931年1月31日,上海银行公会档S173-1-17。

举,即无被选之权,关系颇大。目下财政部对于银公会特别法能否批准,在未批示以前,尊处对于商会曾否加入,现在应持如何态度,事关将来选举权利,急盼电复,俾凭解决。"①汉口与北平银行公会的这两份来电,都表示出继续延宕改组的为难之处,迫使上海银行公会做出明确答复。2月3日下午召开的上海银行公会执行委员会议听取了有关北平汉口来电的报告,并请列席会议的汉口银行公会代表沈季宣、王毅灵"陈述汉公会所处地位万分困难情形",林康侯、徐寄庼则说明了请颁金融业公会法之详细经过。会议最后决定:"在请愿尚未绝望之前,因改组期限已促,且平津汉与此间情形不同,不妨因时制宜,各自暂行改组,本会当至无可设法而后止。即将此意分电平津汉三处查照。"②于是,2月3日当天上海银行公会复汉口银行公会之江电称:"关于改组同业公会问题,贵会胪列各点,极中肯要,深佩卓见,当经开会协商,决议在请愿尚未绝望之前,为改组期限已促,且各地情势不同,不妨因时制宜,暂行改组,俟结果如何,再定其余。"2月4日,上海银行公会以相同的内容复支电于平津银行公会:"本日敝会决议,同业公会改组期限已促,且各地情势不同,如贵会已至必须改组程度,不妨暂行改组,静待结果。"③江、支两电表明,上海银行公会已对短时间内通过金

---

① 北平银行公会致上海银行公会电,1931年2月2日,上海银行公会档S173-1-17。

② 上海银行公会第74次执行委员会议事录,1931年2月3日,上海银行公会档S173-1-13。

③ 上海银行公会复汉口银行公会江电、复平津银行公会支电,上海银行公会档S173-1-17。

融业公会单行法规不抱希望，同时也放弃了与平、津、汉银行公会一起向南京当局力争的努力。

上海银行公会发出上述复电之后，三地银行公会很快做出了反应。天津银行公会第一个宣布改组为同业公会。事实上，在2月5日的微电中，天津银行公会已经宣称："如同业公会改组将届期满，单行法尚未颁布，敝公会惟有先行改组加入商会，俟将来单行法颁布，再照单行法办理。"收到上海银行公会支电后，天津银行公会于2月14日复电，告以"现在敝公会已将章程修改，俟主管机关核准备案后，即实行改组。此事各地情势不同，敝公会不得不暂行随同当地各商一致办理"。

汉口银行公会则接连发来了青、真二电，一方面称"四会宜结定团体，一致行动，深虑汉会先改，于尊处进行单行法多少要受影响"，一方面又表示"敝会总想尊处单行法在此数日内实现，俾沪汉一致，如一星期内难成，敝会只好遵照江电暂改组"。

北平银行公会于2月11日先发来真电："兹经议定，拟请贵会迅行联合津汉公会，并挈同敝会，正式呈部请将公会单行法迅行公布，未颁布以前暂缓改组。"旋即同日尤电却称："目下津会业已改组，此间商会迭次函促，兹拟着手筹备改组，但报载普通银行法第六条已明白有银行公会字样，尊处对于公会单行法如进行能有眉目，尚希示知，俾资参酌。"①

1931年2月份的上述往来电函，标志着一年半来沪、汉、平、

---

① 津汉平银行公会各来电，均见上海银行公会档 S173-1-17。

津各地银行公会为避免被强制改组所结成的联盟终止。上海银行公会意识到,自己在全国银行业的中心地位仅限于金融业务之内,而要在社会政治领域里起领袖作用,并不具备相应的条件,其权威性也颇为有限。此外,汉、平、津三地银行公会相继表示将不得不改组为同业公会,预示着上海银行公会也必须直面这一问题。

五

1931年3月上旬立法院通过了《银行法》。这并不是沪、汉、平、津银行公会期盼多日的金融业公会单行法规,但依然引起了它们的关注。

尚未开始改组的汉口银行公会立即致电上海银行公会,分析了《银行法》对银行公会地位的含义:"查银行法第六条营业证书第四项有银行公会字样,又查银行法第四条虽有实业部登记一语,但按之全部条文,银行均属财政部管辖,可见银行系特殊性质,与其他商业全由实业部主管者不同,自与工商同业者有别。敝会之意,银行属财部,银行公会由银行产生,亦当然直隶财部。且银行法第三十三条全文与组织银行公会有密切之关系。"汉口银行公会提议分两步走:"第一步应由各银行本之银行法先行修改章程,第二步则由原有银行公会本之各银行章程,将原有公会章程亦加修改,径呈财政部备案,如此,则公会始终隶属财部,不属其他管辖,更无附属商会之可言矣。"该电文最后表示:"敝会现尚未改组,因形势较前稍为和缓。现平津已不能待,但沪汉密迩，总求一致为善也。"①

但是，上海银行公会对汉口银行公会的来电反应颇为冷淡。3月19日召开的银行公会第77次执行委员会议认为："查银行法中虽有银行公会字样，然只在立法院通过，尚未见明令公布，且施行法亦未颁布，兼之银行法所载各条不无足资研究之处，可电复平汉公会请其逐条研究，如有窒碍之点，尽可发表意见，汇交本会，以便据理向财部陈述，则银行公会之是否仍然存在，便可一并解决。一面将该法分送会员及非会员银行研阅，并征求意见，同时由本会函请财政部设法将该项法令施行法暂缓公布，以便有修整之余地。"②接着，4月11日举行的第78次执行委员会议讨论所编"对于银行法之意见"，胡孟嘉提出："本法第六条关于银行公会一节，要否提出，抑任其含混过去，甚为重要，应详细研究。"但是讨论的结果，"认为此点不必提出，以免有显著之痕迹"③。按《银行法》第6条系规定银行获得营业证书的五项条件，其中第4项条件为"所在地银行公会或商会之保结"，上海银行公会决定不提及这一条文，可能是力图避免造成相反的后果，即提醒立法院做出更不利于银行公会的删改。不过，上海银行公会显然更关注就《银行法》各条款内容向南京当局提出全面的修改意见。

---

① 汉口银行公会致上海银行公会电，1931年3月13日，上海银行公会档S173-1-17。

② 上海银行公会第77次执行委员会议事录，1931年3月19日，上海银行公会档S173-1-13。

③ 上海银行公会第78次执行委员会议事录，1931年4月11日，上海银行公会档S173-1-13。

由于上海银行公会第三届执行委员会已于1931年2月底期满,3月25日举行的公会会员大会决定,于是年6月底召开专门会员大会,决定银行公会是改组成同业公会还是改选产生新的公会执行委员会。另一方面,同年4—5月间上海市商会数度催促银行公会实施改组,银行公会称章程及营业规则正在修改中,"一俟修改完备,即当依法改组,召集成立大会"。上海市社会局则两度在市商会的有关报告上批示,令转函银行公会迅即改组为同业公会,勿延为要。6月5日,市商会致函银行公会转达了市社会局的命令①。6月6日银行公会执行委员会议讨论对策,认为"此事关系重大,非执行委员会所可解决",且"形势紧迫",决定提前至当月15日召开会员大会,讨论定夺改组事宜②。这一至关重要的银行公会会员大会又因故延至25日才举行。耐人寻味的是,这次大会决定将筹备成立银行业同业公会,与银行公会的改组分别进行,即"由同业发起组织"银行业同业公会,另设立"上海银行公会改组筹备委员会",研究改组方法,并继续处理第三届执行委员会移交的公会全部事宜③。国民党上海地方当局和上海市商会要求的是改银行公会为银行业同业公会并成为商会会员;而上海银行公会方面实际打算做的是,新组建一个银行业同业公会并加入市商会,原银行公会改组为另一团体。这样并不违背《商会法》《工商同业公会法》及上海地方相关法规

---

① 上海市商会致上海银行公会函,1931年6月5日,上海银行公会档S173-1-17。
② 上海银行公会第81次执行委员会议事录,1931年6月6日,上海银行公会档S173-1-13。
③ 上海银行公会第三届执行委员会致银行公会改组筹备委员函,1930年6月30日,上海银行公会档S173-1-17。

的基本原则,而银行界的独立性将可能有新的载体。

6月25日的会员大会之后,胡孟嘉、徐寄庼、贝淞荪、叶扶霄、李馥荪等20人作为上海市银行业同业公会的发起人,于29日正式向上海市社会局提出将进行改组,这一天便成为同业公会的发起日期。7月16日,市社会局下发了号数为77号的许可证,7月22日,上述发起人举行会议,根据同业公会组织程序,选举产生了"上海市银行业同业公会筹备会"[1]。以后,即以该筹备会的名义与各方联络,落实银行业同业公会的筹备成立事宜,主要包括拟订章程草案、征求会员等,章程草案及会员名册均呈报国民党上海市党部、社会局及上海市商会核准备案。

另外,6月15日银行公会会员大会推定的七人改组筹备委员会于7月9日举行了第一次会议,推胡孟嘉、徐新六、叶扶霄三人为常务委员,其中叶扶霄为会计委员,接管银行公会会计事务,负签盖收支款项支票之责;胡孟嘉为会所委员,接管银行公会会所事宜,并负签盖收租房票之责。会议认为,在上海市银行业同业公会成立之前,仍可用银行公会名义行使职权,如仍照原额向各会员银行收取会费。会议初步决定将银行公会改组成银行学会,委托徐新六研究相关的章程。这次会议还讨论了第三届执行委员会未了各事项[2]。"上海银行公会改组筹备委员会"即相当于原先的执行委员

---

[1] 上海市银行业同业公会筹备会致上海银行公会函,1931年7月24日,上海银行公会档 S173-1-17。

[2] 上海银行公会改组筹备委员会第一次会议议决案,1931年7月9日,上海银行公会档 S173-1-13。

会,是行将淡出的上海银行公会的决策和执行机构。虽然它与"上海市银行业同业公会筹备会"有相当部分成员是交叉的,然而在运作机制上两者却表现得泾渭分明。如"上海市银行业同业公会筹备会"的办公场所和办事人员均有赖于银行公会改组筹备委员会的支持,但都有正式的借函①。由于最初同业公会筹备会的借函未盖章,银行公会改组筹备委员会甚至"议决此函俟该会补盖图章后再议,以昭郑重"。银行公会改组筹备委员会还就出借房屋的租金数额专门讨论,议定月租银30两②。银行公会改组筹备委员会讨论决定的日常性事项颇多,如向会员银行转达财政部的有关命令,处理会员银行之间、会员银行与其他工商团体之间的纠葛,答复市商会关于银钱业放款利息计算方法的询问,调查押汇惯例之来函,讨论开征银行收益税发行税问题,处理外埠金融业同行来函,公会房产租户合同之续订。不过,但凡涉及日后银行业同业公会的事项,银行公会改组筹备委员会则不予处理。如财政部要求上海银行公会推举两人参加四川善后公债基金保管总会,改组筹备委员会答以"俟同业公会组织就绪,由该会决议公推"。印花税局驻沪办事处函请推销印花,并派员接洽,改组筹备委员会同样答复"须俟同业公会组织就绪,由该会向尊处函洽"③。虽然改组筹备委员会名义

---

① 上海市银行业同业公会筹备会致上海银行公会函,1931年7月24日,上海银行公会档 S173-1-17。
② 上海银行公会改组筹备委员会第二次会议议决案,1931年7月24日;第九次会议议决案,1931年10月14日。均见上海银行公会档 S173-1-13。
③ 上海银行公会改组筹备委员会第三次会议议决案,1931年8月3日,上海银行公会档 S173-1-13。

上只是临时性机构，其运作却有条不紊，从而使得从银行公会向银行业同业公会的过渡没有引起金融业、金融市场和社会经济的波动。

九一八事变爆发之初，上海市商会和其他各工商团体纷纷发表声明，在谴责日本侵略东北之外，均呼吁宁粤息争、共赴国难。9月21日银行公会改组筹备委员会举行紧急会议，商议是否参加本市反日援侨会关于讨论抗日救国问题的会议，结果"议决本会对于该会以前向未派员参加，此次似亦未能例外"。叶扶霄以主席身份谈道："日来日本藉词中村案件，突然进兵东三省，并割据长春，以致时局骤起变化。吾国当水灾之后，又起外侮，而宁粤当局，又复政见不同，谣诼时兴。当此国难之际，自应以救国为前提，而救国步骤，尤宜内部息争，方可群策群力，专心御侮。否则国家固有累卵之危，金融界亦复不堪设想。时至今日，似各界不能再安缄然。"当即出席会议的各委员通过了致宁粤双方的公开电稿，经钱业公会方面阅后，以两个公会联名方式发出①。

从目前的资料看，无论是"上海银行公会改组筹备委员会"还是"上海银行业同业公会筹备会"，对九一八事变爆发后的各界抗日救亡运动均没有表现出高昂的热情，但事变的发生加速了银行业同业公会的筹备过程。10月1日，上海银行业同业公会召开成立大会，由24家会员银行的代表共64人，选出执行委员15人，其中李

---

① 上海银行公会改组筹备委员会第六次紧急会议议决案，1931年9月21日，上海银行公会档 S173-1-13。

馥荪(浙江实业银行)、贝淞荪(中国银行)、胡孟嘉(交通银行)、吴蕴斋(金城银行)、叶扶霄(大陆银行)、徐新六(浙江兴业银行)、孙景西(中孚银行)7人为原银行公会第三届执行委员,徐寄庼(浙江兴业银行)、杨敦甫(上海银行)、陈蔗青(盐业银行)、唐寿民(国华银行)、王志莘(新华银行)、胡笔江(中南银行)、经润石(中国银行)、王心贯(中国通商银行)8人为新当选执行委员。原银行公会自1927年改为委员制以来,一直未设候补委员。银行业同业公会除了执行委员人数有所增加之外,还另选出7名候补执行委员:吴蔚如(东莱银行)、徐宝祺(永亨银行)、王伯元(中国垦业银行)、金侣琴(交通银行)、庄得之(上海银行)、秦润卿(中国垦业银行)。执行委员中推出李馥荪、胡孟嘉、吴蕴斋、徐寄庼、贝淞荪5人为常务委员,李馥荪为常务委员会主席。而第三届执行委员会常务委员为贝淞荪、胡孟嘉、叶扶霄,轮流担任主席。原银行公会秘书长林康侯仍被银行业同业公会聘为秘书长①。银行业同业公会正式成立后,"上海银行公会改组筹备委员会"即宣布,原上海银行公会对外事宜概归同业公会接办,并相应理出了9类"较为重要"及"有继续性"专题文件,先行移交同业公会,其余文件仍暂存改组筹备委员会②。嗣后,其他案卷、各附设委员会以及职员工役,均移交同业公会接收。1931年11月16日,银行公会改组筹备委员会举行第十次会议,讨论决

---

① 上海市银行业同业公会登记表,上海银行公会档S173-1-64。
② 上海市银行公会改组筹备委员会致上海市银行业同业公会函,1931年10月15日,上海银行公会档S173-1-17。先行移交的9类文件依次为:《银行法》案、《银行收益税、兑换券发行税》案、印花税案、储蓄银行法研究案、票据法研究会、票据交换所筹备委员会、各项单据研究委员会、国内汇兑行市委员会、国外汇兑委员会。

定如下事项：银行公会改名银行学会，由会员大会讨论其章程；银行公会之财产、房产之处理原则；留用职员、工役薪给问题；召集会员大会日期①。12月5日，原银行公会会员召开最后一次会员大会，正式通过了改组筹备委员会提出的3份文件：关于移交公会案卷职员的报告；将银行公会改组为银行学会，推定徐新六、王志莘、蔡承新、金侣琴、沈籁清、章乃器、陈立廷7人组成银行学会筹备会，徐新六为召集人；通过处置银行公会房屋及现有财产办法，在8.5万余元活期存款中，提出3.2万元作为发还各会员银行入会费之用，已停业各行的入会费移交银行学会保管；再提出2万元移交新设立的房产保管委员会（由持有原银行公会房地产公债各银行的代表组成），备该会修理房屋及公债发息不敷之用；所剩之3万余元，"统捐入银行学会，作为基金"②。待12月下旬原银行公会会员银行入会费发还完毕，"上海银行公会改组筹备委员会"便完成使命而终止。12月28日，上海市社会局局长潘公展为银行业同业公会签发了商字第136号证书，银行业同业公会完成了登记立案。12月30日举行了银行业同业公会第一届会员大会，推定李馥荪等21人代表公会加入上海市商会。

1929—1931年上海银行公会的改组风波，本质上是南京国民党

---

① 上海银行公会改组筹备委员会第十次会议议决案，1931年11月16日，上海银行公会档S173-1-13。

② 上海银行公会改组筹备委员会致各会员银行函，1931年12月8日；改组筹备委员会致银行学会筹备委员函，1931年12月8日。均见上海银行公会档S171-1-18。

政权对工商界实施控制和工商界反控制的体现。在这场风波中，上海银行公会受到的政治性压力之大、持续时间之长，是南京国民政府成立以来所仅见。正如有学者所指出的，国民政府成立后通过颁行《商会法》而强行整顿上海商人团体，"经过这次历时一年多的强行整顿，上海总商会以及其他民间工商团体都遭到国民党当局的沉重打击……这些保留下来的商人团体，也已在很大程度上丧失了独立自治的市民社会特征，在许多方面都直接受到国民党政府的监督和控制"①。应对、化解来自南京中央和上海地方当局的改组压力，维护自身尊严和社会地位的独立性，成为这一时期上海银行公会最为关注的问题。上海银行公会执行委员会的主要成员殚精竭虑，不轻言妥协，奔走交涉于各方之间；其最终采取的遵行法规组织同业公会与改组公会为学会两者并行不悖的策略，既得到了金融业内部的一致赞同，又为国民党当局所认可，当属于成功的合法斗争。尤其是上海市银行业同业公会，可以说大体上继承了原银行公会的组织制度、全部会员银行乃至社会地位。至于日后银行业同业公会与市商会和其他团体的关系，在上海乃至全国性公共领域所发挥的实际影响，则绝非三言两语所能概述，需要专文评析。

　　如果与国民党当局在上海地区整饬总商会等跨业别商人团体过程中采取的决断措施相比较，就可以看出，在上海银行公会改组风波中，国民党有关当局及其控制下的商整会、市商会，实际上对上

---

① 朱英：《转型时期的社会与国家——以近代中国商会为主体的历史》，第530—531页。

海银行公会方面延宕改组一再容忍。平心而论,《商会法》《工商同业公会法》的颁行并不带有特定的地域和业别的指向性,也不涉及官营机构挤占民营资本的市场份额和财税手段下的收入再分配。在政府直接掌握金融命脉之前,上海金融业的合作,对南京国民党政权具有十分重要的地位。而对上海金融业来说,已同南京国民政府结成较密切的利益关系,国民党政权的巩固、社会秩序的基本稳定,具有相当的重要性。上海银行公会在改组问题上一度强调金融业及其公会的特殊性,并不意味着打算否定国民党当局整饬工商团体、实施"训政"的合法性及其社会功用。无论与上海总商会等团体的命运相比,还是与以后几年里陆续出台的金融统制政策相比,银行公会改组风波对上海金融业所产生的冲击,还只是外在的间接的,因而上海银行公会方面最后作出让步,也就不足为奇了。总之,即便以上海地区而言,同为商人团体,跨行业与单一行业、金融业与其他行业,在改组风波中遇到的具体情况也会有所不同;而较具体的个案研究又有助于丰富和深化对整体意义上的商人团体改组风波的认识。

(原载《历史研究》2003 年第 2 期)

蒋介石与 1935 年法币政策的决策与实施

1935年11月初,国民政府宣布实施法币政策。目前学术界对于这次币制改革基本持肯定态度。如《民国社会经济史》指出:"币制改革是中国货币史上一次重大的变革,它的实施对于当时和以后的中国经济均产生了重大影响",进而言之,"从币制改革实施到抗战爆发前的这段时间里,中国的国民经济呈现上升的趋势,具体表现为外汇平稳,物价回升,金融安定,工农业生产水平有所上升,外贸入超相对减少……所有这一切都同币制改革的实施有一定的关系"①。较早问世的金融史教材的评述是:"法币政策规定废除银元,流通纸币,适应了发展商品市场的需要。法币政策是中国纸币制度确立的标志,也是近代中国货币集中发行的开始。"②不过,上述著作都没有提及蒋介石与法币政策的关系,即便是近年出版的《中国金融通史》,也只是简单写道:"蒋介石找宋子文与孔祥熙一起策划币制改革和解决金融重大问题。"③而在近年问世并且得到普遍关注的关于蒋介石研究的两部新著中,则完全未涉及法

---

① 陆仰渊、方庆秋主编:《民国社会经济史》,中国经济出版社1991年版,第343—344页。
② 洪葭管主编:《中国金融史》,西南财经大学出版社1993年版,第313页。
③ 洪葭管:《中国金融通史》第4卷,中国金融出版社2008年版,第279页。

币政策①。本文拟通过梳理美国斯坦福大学胡佛研究所藏蒋介石日记、台湾"国史馆"典藏蒋介石档案的相关内容,结合其他资料文献,探讨蒋介石对于 1935 年法币政策的决策和实施所起的作用。

一

1928 年 6 月国民革命军各部进入京津,奉张势力退至关外,南京国民政府成为中央政权。起初蒋介石身兼国民政府主席和陆海军总司令,还一度兼任行政院长;1931 年底蒋介石下野,旋于 1932 年初复出,先是以军事委员会委员长的身份与出任行政院长的汪精卫合作;待到 1935 年 10 月底汪精卫遇刺离开行政职位之后,蒋介石重新兼管行政院,成为国民党内外重大政策的主导者。蒋介石对于该时期货币领域问题所持态度和对币制改革所起的作用,需要进行具体的研究。

民元之后,随着本国新式银行业的崛起,统一币制尤其是废两改元的呼声日益高涨,成为中外关注所在。但由于政局不稳,缺乏相应的财力,政府与金融业之间也没有形成共识,币制改革始终未能实施。由于币制的不统一和落后,金融业的有形无形的经营成本居高不下。南京国民政府成立后,便朝着统一币制的目标,从确立制度、建立机构、制定政策等方面予以推进。而蒋介石也意识到,

---

① 杨天石:《找寻真实的蒋介石:蒋介石日记解读》,山西人民出版社 2008 年版;[美]陶涵(Jay Taylor):《蒋介石与现代中国的奋斗》,林添贵译,台湾:时报文化出版企业股份有限公司 2010 年版。

无论是以军事手段实行政治统一还是在巩固政治统一的时期，币制的统一都是非常重要的。

1928年10月即蒋介石出任国民政府主席的当月，便由国民政府颁布了《中央银行条例》，核准公布了《中央银行章程》①，成立了资本由国库全额拨付的中央银行。11月1日，蒋介石以国民政府主席的身份出席了在上海举行的中央银行开幕式，并在训词中宣称："中央银行为中国人民银行，即为国家之银行，中央政府基础巩固、政治之建设，实有赖此。"②而中央银行总裁宋子文在致词中则明确把统一币制列为中央银行三大目标之首："今日我国所以需要此银行者，其目标有三：（一）为全国统一之币制。盖我国币制，紊乱已达极点，以言主币，则用银用元，尚未确定，即于上海一隅，规元之势力，远过于银元，长此不变，大足阻碍国民经济之发展，故废两为元，实为今日之急务，又如辅币，则市面流通，仅有粤省之双毫（即两角）一种，成色恶劣参差，真伪难别，且无一角辅币，商民咸感不便，至于北方习惯，则喜用铜元，因此钱铺当铺皆自由发行铜元票，紊乱情形，难以尽述。总之，各地币制，情形不同，国内汇兑，辗转盘剥，中外商人，痛苦万分，今欲辅助政府整理而统一之，实为本行之职务。"③就对银行与币制领域的把握，无论是学

---

① 《国民政府颁布之中央银行条例》（1928年10月5日）、《国民政府核准公布之中央银行章程》（1928年10月25日），《中华民国金融法规档案资料选编》（上册），档案出版社1989年版，第529—538页。
② 《蒋中正之训词》，《申报》1928年11月2日。
③ 《宋子文之致词》，《申报》1928年11月2日。宋子文提到的设立中央银行的另外两个目标，分别是统一全国之金库和调剂国内之金融。

理还是实务，蒋介石都无法与宋子文相比；但是，蒋介石当时确实是以全力支持中央银行包括其钞票的发行流通，尤其是命令各部队长官不得以任何借口拒绝领用中央银行钞票①。另一方面，国民政府加强了对于普通商业银行的准入和货币发行方面的监管。如1929年初颁行的《银行注册章程》要求凡开设银行，均需先拟具章程，呈财政部核准；核准之后，方得招募资本；再经验资注册、发给营业执照后，方得开始营业；原有银行合并或增减资本，也需要另行核准注册②。1931年8月1日，蒋介石以国民政府主席的名义与立法院长邵元冲联名发布训令，规定：国民政府特许发行兑换券之银行，应完纳兑换券发行税；银行发行兑换券，应具十足准备金，以六成为现金准备，四成为保证准备；发行税率定为保证准备额的2.5%③。该法规对各银行纸币发行流通的监控颇为有效，虽然翌年发行税率减少到保证准备额的1.25%④。国民政府还颁布了《银行收益税法》，共8条，按照纯收益额占银行资本额的比率，税率分为5%、7.5%、10%和15%；另规定："中央政府及地方政府设立之银行免征收益税，但官商合办之银行不在此限。"⑤上述法规政策，

---

① "蒋介石致朱培德电"（1930年5月14日），《蒋中正总统档案-事略稿本》（以下简为《事略稿本》）第8册，台北："国史馆"2003年版，第132—133页。

② 《财政部银行注册章程》（1929年1月12日），《中华民国金融法规档案资料选编》（上册），第561—563页。

③ 《中华民国金融法规档案资料选编》（上册），第372—373页。

④ 《修正银行兑换券发行税法》（1932年11月12日），《中华民国金融法规档案资料选编》（上册），第375页。

⑤ 《国民政府颁布之银行业收益税法》（1931年8月1日），《中华民国金融法规档案资料选编》（下册），第875页。

已经体现出以政府银行为本位的金融统制趋向。

另一方面,在1928年召开的全国经济会议和财政会议期间,朝野对币制的统一和改革较充分地交换了意见。1929年,美国经济专家甘末尔(Edwin K. Kemmerer)应国民政府邀请来华调查币制问题,提出了逐步实行金本位的币制改革方案,引发政府和金融业进一步的讨论和思考。同年6月,国民党中央三届二中全会通过决议,要求国民政府转饬财政部,须于同年底确定统一币制整理金融的计划①。随后,针对长期以来中国银行业纸币发行失控、准备金不足的顽症,在与金融界尤其是银行界沟通的基础上,国民政府于1933年3月先在上海试行,4月推向全国,废除了银两制,推行银元本位制,确立了由中央造币厂铸发银本位国币的制度。废两改元虽然只是在银本位框架内的改革,但却结束了长期大量和普遍存在着的银两与银元之间的兑换业务,促使钱庄业进一步顺应潮流而改革(包括改制为小规模的银行),另外降低了银行业的经营成本,有助于确立新式银行业在金融业的主体和主导地位,为实现由政府银行统一发行的目标,提供了重要的准备。而蒋介石对于上述有关货币领域的法规与政策的颁行,基本上都是支持的。

1933年成功实行了废两改元之后,南京国民政府加快了金融统制的步伐。同年8月,著名金融专家顾翊群拟出了《中国货币金融政策草案》,认为国民政府必须一改货币金融上的"放任政策",采

---

① 《中执会决议财政部须于本年底确定统一币制整理金融计划公函》(1929年6月22日),《中华民国史档案资料汇编》第五辑第一编财政经济(四),江苏古籍出版社1994年版,第269页。

行"货币管理制",即首先应明确过渡时期,其间可由中央银行与商业银行共同发行,统一管理发行准备,但最终应将发行集中于中央银行,在财政部和中央银行之下附设一货币管理委员,"司通货管理之执行";其次是设立汇兑平衡基金,司基金管理的财政部应与司发行的中央银行密切合作,汇兑基金之运用,在初期应以防止外汇过度之涨落为主。尽管这份草案认为中国实行货币管理并不需要放弃银本位,这一点与后来的法币政策不同,但从其中所提到的"一国之货币,不必即须金银"以及发行权移转中央银行、各行准备金存放中央银行、设立汇兑平衡基金等内容来看,业已与嗣后实施的放弃银本位、实行外汇汇兑本位的法币政策是一致的。上述草案受到了国民党中央当局的极大关注,时任军事委员会(委员长南昌行营)秘书长的杨永泰曾为蒋介石写有如下批语:"顾君为国内研究经济之有名学者,所拟货币金融政策确有商榷之价值,非普通条陈可比。请阅全文,如认为诚有可采之处,可抄交庸之总裁、子文部长,并另行指定数人切实讨论,再行具签呈核。"而蒋介石在阅读之后,立即批示:"可抄交宋部长、孔总裁采阅。"[1]可以认为,蒋介石对于实施管理和统一货币发行,所持态度是积极的。

那么,作为当时国民政府决策层中的关键性人物,蒋介石究竟是何时开始考虑到经济金融局势紧迫,必须在废两改元的基础上进一步推行币制改革的呢?

---

[1] 《中国货币金融政策草案》,《中华民国史档案资料汇编》第五辑第一编财政经济(四),第39—46页。

按照时任国民政府经济顾问的美国人杨格(Arthur N. Young)的说法,蒋介石在1934年12月时还公开否认将实施不兑现的纸币制度:"以纸币为本位对中国是绝对不适宜的,而且财政也没有采取这一措施的意图。"①但是,事实上此前蒋介石已经在与财政金融当局商议币制改革问题了。1933年5月,时任行政院副院长兼财政部长的宋子文在美国与之达成5 000万美元的棉麦借款协定。当年10月底宋子文辞去本兼各职,中央银行总裁孔祥熙接任行政院副院长兼财政部长,直接负责该借款项下输华美棉麦的销售收入的支配。至迟在1934年3月初,蒋介石便与孔祥熙讨论过运用该销售收入整理币制金融。1934年3月3日,孔祥熙致电蒋介石:"美棉麦款以销路不佳,仅存国币六千万元。除合同应付之款及保险运费外,尚有四千万元,依照前所商定四成整理币制金融,经委会仅可得二千四百万元。现已支付治标费百八十万元,及该会经费三个月三百万元,实际所存只二千万元。目前在京开会,对此颇为踌躇。经商定推弟赴赣与兄面洽将来分配办法。匪区治本费诚属必要,兹已先由麦面款内汇上一百万元,余数稍缓再拨寄。"②同日蒋介石复孔祥熙电:"如美借款减少,则二千四百万元既不能整顿全部币制与金融,不如暂将此款移缓就急之用。弟意当时能在美款项下拨出八千万元,改造全部金融之用。今则大失所望矣。弟认为近日财政与全部经济,非从改革统一币制与金融入手不可。若不乘此闽事平定中央

---

① [美]阿瑟·恩·杨格:《一九二七至一九三七年中国财政经济情况》,陈泽宪等译,中国社会科学出版社1981年版,第241页。
② 《事略稿本》第25册,台北:"国史馆"2006年版,第33—34页。

威信恢复之余,全力注重此事,则时机难得而易失,过此又无办法矣。请兄积极行之。"①显然,早在1934年的白银风潮之前,蒋介石与孔祥熙已规划过整理币制金融一事。

1935年1月,基于当时中国的银本位币制受到美国白银政策的严重冲击,蒋介石和孔祥熙曾密商派特使赴美,就中国废除银本位和"统一币制"与美方沟通。孔祥熙起初主张派宋子文前往美国,但蒋介石不赞成,他在致孔祥熙的电文中指出:"美国白银交涉,如文兄赴美,则日更妒忌破坏,以其必疑非纯为白银问题也。弟意不如推银行界中如公权或达铨二兄中之一人前往,于事或反有济。一面另推一二人同时赴日,以游历为名与之周旋,以安其心。如能请新之或光甫二兄中之一人赴日,则事更圆满。弟再三考虑,文兄此事赴美实无益也。"②但是,无论是宋子文还是张嘉璈、钱新之和陈光甫等人,当时都没有为国民政府的币制改革方案出访美国、日本。

而业已开放的蒋介石日记显示,当时蒋介石经与孔祥熙等密商,已经确定了要实施"统一币制"。如:"下午商决政制、金融与币制入手办法甚久,得有解决,亦一大事也。"③"拟定统一币制步骤。"④

---

① 《事略稿本》第25册,第34页。
② 蒋介石致孔祥熙号巳机京电(1935年1月20日),台北"国史馆"藏蒋介石档案,"筹笔"126-016。
③ 蒋介石日记1935年1月17日,斯坦福大学胡佛研究所藏蒋介石日记手稿影印件。
④ 蒋介石日记1935年1月19日"本周反省录",斯坦福大学胡佛研究所藏蒋介石日记手稿影印件。

"中央以统制金融与统一币制为财政之命脉,此策或亦不误也。"①至3月上旬,蒋介石在日记中写道:"决定金融与钞币政策。"②其明确提到"钞币政策",表明在1935年3月份,蒋介石等人已经考虑到统一发行的新货币将是脱离银本位的不兑现纸币。另外,当时在四川的蒋介石正在考虑该省财政金融的整理方案,四川地方当局提出发行地方公债的要求,蒋介石认为:"此时整理川中金融,应以统一币制与统制汇兑为唯一要件,财政尤在其次。对于整理川省金融与财政之公债,只要其币制与汇兑能照中央方案,则不妨由中央正式承认其发行如何。"③可见,蒋介石所考虑的统一币制,不仅是要集中商业银行的发行权,还将集中各地方当局控制的发行权。

二

应当指出,1935年初蒋介石与孔祥熙等谋划统一币制,是与"统制金融"即改组中国银行、交通银行,建立中央、中国和交通三大政府银行体系联系在一起的。然而,在1935年3月底实施了对该两行的增资改组之后,直到11月初之后国民政府才宣布施行法币政策。其间,蒋介石非常关注时局发展给货币金融领域可能带来的

---

① 蒋介石日记1935年2月28日"本月反省录",斯坦福大学胡佛研究所藏蒋介石日记手稿影印件。
② 蒋介石日记1935年3月9日"下周预定表",斯坦福大学胡佛研究所藏蒋介石日记手稿影印件。
③ 蒋介石致孔祥熙电(1935年3月7日),《事略稿本》第30册,台北:"国史馆"2008年版,第64—65页。

冲击，屡次催促财金主管当局加快实施币制改革。

　　1935年春夏，日本在华北屡屡发难，蒋介石颇为担心其将影响全局的稳定，曾急电孔祥熙要做好金融币制方面的应急措施："急。即到。上海孔夫人亲鉴：转庸兄亲译：日本在华北最近似有箭在弦上之势，最近必有举动，彼之目的在扰乱我经济之发展与妨碍我军事之成功，此时我方军事与政治重心全在四川，请兄对于四川经济有关之各种问题从速解决，并早定川中金融之根本方策，不致发生根本之动摇。如能多解现银入川以备万一更好，务请急办为盼。"①同年8月中旬，蒋介石便考虑"统一发行停止兑现之变化与预备"②。一周之后，蒋介石在日记中写道："决定钞币统一发行政策。"③旋即，蒋介石在十天内两度致电孔祥熙，其一为："孔部长勋鉴：亲译。统一发行令，有否发表，情形如何，实施后盼逐日随时电告，免悬念。"④其二为："发行统一问题，何时实行，意阿开战之前此事务先发施如何，盼复。"⑤蒋介石还在比较一旦实施统一币制之后，收毁旧币与限制纸币发行两者之间的利弊："上海孔部长勋鉴：总理钱币革命之办法，为何必须设纸币收毁局，烧毁已失效

---

　　① 蒋介石致孔祥熙电（1935年5月），台北"国史馆"藏蒋介石档案，革命文献-财政经济，002020200033066。
　　② 蒋介石日记1935年8月16日，斯坦福大学胡佛研究所藏蒋介石日记手稿影印件。
　　③ 蒋介石日记1935年8月23日，斯坦福大学胡佛研究所藏蒋介石日记手稿影印件。
　　④ 蒋介石致孔祥熙电（1935年8月27日），台北"国史馆"藏蒋介石档案，革命文献-财政经济，00202020000033025。
　　⑤ 蒋介石致孔祥熙电（1935年9月8日），台北"国史馆"藏蒋介石档案，革命文献-财政经济，00202020000033026。

力纸币之死币。若限制纸币发行之数,使之无死币之发生,岂不减少一层手续。此收毁之利弊究竟如何,请将实际内容详告为盼。"①他甚至还进一步阐释了以纸币取代金银本位币制的观点:"我们要完成政治建设,一定要先使国民经济能够发达;要经济能够发达,一定要使为交换中准百货代表之钱币,能够便利而充裕,金融能够活泼稳定。照社会进化的趋势,纸币一定会取金银之地位而代之,成为唯一的钱币。"②作为国民政府最高军事领导人,蒋介石当时的判断是,一旦局势突变,如果政府银行不能统制发行不兑现的纸币,后果不堪设想。

然而,尽管蒋介石数度催促尽快实施由政府银行统一发行,负责拟定币制改革具体方案的财政部长兼中央银行总裁的孔祥熙,和参与币制改革方案谋划的宋子文,都反对仓促推出币制改革方案。他们很清楚,一旦宣布由政府银行统一发行不兑现的纸币,那么新币制的稳定有赖于充裕的外汇基金,而这必须与即将来华的英国政府代表李滋罗斯(Frederick W. Leith-Ross)进行充分的洽商。1935年9月29日,时在上海的孔祥熙致密电给在成都的蒋介石,其中提到:"统一发行事,前奉尊函及电嘱,本拟按照实施,嗣因子文主张,罗斯即将来华,拟俟接洽后,察看情形,再行酌办。惟此种办法,原系第一步,意在统一发行,集中准备,如将来实行第二步准

---

① 蒋介石致孔祥熙电(1935年9月14日),台北"国史馆"藏蒋介石档案,革命文献-财政经济,002020200033027。

② 蒋介石:《实施钱币革命》(1935年9月16日在峨眉军训团讲词),引自卓遵宏等编:《抗战前十年货币史资料(一)》,台北:"国史馆"1985年版,第91—92页。

备而不兑现之办法，始能奏效。若第二步不能实行，只此第一步，则属无益。盖此种办法，以之保障发行信用则可，欲利用之以为活动金融，其力仍有未足，因(一)中中交三行，现既在我掌握，现金散在外间其他各行者，为数不多，实际已与集中相差无几。(二)六成现金准备，既经决定，统计各行现金不过三万万元，已发行五万万元，适合六成之数，即实施统一，若现金准备不能增加，仍不能扩充发行。(三)现在财部检查中交各行业务发行，尚可通融，如设立公库，公开检查，则两项现款，不便流用，其他各小银行，现金准备不足，令其补充，亦势有未能，真相一揭，必致发生恐慌。似此情形，恐金融益不活动，实于公家无甚利益。现在罗斯既已到华，拟俟整个办法尚有端倪，再行决定。特电奉复，仍希察酌。"①孔祥熙担心蒋介石仍不理解不能仓促推出新币制的缘由，遂于次日再度致函蒋介石，坦陈国民政府所面临困难的解决办法："无论如何，非实行下列条件不可：(一)须清理旧日外债尤以铁道外债为要。(二)须有确实担保。(三)须平衡预算。(四)须改良币制发展生产。因欲借款非先清理旧债不可，否则信用不敷，难望成功，但海关现在收入偿还旧债尚感不敷，已无余力可资担保。假如能借长期外债偿还国内短债，腾出基金备作担保，虽为一种办法，又非先平衡预算，以谋收支之适合，整顿币制以免金融之紊乱不可。且平衡预算尤非改组军队不可，其困难亦属甚多。即就现在情形观之，为救济工商业亦非先整顿币制不可，整顿币制必须巨款，需款必须借

---

① "孔祥熙致蒋介石电"(1935年9月29日)，台北"国史馆"藏蒋介石档案，特交档案-财政，002080109023001006X。

款，循环关系，相互为用，更有待于兼筹并顾。目前财政危急，似又不能不先有救急之法。"孔祥熙最后表示，将"与罗斯继续商谈情形如何，再行报告"①。孔祥熙的意思很清楚：中国政府如果要实行币制改革，必须获得英国的大借款，这就是为什么必须与李滋罗斯商议币制改革方案的原因。对此蒋介石非常不满，他在日记中写道："庸之对于统一发行公库保管之政策，议决而不实行，必待英人李斯之到达，殊不知中国之政治经济之生死关头，皆在日本。今彼不估量倭寇之心理与毒计，而一意以英款为可靠，且不信己之政策，而遥望李斯洋鬼之赐惠，舍本逐末，可痛之至。"②但是，在宣布实施法币政策的时机上，蒋介石最后没有坚持己见。在孔祥熙致蒋介石函电一个月后，蒋介石在日记中才明确提到"决定法币政策"③。这表明，蒋介石最终还是接受了孔、宋的意见，即先就币制改革方案与李滋罗斯进行充分的洽商，而不是在与英方达成谅解之前予以宣布。

另一方面，在币制改革令颁布之前，蒋介石作为军事最高领导人，多次颁令严禁地方部队和地方政府擅自发行钞票，要求以中央银行钞票取代地方钞票。

1935年2月，蒋介石曾电令刘湘、刘文辉等驻川各军将领，禁

---

① "孔祥熙致蒋介石关于货币节略"（1935年9月30日），台北"国史馆"藏蒋介石档案，特交档案-财政，0020801090023001002X。
② 蒋介石日记1935年9月30日，斯坦福大学胡佛研究所藏蒋介石日记手稿影印件。李斯，即英国政府首席经济学家李滋罗斯，当时应中国政府邀请来华考察币制改革事宜。
③ 蒋介石日记1935年10月26日，斯坦福大学胡佛研究所藏蒋介石日记手稿影印件。

止自行印铸票币,电文称:"查地方财政,关系国计民生,至为重要。该省各军师以往多有自由造币或发行钞票、券据情事,基本金既无一定之款,发行额亦无明确之限制,而一般奸商,又复因缘为利,操纵行情,以致流弊丛生,民商交困,影响之大,更什倍于匪祸。当此民穷财尽之秋,中央正力图设法整理,于以兴复农村,维系国脉。所有自由印铸票币券据办法,亟应立予纠正,俾免发生障碍,予人民以无穷之累,贻赤区以可乘之机。……务希查照切实制止,并严令所属一体遵照为要。"[1]这份电令还是基于维持地方财政的考虑,也没有提出如何制止擅发的具体规定,嗣后四川金融市场上地钞杂币泛滥的情况愈演愈烈。

至同年9月即催促孔祥熙尽快实施统一币制之际,蒋介石以军事委员会委员长行营的名义颁发了收缴杂币办法布告。该布告首先历数了四川地方钞票泛滥导致金融市场的混乱状况,指出由中央银行之本钞调换所有地钞是唯一之途:"四川地方银行钞票发行以来,汇兑调换,价格时有涨落,骤高骤低,悬殊甚巨,市面金融,极形紊乱,工商百业以及公私收付,咸受影响,动滋纠纷。月来成、渝各地,洋水复激增不已,地钞调换川币,每千元竟须贴水一百余元至二百余元不等,尤为怪象。以致公私皆损,军民交困,市场混乱,人心惊疑,大有岌岌不可终日之势。倘仍听其转辗流通,则每遇交易一次,即须折合一次,亦每遇折合一次,即受损失一次。设非酌定地钞固定之比

---

[1] 《蒋介石"关于今后四川各军不得自行印铸票币电稿"》(1935年2月19日),《中华民国史档案资料汇编》第五辑第一编财政经济(四),第275—276页。

价,将其全数立即收缴,一律调换中央本钞行使,则金融纷扰,不特社会永无安定之日,且恐全川财物价格及贸易进出,日在反复折合计算之中。"布告根据年来川省地钞申汇的平均水准,规定了以中央本钞调换地钞的具体方法:(1)自九月十五日起,所有四川省内一切公私交易,均以代表国币之中央本钞为本位,地钞即停止行使。(2)凡持有地钞之军民人等,准以地钞十元,调换中央本钞八元,无论额面大小,均照此推算。自九月二十日起,随时向中央银行重庆分行、成都分行、万县办事处暨中央银行所委托之其他银行、钱庄,分别就地调换,限于十一月二十日调换完毕,逾期不换者作废。(3)在九月十五日以后、二十日以前,其持有地钞而尚未能换得中央本钞以为交收者,准以地钞十元申合中央本钞八元计算。(4)在十一月二十日以前,各县偏远地方,国省各税之征收,凡持有地钞而未能换得中央本钞以为缴纳者,准以地钞十元申合中央本钞八元计算,由税收机关向第二条指定各处所换为中央本钞,再行解库。(5)依第三、四两条所定地钞申合中央本钞之计算标准,如有低价抑勒者,一经查明,概依军法从严惩办。(6)四川市面所有之银币,其成色、重量与银本位币条例规定相合者,得以一元兑换中央本钞一元行使,其余杂币,概照财政部所颁收兑杂色银料简则,各依其所含纯银实数,换给中央本钞[①]。这份布告虽然没有宣布实施法币政策,但却包括了统一发行、调换地方纸币、收兑银币、财税征收限用中央纸币等内容,实

---

① 《军事委员会委员长行营关于收销地钞及收换杂币办法布告》(1935年9月10日),《中华民国史档案资料汇编》第五辑第一编财政经济(四),第281—282页。

际上体现了法币政策的基本原则。

三

1935年11月1日在国民党四届六中全会开幕的会场,发生了汪精卫遇刺事件。为了避免可能引发的金融市场动荡,11月3日,国民政府宣布实施谋划已久的法币政策,其主要内容包括:(1)自1935年11月4日起,以中央、中国、交通三银行所发行之钞票定为法币,所有完粮纳税及一切公私款项之收付,概以法币为限,不得行使现金;(2)中央、中国、交通三银行以外,曾经财政部核准发行之银行钞票,现在流通者,准其照常行使,其发行数额即以截至11月3日流通之总额为限,不得增发,由财政部酌定限期,逐渐以中央钞票换回,并将流通总额之法定准备金,连同已印未发之新钞及已收回之旧钞,悉数交由发行准备委员会保管,其核准印制中之新钞,并俟印就时一并照交保管;(3)法币准备金之保管及其发行收换事宜,设发行准备管理委员会办理;(4)凡银钱行号商店及其他公私机关或个人,持有银本位币或其他银币、生银等类者,应自11月4日起,交由发行准备管理委员会或其指定之银行兑换法币;(5)旧有以银币单位订立之契约,应各照原定数额,于到期日概以法币结算收付之;(6)中央、中国、交通三银行无限制买卖外汇[①]。

---

① 《财政部关于施行法币布告》(1935年11月3日),《中华民国金融法规档案资料选编》(上册),第401—403页。

法币政策是由孔祥熙以财政部长的名义颁布的，但蒋介石与孔祥熙都清楚，单凭一纸布告不可能使新的币制顺利为各地各界接受。根据当时的政治体制，法币政策必须得到国民党中央当局的正式通过。也就在11月3日当天，孔祥熙将法币政策各项内容电呈国民党四届六中全会，要求鉴核并通饬遵行。11月5日，国民党四届六中全会第三次大会追认币制改革，交国民政府通令遵行①。11月6日，国民政府通令各省市政府、各军警机关一体布告遵行②。上述体制内的程序对于确立法币的合法性是必要的，但是还不足以保证法币政策的各项规定得到遵行。尤其是各地方银行的发行权都将被废止，原有的发行准备金和各地收兑的白银都将集中到中央政府指定的机构，这些直接关系到中央与各地之间的利益关系的重大调整，需要代表中央政府的强势人物出面，饬令地方军政当局配合、支持财政部的相关规定；同时也向财政当局转达地方遇到的具体困难，要求财政当局酌予解决或说明。这个强势人物就是时任军事委员会委员长的蒋介石。

11月3日即颁布法币政策令的当天，蒋介石以军事委员会委员长的名义通电各行营主任、各绥靖主任、各总司令、各路总指挥、各军师长暨各省市政府，要求出面保护当地银行，通电指出："事关整顿币制，活动金融，救济工商，安定人心，对于该项办法，亟应

---

① 《中华民国史事纪要》（1935年11—12月），台北："中央"文物供应社1990年版，第50、95—96页。
② 洪葭管主编：《中央银行史料（1928.11—1949.5）》（上卷），中国金融出版社2005年版，第328页。

协助实行,以期普及。惟当宣布之初,深恐一般人民不明真相,易滋误会,致令不肖分子乘机造谣,扰乱治安。务仰即日转饬所属军警,对于各地银行妥为保护,并剀切晓谕,俾明实情,是为至要。"①这一蒋介石名义的通电,就是时在南京的蒋介石和在上海的孔祥熙之间电话沟通的结果,并由孔祥熙安排发出的。事后,孔祥熙自上海致电蒋介石:"限即刻到。南京。蒋委员长钧鉴:密。实行改良钱币、统一发行、集中准备办法案,顷已遵谕以兄名义,通电各行营主任、各绥靖主任、各总司令、各路总指挥、各军师长暨各省市政府,切实协助,保护施行矣。谨闻。弟熙叩。"②而在收到蒋介石的通电后,各地军政长官便陆续复电蒋介石,表示已饬所属遵照办理。

另外,孔祥熙于11月4日致电在南京的蒋介石,报告为便利民众调换法币所采取的措施,希望蒋介石转令各地军警知照:"我国用银习惯为时已久,而人口众多,收藏或多属银类,值此法令新颁,乡僻地方或有稍感不便,三行钞票又或流通未遍,或至持有银币钞类无处兑换法币行使者,除函令三银行及各银行、各钱庄、各公会、各税收机关随时收换,并电请行政院转令交通铁道两部及各省

---

① 《蒋介石要求各地协助推行法币政策电》(1935年11月3日),《中华民国史档案资料汇编》第五辑第一编财政经济(四),第318—319页。
② "孔祥熙致蒋介石电"(1935年11月3日),台北"国史馆"藏蒋介石档案,特交档案-币制,002080109006002。关于蒋、孔电话洽商一事,可参见11月12日孔祥熙致蒋介石电:"介兄钧鉴:敬陈者,日前公布改革货币案,曾由电话请兄通电各军政机关协助保护。承示由沪代办,遵即发出江电一件。兹将原稿抄奉,敬祈察阅,饬存备查为荷。专此恭请勋安。弟孔祥熙。11月12日。"(台北"国史馆"藏蒋介石档案,特交档案-币制,002080109006002013a)

市政府，转饬所属国营事业各机关，一律代为收换，藉谋一般人民之便利，并为剀切说明，以袪疑惑而利施行外，特电奉陈，即祈转令各军警机关一体知照为荷。"①收到孔祥熙的来电后，蒋介石即于11月5日致电在西安的"剿总"副司令张学良、在重庆的军事委员会委员长行营主任顾祝同，以及各绥靖主任、各总司令、各路总指挥、各军长、各师长，转达了孔祥熙电文的内容，要求"转饬所部属一体知照"。另复电孔祥熙，告知"已转令各军警机关一体知照矣"②。

法币政策颁行后，各地因情况不同，时有困难发生，无法严格遵照办理。蒋介石在收到这方面的报告后，便会及时转知孔祥熙。如11月8日，蒋介石致电孔祥熙，转知6日收到的甘肃省财政厅长朱镜宇来电要求中央银行赶运铜元票和请设支行的情况："自集中现金令下后，人心虽极浮动，但情况尚安。惟甘省生活程度过高，而市面纸币又以五元十元居多，零星买卖几致无法交易，幸平市钱局存有铜元票，遂令尽量兑换暂能维持。惟钱局所存有限，恐不足以维持远久，拟请钧座速令中行日夜赶将大宗铜元票专航运甘，以资维持，并令甘行于平凉、西峰镇、陇西、天水、清水、武都、临夏、凉州、肃州、甘州等处遍设支行或办事处，以通汇兑。"蒋介石并要

---

① "孔祥熙致蒋介石电"（1935年11月4日），台北"国史馆"藏蒋介石档案，特交档案-币制，0020801090006002087a。

② "蒋介石复孔祥熙电"（1935年11月5日），台北"国史馆"藏蒋介石档案，特交档案-币制，0020801090006002098a。

求孔"请予照办为盼"①。同日，蒋介石复电甘肃方面："所请令中行运铜元票及设支行，已电孔部长照办矣。"②而孔祥熙则于9日复电蒋介石："已转中央银行核办矣。"③

11月9日，蒋介石又致电孔祥熙，转知7日收到的四川省主席刘湘来电四项要求：(1)川省百八十县，中央银行仅设三处，中国银行仅设十二处，交行则一处俱无，使用中钞仅及数月，流通只有成、渝、万等地，数目亦尚不多，其他各县人民，一时无从兑换。若本月4日起即以法币为限，不得行使现金，则各地征收机关势将停止，市面金融立即断绝；拟请仍准人民缴纳现金，官府只收不发，是院令仍可逐渐办到，而目前亦免危险之虞。(2)川省交通不便，必先运到多量法币，且必多备一元及五角、二角等辅币，并须于各县酌设兑换所。(3)为征信于民，表示法币有两重保障起见，拟请准将川省现金集中成、渝两地，中央银行并仿沪组织保管委员会，以期安定人心，俾免惊惧。(4)自鉴定川币成色以来，群情疑沮，形势岌岌，今既易以法币，若仍须鉴定成色，打折换钞，则民间受损，且恐藏匿现金，殊于奖励用钞有碍。川币差水无多，中央施行大计，似不宜惜此区区。恳请准其一律换钞，以资流通，而恤民力。蒋介石指示孔祥熙："查所陈四项，均关重要，应即予分别解

---

① "蒋介石致孔祥熙电"（1935年11月8日），台北"国史馆"藏蒋介石档案，特交档案-币制，0020801090060020114a。
② "蒋介石复朱镜宇电"（1935年11月8日），台北"国史馆"藏蒋介石档案，特交档案-币制，0020801090060020115a。
③ "孔祥熙致蒋介石电"（1935年11月9日），台北"国史馆"藏蒋介石档案，特交档案-币制，0020801090060020117a。

决,以维持川省金融,而免影响军事。特转达,请妥速核议径复为荷。"①孔祥熙在回复蒋介石的电文中,认为对于刘湘的四点要求,应根据具体情况区别对待。对于容易引起误解的要求,则要强调法币政策的原则,如第一条"仍准缴纳现金,官府只收不发一节",孔祥熙明确提出:"与本部公布兑换法币办法,尚属相符,自可照办。惟收进现金后,应即依照兑换法币办法之规定,从速送交中中交三行兑换法币,不得再为行使,以防流弊。"而对于有助于推进法币政策的要求应当大力支持,如第二条尽量多运法币和辅币入川;对于明显不符合法币政策的要求则不予支持,如第三条准将川省现金集中成、渝两地并仿沪组织保管委员会一节,孔祥熙指出:"中央银行已在渝设立发行分局,足昭大信,勿庸再设保管分会。"又如第四条川币请准其一律换钞,勿庸鉴定成色一节,孔祥熙认为:"凡川币向来在市照面额流通者,应准其一律兑换纸币,其成色过低历来市面须折扣行使者,仍应按所含纯银量,兑换法币,以重币政,而杜取巧。"②而蒋介石在初次收到刘湘来电后,即于11月9日复电告知"已转孔部长妥速核议径复矣"。但在收到孔祥熙15日复电后,蒋介石即于16日把孔电转发刘湘知照③。

11月22日,蒋介石致电孔祥熙,转知宁夏省主席马鸿逵来电

---

① "蒋介石致孔祥熙电"(1935年11月9日),台北"国史馆"藏蒋介石档案,特交档案-币制,0020801090060020126a。
② "孔祥熙致蒋介石电"(1935年11月15日),台北"国史馆"藏蒋介石档案,特交档案-币制,0020801090060020131a。
③ "蒋介石致刘湘电"(1935年11月9日、11月16日),分别见于台北"国史馆"藏蒋介石档案,特交档案-币制,0020801090060020125a、0020801090060020133a。

中关于当地的情况：现在流通市面者除已收回及未发行者外，实有289万余元，业已遵令将已印未发与已发收回之钞票暂存。但此间民智落后，日来省钞票价日趋低落，军政各费既已积欠四月，因之更感困难，而地方均感不安。已电请财政部速派员接收省行，以法币换回宁钞，并将宁省银行现在存货概数状况，详报财部。蒋介石要求财政部"请即予核办为荷"①。孔祥熙处理时，没有简单照办，而是要求宁夏当局将"所有已发钞票二百八十九万三千四百余元之准备实况，仍盼详明报部，以凭核夺"。另鉴于宁夏省境内尚无中央、中国、交通银行，即以财政部名义"函令中、中、交三行推一行来宁设立分支行，以便推行法币"；另外"一面转令中央银行兰州分行经理前赴贵省，调查一切状况，一俟复到，再为核定接收办法"②。实际上，孔祥熙是要明确宁夏当局来电中语焉不详的发行准备问题，而按照币制改革令，中、中、交三行之外各银行的发行准备必须加以集中。

由政府指定机构收兑民间银币银类，是法币政策的重要内容之一，但在实施过程中，私自交易及偷运一时难以禁绝，而在沿海地区一度十分猖獗。12月5日蒋介石在致各省政府、各绥靖公署、各市政府、各警备司令的密电中，要求根据12月4日孔祥熙来电的要求，通饬所属，对沿海地各抬价收买银币银类、希图偷运出口牟利

---

① "蒋介石致孔祥熙电"（1935年11月22日），台北"国史馆"藏蒋介石档案，特交档案-币制，0020801090060020147a。
② "财政部致蒋介石电"（1935年12月2日），台北"国史馆"藏蒋介石档案，特交档案-币制，0020801090060020150a。

情事,"一体严缉,并于破获时立送法院,从严治罪,勿稍疏忽"①。但是,各地在查缉银币银类私自交易和偷运的过程中,也不时发生对于携带少数硬币者的留难,甚至对于携银币赴兑换法币者途中拦截没收。蒋介石在收到财政部 12 月 26 日密电后,即于 28 日转致各地军警机关:"近据密报,各地方时有军警未能明了法令用意,对于无知愚民携带少数硬币,往往藉端留难,或于携赴兑换法币途中拦截没收,无辜受累,群情惶惑,以致持有银币银类之人不敢出门兑换等语。如果属实,殊足影响法币推行,现当新旧年关,乡间小民纷往城市购买用品,上项情形尤应亟为纠正,所有各地军警对于无法币流通地方之人民携带银币购物,如确非携带牟利,不得率予没收,但应饬令收受铺户送交就近兑换机关兑换法币,其无知愚民不明政令,携带银币应即指示就近兑换机关令其兑换法币,至携赴兑换机关兑换法币者,尤不得中途拦截,致滋纷扰。如有故违,应准人民指控,严行究办。若故存隐匿,意图偷漏,或收集贩运营私牟利,一经查觉仍应严予法办,庶于体恤之中仍寓杜弊之意。除分行外谨电陈察核,恳饬各军警机关一体遵办等语。"②蒋电令各军警当局"转饬所属,一体遵照"。

抗战前后担任国民政府经济顾问的美籍专家杨格,后来在评价 1935 年的法币政策时指出:"1935 年币制改革又是一个决定性的转

---

① "蒋介石致各地政军警机关电"(1935 年 12 月 5 日),台北"国史馆"藏蒋介石档案,特交档案-币制,0020801090060020155a。
② "蒋介石致各地政军警机关电"(1935 年 12 月 28 日),台北"国史馆"藏蒋介石档案,特交档案-币制,0020801090060020206a。

折点,它成功地稳定外汇率,并制止通货紧缩,因而为经济注入新的力量,加强对未来的信心。"法币政策的实施废除了银本位制,实际上采行了汇兑本位,化解了自晚清以来国际金银比价波动对中国财政金融的冲击,在更合理的水准上确立了中国货币的国际汇率,有助于中国工商经济进一步摆脱世界性经济危机的负面影响,也为金融业的振兴提供了良好的制度安排。但是,法币政策对货币发行的统一,使得中央、中国和交通银行之外所有的商业银行、地方银行,均不得再行发行货币,这既意味着此后将由政府银行来承担维持通货稳定的责任,也标志着以蒋介石为代表的南京国民党中央政权对于地方实力派的合法性、权威性,已经有了货币制度的保证。杨格对蒋介石的地位和作用有如下评述:"蒋介石是一个杰出的人物和领袖,但不是一般意义的独裁者,他的话对于政府的政策和行动有很大的而且是决定性的分量,不过作为一个力图控制全国的政府首脑,他的任务是煞费苦心而且十分困难的。"[1]应当指出,就政治领域而言,当时蒋介石的政策取向还受到质疑甚至挑战,如1936年两广事变和西安事变的先后发生,就是例证。可是,对于评价战前蒋介石在金融制度和政策的制定与实施方面的作用,杨格的评价却不无启迪。蒋介石不是财金领域的专门家,他的有关思想主张很难谈得上严格意义的学理性,许多具体观点也并非符合实际。但可以肯定的是,作为一位强势的政治与军事领导人,他对于货币

---

[1] [美]阿瑟·恩·杨格:《一九二七至一九三七年中国财政经济情况》,第456、476页。

金融领域有着敏锐的洞察力,在该时期货币制度的改革、新币制的构建、相应法规政策制订与实施等方面,均予以了相当的重视;对于当时政府中承担财政金融行政责任的孔祥熙,蒋介石基本上是信任并且支持的①;他一方面要保证法币政策的推行,另一方面要协调与地方军政当局的关系,在两者之间求得基本的平衡。这一切对于法币政策的及时颁行和取得成功,起到了不可或缺的决定性的作用。

(原载《江海学刊》2011年第2期)

---

① 1935年12月上旬国民党五届一中全会期间,曾考虑调孔祥熙出掌监察院,但蒋介石担心"庸之辞财政,对于新币制政策恐不能实施","恐币制破坏,故未决定"《事略稿本》第34册,台北:"国史馆"2009年版,第510页)。最终五届一中全会决定蒋介石为行政院长,孔祥熙仍任行政院副院长,兼财政部长和中央银行总裁。

7

英国、美国与1935年的中国币制改革

英国与1935年的中国币制改革

自1935年11月4日起,国民政府开始推行一系列币制改革的措施。对于这次改革,英国始则拟定介入的方案,继而派李滋罗斯(F. W. Leith-Ross)赴华与中国方面洽商,随后又曾给予某些支持。但是,在日本的强烈反对和美国的插手之下,英国在对华贷款问题上一再拖宕,最终未能把中国币制拉入英镑集团。分析这一过程,有助于正确评价英国对这次币制改革的影响与作用。

英国拟定的币制改革方案

1934年下半年至1935年,由美国白银政策及世界银价上涨所诱发,中国社会经济机制中(尤其是财政、金融方面)原有的矛盾迅速激化,终于酿成一场范围甚广、持续时间颇久的金融危机。这不仅加剧了中国民族工商业、银钱业的困境,也使英国在华经济利益受到严重影响。对此,英国十分担忧。1934年12月12日,英国驻华公使贾德干(A. Cadogan)向英国外交大臣西门(J. Simon)报告道:

此地的中国和英国银行家们都担心局势的发展将迫使中国采取不兑现的纸币，从而导致严重的经济及政治后果。同时指出：如果不采取有效措施，中国的金融局势将更加严峻，英国在华贸易和投资会受到严重影响①。12月31日，贾德干又向英国当局转达了中国方面提出的2 000万镑的借款要求。同日，香港汇丰银行经理祁礼宾（Grayburn）也报告了同一情况。1935年1月2日，英国内阁所属的中国白银问题委员会（Chinese Silver Committee）讨论了中国的金融局势及提出的借款要求，认为：如果中国能够得到足够大的一笔借款（假定为2 000万镑），那么中国放弃现有币制，将其货币与英镑相联，采用英镑汇率标准，这从技术角度看是可行的；这笔借款将以中国的白银储备为担保，这些现银须售出，而美国将是唯一的买主②。1月9日和14日，该委员会继续讨论后，决定以"借款要求不可能导致中国局势的根本改变"为由，拒绝中国的借款要求，其真正的原因，西门在1月19日给贾德干的电报中说得很清楚：英镑债券只可能在英镑集团内部发行，必须对英国的工业带来直接的利益，面对美国的白银政策，中国不可能保持可兑换成现银的币制③。2月18日，新成立的对日政治与经济关系委员会（Committee on Political and Economic Relation with Japan）召开会议，麦克唐纳（J. R. MacDonald）首相及财政、商业、外交部的代表出席了会议。

---

① *Documents on British Foreign Policy*（以下简称 *DBFP*），*1919-1939*，Ser. 2 Vol.20，London Her Majesty's Stationary Office，1984，pp.367，369.
② Ibid., p.16.
③ Ibid., p.399.

财政大臣张伯伦(A. N. Chamberlain)明确提出了中国的币制改革问题。他认为,目前无法担保美国不继续提高银价,只要中国仍采取银本位制,就极容易受到美国的损害,这就是中国经济与金融困境的症结所在,不解决这个问题,向中国提供贷款是无益的。因此,中国有必要放弃现有的币制,而与英镑相联,这对英国而言是最为合适的,但可能招致美国和日本的反对。会议决定:不能接受中国的借款要求,但准备同有关大国合作帮助中国克服金融及经济困难,希望中国政府提出有关的任何建议。第二天,西门便向中国驻英公使郭泰祺告知了这一决定,并且试探性地向郭谈起了中国币制与英镑相联的问题[1]。另一方面,英国驻华公使贾德干与中国当局进一步谈起贷款与币制改革的问题,以了解国民党的态度。3月15日,宋子文答复贾德干:中国最终将不得不采取纸币制度,唯一的出路在于同某种外币相联,可能是英镑;为了利于发展中国的出口业,须把币值稳定在相当低的水平上,因此需要获得约2 000万至2 500万镑的借款以及数目相等的一笔信贷[2]。很明显,英国这时拒绝中国的借款要求,是想利用中国的金融危机,以向中国提供巨额贷款为条件,把中国的币制与英镑相联,将中国拉入英镑集团。但是,英国对来自美国与日本的反对有所顾忌,这种顾忌又成为以后英国在对华贷款上拖宕、寡断的重要原因。

此后,英国一度考虑通过召开有英、美、日、法、中等国专家

---

[1] *DBFP*, *1919-1939*, Ser.2, Vol.20, pp.427, 432, 433.
[2] Ibid., p.462.

参加的国际金融会议来达到其目的,但这个提议受到美、日的冷遇。因此,在得知国民党当局有意将币制与英镑相联后,英国政府于 6 月初决定派遣首席财政顾问李滋罗斯前往中国,推行对华贷款—币制改革的方案。这个方案主要由李滋罗斯与英格兰银行总裁诺曼(M. Norman)商议拟订,并得到张伯伦及副财政大臣费希(W. Fisher)的同意,其主要内容为:中国应尽快放弃银本位制,发行可兑换成外币但不可兑换现银的纸币;由中央银行专司纸币发行;中国只有采取英镑作为其币制的基础,英国才可能提供贷款援助;此新纸币与英镑的兑换率,不应超过 1 元等于 1 先令 2 便士;中国可将其现银向国外出售,获得足够的外汇来防止新币制的崩溃;在实行币改之前,中国可要求一笔借款作为外汇储备,英国则可以提供一项仅用于币制改革的贷款或信贷,但中国应接受以下条件:(1)对贷款提供足够的担保,包括保留英籍总税务司对海关的管理,总税务司应有包括招聘外籍职员在内的足够权力;(2)控制贷款使用,只限于币制改革的用途;(3)改组中央银行,聘请英国顾问;(4)改革预算。此外还可能有政治方面的条件①。可见,英国不仅试图利用中国币制改革之机将两国币制相联,还谋划全面控制中国的关税、银行、外汇使用、预算等重大财政金融事务。英国还曾经考虑以汇丰银行等英商银行为主,吸收日本、法国、美国银行甚至国际汇划银行参加贷款。诺曼并设想以中国在实际上承认伪满洲国为条件,由英日联合对华贷款。英方的考虑是:可以在中国币制问题上与日

---

① *DBFP*,*1919-1939*,Ser.2,Vol.20,pp.569,575-576.

本合作，从而在英国极为关心的控制海军军备问题和英国在中国关内的利益方面获得日本的让步。这实际上是不惜背着中国，与日本达成损害中国主权的妥协。英国方面还认为，为了缓解其他国家对中英币制相联的不满，最好使别国认为是中国自行选择与英镑相联，而不是出于英国的逼迫。这样，其他各国从其在华利益计，为了防止中国金融局势的全面崩溃，也会出面帮助将中国的币制建立在英镑的基础之上。此外，英方为使国民党当局不得不接受这一安排，使美日等国不加以反对，甚至打算不急于马上向中国方面提出贷款—币制改革方案，让金融局势适度地继续恶化一个时期。

然而，这个关于贷款—币制改革的一揽子方案，却没有充分估计到当时中日矛盾的激化和远东局势的复杂性，因而从其提出之始，就面临着一些难以逾越的障碍。当时，英国外交部的一些官员便十分怀疑中国方面能否全盘接受这个方案，并认为不可能得到美、日的合作[1]。

中英关于币制改革方案的交涉

1935年9月初，李滋罗斯抵达日本，试图首先取得日本对英国方案的支持。李滋罗斯同日本外相广田、副外相重光葵、财相高桥、副财相津岛等人多次会谈。李滋罗斯提出：由英日联合对华贷

---

[1] *DBFP*, *1919-1939*, Ser.2, Vol.20, p.577.

款,中国脱离银本位,发行与英镑相联的纸币,援华基金在伦敦设立外汇储备,由中央银行独掌纸币发行权,英籍顾问进入中央银行施行监督。日本则可以得到中国对"满洲国"的承认。出乎李滋罗斯的意料,日本方面强烈反对这一方案,拒绝向中国提供援助,并称中国的币制改革将难以实行,至于满洲问题,则完全不需要日中之外第三者插足①。李滋罗斯这次日本之行没有达到预期的目的。

9月下旬李滋罗斯由日本抵华后,即广泛调查有关债务、税收、中央银行、海关、金融行市、外汇等情况,同时就币制改革方案与孔祥熙、宋子文进行了多次会谈。

从中国来看,在李滋罗斯抵华之前便已考虑施行币制改革了。1933年国民政府实行了废两改元,继而推行十进位的辅币制度。然而,这种在银本位基础上的改革,在世界银价猛涨的情况下,根本无法解决相应而来的困境。首先,无法制止白银外流。1934年9月,从上海输出银元1 491万元、白银1 949万两;10月份开征银出口税和平衡税后,11月份输出银元竟达2 651万元,白银仍有704万两②;天津各银行的存银,从1935年1月到9月减少了900多万元③;而1935年白银走私出口估计约在1.5亿元至2.3亿元之间④。其次,无法改变外贸逆境。从1931年起,英国、日本、奥地利、加

---

① 《日本外交年表和主要文书(1840—1945)》下册,东京1984年版,第301—303页。
② 《申报年鉴》(1935年),第H31页。
③ 同上书,第601页。
④ [美]阿瑟·恩·杨格:《一九二七年至一九三七年中国财政经济情况》,陈泽宪等译,中国社会科学出版社1981年版,第238页。

拿大、美国等国纷纷脱离金本位后，又实行了外汇管理，并通过大幅度的贬值来增强出口竞争力，如从 1931—1935 年，英镑贬值 39%，美元贬值 41%，日元则贬值 63%①，而中国被缚于银本位之上，不可能采取类似的措施来扭转外贸严重逆差的局面。由此而来的，就是通货紧缩、市面萧条，银钱业与工商业陷入互相牵制的恶性循环，因汇率巨大变动和国内外的汇率差价等情况愈演愈烈。据统计，1935 年 1 月至 10 月全国倒闭银行 20 家，约与前四年全国倒闭银行总数相等；而上海的工商银钱各业倒闭数则为 1 065 家，比 1934 年的倒闭数增加了一倍多②。这些情况迫使国民党当局考虑从去除贵金属本位制的固有弊端着手，扭转金融及经济方面的险境。1934 年底到 1935 年初，国民政府曾面临是否放弃银本位的选择。1934 年 10 月 25 日、26 日，《中央日报》登载赵兰坪《征银出口税与今后吾国之货币政策》一文，提出如下的币制改革方案：(1)集中发行，集中现银，整理辅币；(2)放弃银本位，暂行纸本位制；(3)实行以生金和金汇为兑现准备的金本位制。1934 年底，财政部成立了币制研究委员会，成员有陈行、徐堪及张嘉璈、唐寿民、宋子良、周作民、陈光甫、贝祖诒等 27 人，其公布的章程中的研究事项，便有"改用金本位事项""银本位币事项""各种旧币事项""辅币事项""纸币事项"③。1935 年 3 月，英国沙逊银行董事长沙逊(E. D. Sasson)曾提出过一个"镑券"计划，即：中国不放弃银本位，以上

---

① 《国闻周报》第 13 卷第 3 期。
② 《中国的新货币政策》，商务印书馆 1937 年版，第 67 页。
③ 《中行月刊》第 10 卷第 1—2 期（合刊），1935 年 1—2 月。

海的资产作抵获取英镑借款，由财政部和中外各银行联合发行"上海镑券"与银元共同流通，用以增加通货、扩大信用。但这一方案受到中国银行界的普遍反对，孔祥熙与宋子文也不同意采纳。此后，国民党当局又一度考虑在银本位之上实行贬值，以扩大出口、加快流通，但又受到宋子文等人的劝阻未能推行。孔、宋实际上已组织了一个有外籍专家参加的技术班子，考虑推行脱离银本位、采取汇兑本位币制的改革①。李滋罗斯的来华，使国民党当局决定通过谈判谋取英国借款，推行币制改革方案。

　　李滋罗斯提出了中国承认"满洲国"、英日联合对华贷款的问题。中国表示，公众舆论不可能接受这点，否则会引起新的革命，并使中国崩溃。英国外交当局得知这一情况后，认为这将严重损害英国的声誉，即电令李滋罗斯停止讨论"满洲国"问题。

　　在中国是否放弃银本位、采取新币制的问题上，双方并无重大意见分歧。9月21日，李滋罗斯从日本抵达上海，宋子文便向他谈到，在银本位之上用贬值的方法来维持现行币制是不可取的。放弃银本位、与英镑相联是可行的，但要避免作公开的宣告。随后在南京，孔祥熙谈了与宋子文相同的意见，中国对民众将接受新币制持乐观态度，向李滋罗斯谈到：在过去两年里，中国银行已逐渐把纸币代替银元投入流通，显然公众很快会习惯于纸币。

　　在集中纸币发行权的问题上，中国原则上同意英方的意见，即把纸币发行和储备集中于中央银行，但提出，在一个时期里（例如两

---

① 《一九二七至一九三七年中国财政经济情况》，第255页。

年内),让中国银行和交通银行作为中央银行的助手有限制地继续发行纸币,由上述三家银行对发行和储备进行联合控制,而中央银行至少保持50%的储备。对此,李滋罗斯认为基本符合英方原来的方案。

李滋罗斯在谈判中提出,中国应由官方宣布实行银行和预算方面的改革,应该对中央银行进行改组使之更加独立于政府,其主要方法是公开出售中央银行的股额,此外还必须解决财政赤字。李滋罗斯认为,这是进行币制改革的前提。中国则表示原则上同意使中央银行尽可能地独立,但强调完全的独立不能在中国增强其信誉,相反却会在公众中减少吸引力;在财政金融局势吃紧的情况下,不能出售中央银行的股额,但同意尽可能快地向公众出售部分股额,并在董事会中设相应的代表;董事会成员将由股东们选举产生,但总裁和副总裁要由政府任命。中国提出,中央银行将不接受任何外国银行的控制,但表示可能需要纯顾问性质的专家。中方要求不把这一点写入书面备忘录,但肯定将向英方银行要求派一名专家。李滋罗斯则希望在任何情况下,向英国的国家银行——英格兰银行发出这一要求。在预算问题上,中国承认情况不太妙,主要困难在于军费开支和沉重的国内债务负担,相应的措施是打算节减军费开支和延长国内债券的偿还期限。孔祥熙和宋子文表示,希望在18个月内实现预算平衡,认为有2 000万英镑便可解决国内赤字问题。中国还提出,打算成立国家抵押银行接管和清理被冻结的银行资产。

在贷款的担保和条件方面,英方要求中国在重新安排国内债务之前,宣布由海关收入作外债担保,在贷款全部清偿之前,保留英籍人士担任海关总税务司。中国方面答应在征得国内持券人委员会的同意后，对以海关作担保的债务顺序重作安排。中国希望尽快得到关于借款的明确答复，并愿意保持英人任海关总税务司，但提出：如果英国不想刺激日本，就不要把这点写入借款协定，因为日本正急于谋求这一位置，如果写入借款协定，就会使日本借口宣布借款是政治性的。另外，在海关招聘外籍职员问题上，中方答应由英国帮助确定人选。李滋罗斯还要求中方清理某些积欠债务，如津浦路借款。中国答应，将由铁道部具体负责这一事宜①。至10月下旬，中英已基本完成有关币制改革方案的具体谈判，国民政府也通过了有关内容。

从上面的谈判情况看，当时国民政府急于在英国的帮助下推行币制改革，为此，准备在有关银行、币制、预算、金融、海关管理及税收等方面作一系列重大让步。国民党在巩固银行统制问题上，坚持原先的部署，即确立以中央银行为首、中国银行和交通银行为辅的政府银行网，从而控制其他有影响的商业银行和钱庄。因此，在中央银行售股独立化、褫夺中国银行和交通银行的纸币发行权问题上，与英方持不同意见。事实上，自1935年初以来，国民党当局直接掌握的中央银行的地位已大大高于其他各银行，并通过增加官股、官董，实际上也已控制了中国银行和交通银行。国民党当局打算通过币制改革，确立以中央银行为主、中国银行与交通银行为辅的政府银行网的统制，只有这样才可能使稍后将农民银行的地位升

---

① 上引中英关于币制改革方案谈判的内容，见于1935年9月27日至10月26日期间李滋罗斯致英国财政部、外交部的电文，*DBFP*，*1919-1939*，Ser.2，Vol.20，pp.602-638。

格顺理成章。这一谋划并不影响英国原来方案的基本原则，因而得到了英方的谅解。但是，中国明确表示，在英镑借款确定之前，中国不能最后确定采用英镑基础①。可以想见，如果当时英国当局果断实行对华贷款，中国的币制就将正式加入英镑集团。然而，正因为英国当局在贷款问题上一再拖宕，使这一方案在最后确定时偏离了英方原先的设想。

当李滋罗斯与孔祥熙、宋子文进行上述币制改革方案谈判之际，日本已经明确表示将不参加对华贷款，问题在于英国是否愿意单独对华贷款。李滋罗斯对于英国当局迟迟不作明确的决定十分焦虑。从10月9日到24日，李滋罗斯向英国财政部副部长费希发去了14份电报，报告与国民党进行谈判的具体进展，并指出中国坚持以借款作为与英镑相联的条件，催促英国当局迅速下决心实行对华贷款。在10月9日的电文中，李滋罗斯便认为：在中国的贷款—币制改革问题上，英国与日本达成谅解的可能"几乎是不存在的"；"除非日本政府能向中国保证停止接连不断的军事扩张，任何一个中国政府都不会接受日本所提出的军事方面的要求，这些要求将导致日本全面的统治，并给我们的贸易带来灾难性的后果"。李滋罗斯提出，即使他再度访问日本，与日方达成英国"所期待的广泛的协议的机会也是微乎其微的，在这样的情况下，任何货币方案都必将遭到日本军方的敌视"。并指出："不管怎样，我倾向于认为把币制改革方案付诸实施，即使涉及1 000万镑的风险，这远胜于无所事

---

① *DBFP*，*1919-1939*，Ser.2，Vol.20，p.637.

事。我们在长江流域的利益及在该地区的任何发展,都将加强南京政府在国内的地位。"李滋罗斯甚至认为:"万一方案失败,只要中央政府还存在,我就不相信币制就必然会彻底崩溃,其后果也未必比现在的'任其所为'更坏些。"①在10月13日的电文中,他又谈到英国应该坚持对华贷款,实现预定的方案,"如果能使别国参加(对华贷款)当然更好,但我自己的观点是:我们不能让别人来否定我们认为是合理的方案。"②10月18日李滋罗斯再次电告英国当局:"……此地的市场十分疲弱,上海和香港将发生钞票贬值的谣言被广为传播,要使局面不至于完全失控,我们必须尽可能快地和有保证地采取行动。"③他并且建议,由财政部出面,命令汇丰银行发行1 000万镑的债券④。

在英国国内,拖宕对华贷款的主要原因是英国当局顾忌日本的反对。当李滋罗斯访日游说日本当局参加联合对华贷款而未获成功之时,英国外交部远东处便提出,应立即召回李滋罗斯,以免引起与日本的进一步的麻烦⑤。在得知李滋罗斯与孔祥熙、宋子文的谈判情况后,英国财政部与外交部基本上是满意的,但都认为,在对华贷款—币制改革方案的施行中,其他大国的合作是重要的,尤其日本的合作是最基本的。两个部的区别在于:财政部认为应努力谋

---

① *DBFP*, *1919-1939*, Ser.2, Vol.20, p.616.
② Ibid., p.623.
③ Ibid., p.627.
④ S. L. Endicott, *Diplomacy and Enterprise*: *British China Policy 1933-1937*, Manchester University Press, 1975, p.116.
⑤ Ibid., p.114.

取日本的合作，为此可暂时拖宕施行方案；外交部的观点则是，要得到日本的合作是不可能的，英国单独贷款便会与日本直接对立，因此，如果中国坚持以借款作为两国币制相联的条件，英国只能放弃原来的方案。外交部并明确向财政部提出：这一问题涉及政治、金融、经济等方面的许多因素，因而在作出最后决定之前，必须经过各部联席会议的讨论①。这样就阻止了原先持积极态度的财政部对此问题单独作出决定。另外，由于中国方面以前拖延清偿积欠债息，债务信用极差，要在伦敦市场发行新的中国债券前景确实不容乐观，如由英国政府银行出面贷款，又受到中国银行团（英、美、法、日四国参加）有关规定的束缚。

这样，直到10月22日，英国财政部才给了李滋罗斯一个不甚明了的答复："币制改革的方案，从技术角度而言看来对我们甚为有利，但我们的困难在于政治方面。"②10月24日，李滋罗斯便致电英国当局："如果我们打算帮助中国走向稳定，那么迫在眉睫的事便是确定方案的细节，并同亨奇曼③讨论贷款的可能性。"他还指出："旷日持久的拖延正在引起疑虑，如果继续下去，就会严重影响我在此地使命的权威性。"④然而，同一天英国财政部决定：在李滋罗斯再度访日并取得成果之前，暂时对贷款不作最后的决定，"否则，任何新贷款都将受到日军侵犯的摆布"；同时，要求国民党明确告知

① *DBFP*，*1919-1939*，Ser.2，Vol.20，pp.623-625.
② Ibid.，p.631.
③ 亨奇曼（Henchman），汇丰银行上海分行的经理。
④ *DBFP*，*1919-1939*，Ser.2，Vol.20，p.630.

美国,中国将以英镑作为新币制的基础,然后再同美国达成出售白银的协定①。事实上,这两点是难以做到的。10月27日,李滋罗斯再次向英国当局提出:英国贸易的增加和以往贷款的解决,最终将取决于中国经济振兴的可能性,而币制改革则是朝着经济振兴跨出的第一步;对华贷款的最主要的担保,是列入海关收入担保的前列,因此,即使中国币制改革方案失败,持券人的利益也能得到足够的保护;在英国的财政援助下使中国采用英镑本位,这无疑有助于提高英国的威望②。但是,10月30日英国外交部再次电告李滋罗斯:只有当中国明确向美日两国告知将采用英镑本位并且得到美国的购银保证和日本的合作之后,英国才能对华贷款③。

这样,正是英国当局的拖宕态度,使本来已初步达成的中国币制与英镑相联的方案,偏离了英国当局原先的设想。

英国对中国颁布币制改革令的态度

国民政府原来打算获得巨额外汇之后再宣布币制改革,然而,美国虽然表示愿意以从华购买白银的形式提供美元外汇,但有关的谈判尚在进行之中;英国曾就贷款条件与中方进行谈判,但多次拖宕犹豫,节外生枝。另一方面,货币金融局势的日趋动荡,迫使国民党当局不能再等待了。宋子文曾这样谈道:"……至十月中旬,外

① *DBFP*,1919-1939,Ser.2,Vol.20,p.633.
② Ibid.,p.641.
③ Ibid.,p.648.

汇之投机益炽,至十一月二日,汇率复跌百分之十七,同时标金竟由九百涨至一千一百六十元,投机与恐慌之风,弥漫金融市场,整个金融组织,为之动摇,于是十一月四日,财政部乃有新货币政策之宣布。"①

国民政府决定宣布币制改革之际,把有关内容告知英国方面,希望能获得谅解与支持。10月29日,孔祥熙便把中国币制改革方案的主要内容告知李滋罗斯:将在几天内宣布方案,将统一纸币发行、集中储备、停止兑现。而其他西方国家只是到了11月2日才获悉这一决定。同日,宋子文向李滋罗斯谈到,几乎可以肯定将在11月4日宣布币制改革方案。李滋罗斯这时对英国当局批准对华贷款仍抱一丝希望,所以劝阻孔祥熙再缓几日。李滋罗斯认为,从政治角度看,中国政府独自采取行动是有道理的,但是,在确定任何新的货币本位和有充分的保证之前宣布方案,就会完全损害整个方案②。李滋罗斯的意见实际上就是:必须先确定以英镑作为新币制的基础,获得足够的外汇储备(从英国获得贷款、向美国售银),然后再宣布币制改革,因此中国方面应继续等待。到了11月1日,宋子文又访晤了李滋罗斯与贾德干,向他们谈道:中国将宣布白银国有,所有持银者将被要求用现银兑换政府银行的纸币即法币。宋指出,这将立即适用于中国的银行,并要求李滋罗斯和英国当局对在华银行施加影响,接受中方的要求。中国将提高银出口税,以使各银行不能从出口银元中获利,因此,交出银元是符合外商的利益

---

① 中国银行民国24年度营业报告书,《申报》1936年4月5日。
② *DBFP*, *1919-1939*, Ser.2, Vol.20, p.647.

的。宋还谈到他已向美国方面提出了同样的要求,如果美国与英国银行接受,那么除日本之外的其他外商银行可能都会同意合作。次日,宋子文再次告知李滋罗斯与贾德干,中国将在11月4日宣布纸币不可兑现、提高银出口税、白银国有。宋非常急于知道英国是否同意白银国有这一条适用于英国在华银行。宋还说,中国将把英镑基础一事告知美国政府,但不能肯定是否将通知日本①。

在白银国有问题上,国民党当局要求英国银行和其他外商银行予以配合的实际上是两点,一是停止支付现银,二是各行将所存的白银与中国政府银行兑换法币。第一点是为了使白银退出货币流通,第二点既是为了巩固第一点,又是为了最大限度地敛集国内现银,用出口换取外汇。英国方面对这两点的态度是有区别的。

对第一点即停止以现银支付存款和其他开支,英方予以及时的合作。当时,国民政府颁行的法令,对在华外商银行并不具有直接法律效力;对那些白银专项存款或债券,外商银行仍有支付现银的义务。11月1日(伦敦时间),英国财政部与伦敦各有关银行商议,希望他们接受中国方面的要求,并致电李滋罗斯,要他鼓励在华银行这样做②。第二天,英国外交部给贾德干打去一份特急电报:"使英国银行能较易接受中国政府的方案并足以使他们免受要求支付现银的合适办法,就是根据1925年内阁法令中关于中国的第209条制订一项国王敕令,以使中国的法律对英国有关方面具有必要的约束

---

① *DBFP*, *1919-1939*, Ser.2, Vol.20, p.654.
② Ibid., p.653.

力,并且包括任何必要的相应措施。"电报命令贾德干立即起草敕令①。11月3日,外交部再次急电贾德干,强调指出:(1)目前采取的紧急措施,"只限于将英国银行从以白银兑换纸币或支付存款的义务中解脱出来";(2)不同意以贾德干的个人名义直接"向银行发布无法律效力的命令",而应"通过国王敕令",授权贾德干与李滋罗斯、使馆英国律师商议确定敕令的起草与公布;(3)英商银行"献出储存之银、消除合同中的白银条项等,须待以后再处理"②。根据英国当局的指示,贾德干与李滋罗斯(当时英方律师不在上海)于11月3日拟出了国王敕令。这一敕令同英国外交部意见的区别在于:外交部只提到了英商银行,而敕令则推广到所有在华英籍人士及具有法人资格的一切经济实体。另外,根据汇丰银行与麦加利银行的意见,敕令采取了"禁止支付"白银的词句,而不是仅仅把各银行从支付义务中解脱出来。这就使敕令更接近于中国币制改革令的相应条文。11月4日,贾德干发布了名为《1935年禁付现银规例》的英国国王敕令,规定:"以现银偿还全部或一部之债务者,应以违法论,得处以三个月以内之监禁,或连带苦工,或处以五十镑以下之罚金,或处以监禁及罚金","使中国政府之纸币,为公私义务之法币","英商银行,因此皆可有权不付出任何白银"③。

英国对于中国币制改革令中的有关条文采用了公布对其侨民及具有法人资格的银行、商团有法律效力的敕令的形式,在当时是独

---

① *DBFP*, 1919-1939, Ser.2, Vol.20, p.653.
② Ibid., p.655.
③ 《中行月刊》第11卷第6期,1935年12月。

一无二的。这就使国民政府在禁止白银流通方面,绕过了治外法权的障碍,获得了英籍人士、银行、商团等将率先遵守的保证。加上中国首先公布了法币与英镑的比价(1 元法币 = 1 先令 2.5 便士),英国又屡次就中国的财政金融问题与美、日等国交换过意见,希望这两国参加对华财政援助,这就使包括美、日在内的其他国家,以及国内各界人士,都认为币制改革是中英长期协商谋划的结果,两国币制业已相联,中国加入了英镑集团。

应当指出,停止支付白银、使白银退出中国的流通,这本身是符合英商银行利益的。事实上,自 1935 年 4 月国民党与外商银行订立"君子协定"以来,英商银行已停止用现银支付一般债务了。在国民政府宣布币制改革之后,如果不采取上述国王敕令的措施,英商银行很可能面临挤兑白银的局面,特别是那些白银专项存款和债务的支付。李滋罗斯就曾认为,要以现银来满足这些承付款项,"即使不是不可能的,也是非常困难的"①。然而,在向中国政府银行交出存银、兑换法币的问题上,尽管英国当局曾持同意的态度,但在几家重要的英商银行的拖延推诿之下,以及日本侵略势力在华北干扰推行币制改革,英方在同意交出存银兑换法币的过程中,一度出现了周折。

11 月 1 日,李滋罗斯在上海与汇丰银行的代表商议时,汇丰银行便提出,要在其他外商银行(至少是美国银行)同意献银后,英国银行才能交出现银,并提出须同有利银行商议。同日,英国财政部

---

① *DBFP*,*1919-1939*,Ser.2,Vol.20,p.1023.

在伦敦同各大银行的代表商议时,各行也提出,必须除日本之外的其他银行同时交出白银。汇丰银行的代表甚至提出,他们应被获准免税从上海再出口一定数量的白银,因为这批白银是早些时候根据他们可以有权免税再出口的保证,而从香港运往上海的①。英商银行主要担心新纸币逐渐贬值,国民政府无法维持汇率的稳定。币制改革初,包括英商在内的外国银行一度争相买入外汇,就是这种担心的佐证。在英商银行持消极态度的情况下,11月3日英国当局决定对这一问题暂不做最后解决。所以,在11月4日的英王敕令中回避了这一问题。在11月7日的在沪外国银行联席会议上,英商麦加利、大英、有利等银行曾提议交出存银兑换法币,但在其他外商银行的反对下,会议未取得一致意见②。而在会议之后,英商银行向李滋罗斯表示,如果中国政府保证不给予其他银行更优惠的待遇,英国银行愿意交出银元以兑换法币③。在11月11日的外商银行联席会议上,日本银行表示拒绝在任何条件下交银,法国方面也持反对态度,美国方面则愿意交银,但要求某种补偿,荷兰银行则持观望的立场。在此情况下,英国银行未发表意见,他们担心:如果其他外商银行保留其白银或者得到补偿的话,要说服英国持银者交出现银是困难的。对于英商银行在交银问题上的动摇犹豫,李滋罗斯担心这会进一步影响到英国对中国币制改革的作用。他于11月13

---

① DBFP, 1919-1939, Ser.2, Vol.20, p.653.
② 有吉大使致广田外务大臣电(1935年11月8日),[日]《现代史资料·续》第11册,东京1983年版,第76页。
③ DBFP, 1919-1939, Ser.2, Vol.20, p.667.

日致电英国当局：因果断发布英王敕令而产生的良好印象，如果不能继之以献银，就会受到削弱；英国银行率先献银后，美国、荷兰等国的银行就会效行，这将增强对中国币制改革的信心。李滋罗斯并且尖锐地指出：在交银问题上的争论，正是英国当局拖延作出决定所酿成的；英国政府不能鼓励在华英商银行拖宕交银，应该作出决定并向各银行宣布①。收到这份电报后，英国财政部本来准备同意李滋罗斯的建议，但在外交部的强烈反对之下，决定仍取观望立场。

英国外交部主要是从华北局势的动荡来考虑的。当时，日本侵略势力加紧推行华北"自治"运动，阻挠平津地区现银南运，国民党当局不得不采取妥协办法，同意在天津设发行准备委员会分会，平津各银行、钱庄所存现银就地封存。为此，英国外交大臣霍尔(S. J. G. Hoare)于11月26日致电李滋罗斯："在要求英国银行遵守中国的法令、交出他们的白银储备之前，希望能得到中国人自己遵守该法令的程度的可靠情况"；"如果最终发现英国银行交出了他们的白银储备，但中国或其他外国银行没有同样做，那是非常不幸的"，因此决定把交出白银储备的问题推迟，"直到局势更加明朗化"②。

李滋罗斯则于11月23日赴天津、北平等地直接考察推行币制改革的情况，并及时向英国当局汇报，希望能尽快作出交银的决

---

① *DBFP*，*1919-1939*，Ser.2，Vol.20，p.671.
② Ibid.，p.693.

定。在12月1日的电报中,李滋罗斯谈道:币制改革已有效地施行,在南京政府所控制的区域里,所有中国银行都已经交出或正在交出存银;在天津,达3 000万盎斯的银行存银已被封存,处于货币发行准备委员会的控制之下,如果日本不威胁要加以阻止,也许已运往上海了;他批评了汇丰银行以清偿中国的商业债务作为交银条件的做法,认为不能鼓励英商银行的过分要求;并指出,"从政治角度来看,我认为没有理由继续拖延交银","英国银行的交银可使孔(祥熙)继续推行这一改革"①。

至12月下旬,情况有了进一步变化。孔祥熙向各外商银行提出,交出60%的现银和40%的证券担保,便可换得100%的纸币。此后,欧美银行的态度趋向积极:法国、荷兰银行开始交银;美国花旗银行等也表示,如果英方再拖延下去,美国银行将单独行动。英商银行当中,麦加利、有利、大英等行表示随时准备交银,但由于汇丰银行的态度不明朗,影响了英方的交银。在此情况下,英国当局决定在华银行向国民政府银行交出白银、兑换法币。12月31日,继霍尔之后担任外交大臣的艾登(R. A. Eden)电告李滋罗斯:"已通知伦敦的四大银行(即汇丰、麦加利、有利、大英银行——译注),英国政府认为现在是他们交出现银的时候了",并授权李滋罗斯向在华英商银行,特别是汇丰银行宣布英国政府的决定;同时指示李滋罗斯在交银问题上应向中国政府交涉,"应尽可能地支持各银行为得到最优惠待遇所提出的任何一般

---

① *DBFP*, *1919-1939*, Ser.2, Vol.20, pp.700-701.

性要求"①。1月8日,李滋罗斯向上海汇丰银行经理亨奇曼转达了英国政府的决定,催促他在交银问题上应速与其他英商银行保持一致。1月7日,亨奇曼正式同意向国民政府银行交出存银。当时国民政府与外商银行达成的协议是:外商银行的存银除了以十足照额向中国领取法币外,并以66%的部分存入中央银行,年息6厘,2年为期;中央银行也以相等数额的款项存入外商银行,但年息仅为1厘。用这种方式,实际上向外商银行提供了5%的交银补贴②。当时上海除日商银行之外,其他外商银行约交银2 600万元,存入中央银行约1 700万元,两年之内中国就要无偿支付息金170万元。

必须指出,英国在这个时候同意交出现银兑换法币,固然对国民政府推行币制改革有着重要的支持作用,但也是为形势发展所迫。这是因为,第一,国民政府自宣布币制改革后,除了继续征收7.75%的银出口税之外,已将同时征收的平衡税提高到57.25%;第二,自12月中旬起,世界市场白银价格突然猛跌,伦敦由最高价每盎斯29.25便士跌到20.875便士,纽约由每盎斯65.375美分降至49.75美分,孟买由每盎斯65罗比减为53罗比③。这样,在华外商银行运银出口已无利可得了。加上中国本土自施行币制改革后,现银已基本上退出流通领域,银元所须具备的货币的基本职能已经丧失,而各银行的日常支付承兑业务又需要大量的为各

---

① *DBFP, 1919-1939*, Ser.2, Vol.20, p.730.
② 《申报年鉴》(1936年),第573页。
③ 《申报》1936年3月2日;《国闻周报》第13卷第3期。

方面所接受的货币,这种货币当时只能是国民政府银行所发的法币。

中国的币制最终没有加入英镑集团

1935年国民政府宣布币制改革时是否将法币与英镑相联? 是否加入过英镑集团? 应当看到,当时中国放弃银本位,既是形势使然,又是国民党方面经过反复考虑作出的决定。自20世纪20年代末30年代初的世界性经济危机之后,主要金本位国家(包括英镑集团与美元集团)相继结束了金本位,采用货币贬值的政策来增加外贸竞争力;加上世界市场银价上涨,中国已无法继续保持银本位,而且采用金本位抑或金银复本位同样属于下策。然而,中国又必须确立新币制的基础。这一基础,当时普遍的看法,就是选择将本国货币与某一合适的外国货币相联,即"在世界货币中间,在国际政局所容许的条件之下,选择一种比较适当的货币,跟它结成一定的联系,同时再靠借款和'精神的援助'使币值得到相当的稳定"①。但是采取这样的汇兑本位或外汇本位纸币制度,仅仅"宣布"与某一外币相联,实际上是不可能保持其汇率的稳定的,关键是要获得大批的外汇储备。国民党当局考虑选择与英镑相联,不仅因为由此而来的稳定的汇价将有利于中国对外贸易,伦敦这个国际金融中心

---

① 钱俊瑞:《中国跌进英镑集团以后》,见《中国货币问题丛编》,上海光明书局1936年版,第409页。

又能为保持储备和募集信贷提供极大便利,还因为与美国"不介入"态度相比,从英国获得贷款的可能性要大得多。

作为英国方面,当初确实企图把中国拉入英镑集团,其目的,一是为了与美国争夺世界金融市场的控制权,二是为了通过掌握中国的币制进而控制其他财政金融事务,推动英国的对华贸易,恢复英国在华的鼎盛地位,并与日本在华势力的扩张抗衡。为此,李滋罗斯在中国与孔祥熙、宋子文等进行了一系列谈判,取得了比较一致的意见。英国当时的如意算盘是"通过美国购银、英国贷款来帮助中国确立英镑本位;两国共同努力以获得日本的合作"[①]。国民政府答应采用英镑本位的最重要的条件,就是英国必须提供巨额贷款。但是,如前文所述,在中国宣布币制改革前夕,由于英国担心日本的反对而拖宕了对华贷款,中英双方并没有达成两国币制相联的协议(包括"君子协定"),国民政府财政部改革币制布告中,也没有提到这一点,只是规定:"为使法币对外汇价按照目前价格稳定起见,应由中央、中国、交通三银行无限制买卖外汇。"[②]11月4日,三行对英镑的汇价是法币1元合英镑1先令2.5便士,此后一直到1937年6月,这一比价一直保持着稳定,上下浮动不超过0.2便士。但是,不能仅仅以法币与英镑的这种联系,便认为法币已加入英镑集团。这是因为,法币与英镑的这种联系,只是国民政府单方面采取的技术性措施,只是两种币制的外在联系,并不具有契约

---

① *DBFP*,1919-1939,Ser.2,Vol.20,p.670.
② 《国民政府财政部钱币司工作报告》,《历史档案》1982年第1期,第57页。

的或法令上的约束力,正如当时日本、比利时将其币制与英镑保持密切联系但并未加入英镑集团一样。作为严格意义上的加入英镑集团的成员国,不仅其货币必须与英镑保持固定汇率,对其他通货的汇价须按英镑对美元的汇价来确定,还须把其大部分外汇准备金储存于伦敦,供国际结算之用。这些是英国当局原先谋划、国民政府准备接受的,但最终未能如期实现。

币制改革令颁布后,英国本来仍有机会把中国拉入英镑集团。然而,由于英国在贷款问题上的继续拖宕,这一计划便逐渐变得不可能了。11月13日,在北平的英国公使馆一等秘书柯文(D. J. Cowan)电告英国当局:麦加利银行的福克纳(Faulkner)从国民政府外交部派往平津的代表程锡庚处得知,日本军队正在迫使河北、察哈尔、山东等省当局宣告实行自治①。英国外交部立即考虑到这对于中国币制改革的影响,要求驻华大使贾德干进一步提供情况。11月19日,贾德干向英国当局报告了由宋子文提供的华北局势:日本的一个步兵师和一支机械化部队已开到华北,局势十分紧张;华北自治意味着这一地区与南京政府只保持形式上的联系,海关会遭分裂,收入会被劫持②。英国外交部与财政部经过磋商,认为不能采取"任何可能引起与日本发生危机的行动",对于贷款,"目前我们不能作出任何最终的决定"。11月25日,外交部电告贾德干与李滋罗斯:"我们认为继续保持谨慎是必须的,不能由于任何不成熟的

---

① *DBFP*,1919-1939,Ser.2,Vol.20,p.671.
② Ibid.,pp.684-685.

行动而面临与日本发生危机。如果日本公开反对贷款并威胁要攫取一部分海关收入,而贷款正是以海关收入为担保的,那么从财政的角度出发,财政大臣将认为批准发行贷款并在伦敦报价是不适当的。"①而在12月21日的电文中,英国外交部与财政部则已明确表示暂时停止考虑对华贷款,甚至不惜放弃原来中国方面已经答应作出的让步:"我们认为,目前无论如何应把贷款方案搁置起来,尽管我们知道这会使中国不大可能承认已经确定的条件。""这相应而来的便是:英籍海关总税务司和银行顾问的问题也可能被搁置一边了。"②由于英方未能提供贷款,中英财政金融的会谈逐渐都对中国采取英镑本位、加入英镑集团的话题避而不谈了。另一方面,美国趁中国急需外汇储备而英国未能提供大笔贷款的时机,通过进一步操纵世界市场银价,插手中国货币与外汇事务,这也是中国币制最终未采用英镑本位、加入英镑集团的重要原因。

中国实行币制改革之前,美国对中国的财政金融事务持不直接介入的态度,这主要表现在:1935年2月初,孔祥熙曾致电美国国务卿赫尔(C. Hull),提出由美国提供1亿美元的贷款和同样数额的一笔信贷,帮助中国进行币制改革,中国币制将与美元相联③。美国国务院与财政部进行了多次讨论并请示了罗斯福总统后,于2月

---

① *DBFP*,*1919-1939*,Ser.2,Vol.20,p.690.
② Ibid.,pp.724-725.
③ *Foreign Relations of the United States*(以下简称 *FRUS*),*1935*,Vol.3,U. S. Government Printing Office,Washington,1953,p.534.

底给中国的答复仍是含糊其词,实际上是拒绝了这一要求①。6月7日英国通知美国李滋罗斯即将赴华,希望美国相应派遣一名财政专家赴华,一个星期后美方答复"需要继续考虑"而予以拒绝②。7月,蒋介石通过美国财政部驻华观察员、金陵大学美籍经济学教授卜凯(J. L. Buck)再次向美国当局表示:中国将放弃银本位,需要在美国的帮助下,准备将其币制与美元相联③。但这一要求仍受到美国的冷遇。

11月4日,中国在未同美国方面商量的情况下颁行了币制改革方案,并首先公布了法币与英镑的比价,加上当时盛传中英之间已达成巨额借款,这使美国方面甚为恼火。推行白银政策竟导致中国投向英镑集团,这是美国未曾料到的。10月28日,中国驻美大使施肇基向美国财政部长摩根索(H. J. Morgenthau)提出,希望美国从中国购银1亿盎斯。11月2日,双方拟出的有待进一步商谈的五项条件中,并没有明确提到中国币制将与何种外币相联的问题。然而,中国宣布币制改革之后,美国的态度立刻变得强硬,在11月6日与施肇基进行购银谈判时,摩根索坚持要以中国货币与美元相联为先决条件,并表示美国不会考虑单独对华贷款④。在中国拒绝与美元相联后,会谈一度处于僵局。此后,由于美国国务院反对中美币制

---

① D. Borg, *The United States and the Far Eastern Crisis of 1933-1938*, Harvard University Press, 1964, p.127.

② *FRUS*, *1935*, Vol.3, p.593.

③ J. M. Blum, *From the Morgenthau Diaries*, *Years of Crisis 1928-1938*, Houghton Mifflin Company, Boston, 1959, p.211.

④ *FRUS*, *1935*, Vol.3, p.638.

相联,以及美国担心中国公开抛售白银而引起世界市场银价下跌,因而在施肇基作出中国币制不与任何外币相联的允诺之后,于11月13日双方达成购银5 000万盎斯的协定,但是中国须将购银所得美元外汇存于纽约的美国银行内,并由美方参与监督其使用①。此外,美国于12月初突然宣布改变购银程序,即不再从伦敦市场大批购银,改为直接从产银国购入,从而引起世界市场银价骤然下跌,甚至使12月10日伦敦市场虽抛银1 800万至2 000万盎斯,但因无人问津而未曾挂牌。美国这一措施不仅是对伦敦作为国际金融中心地位的挑战,也是再次向中国发出不得与英镑相联的警告。

1936年,美国再度利用中国不得不向美出售白银的机会,压国民政府明确宣布不与英镑相联。中国实行币制改革时公布汇率为1元法币等于1先令2.5便士,这同前五年的平均汇率1先令2.470便士相去无几;但公布的相应美元汇率为29.750美分,日元汇率为1.03元,则与前五年的平均汇率26.690美分及0.795 4日元相比,等于是中方实行了针对性贬值②。在美方看来,这不仅给对华贸易带来不利影响,而且表明中英币制有了内在联系。事实上,当时中国公布的法币同美元、日元的汇率,也只是从英美、英日的套汇率计算的。1936年初英美套汇曾两次变动,国民政府也相应两次变更对美元的汇率:这年2月3日起美汇转疲,中央银行便从4日起把美汇牌价由29.75美分提到30.25美分;2月13日美汇转强,中央银行

---

① *FRUS*,1935,Vol.3,pp.641-642.
② 华汉光:《中国货币问题》,商务印书馆1938年版,第25页。

便把美汇挂价降为 30 美分。在此期间，法币对英镑汇率始终为 1 先令 2.5 便士①。这样，美国方面更加以为中国币制已与英镑相联。这年 4 月起国民政府代表陈光甫在美国进行售银谈判，摩根索便以法币与英镑的比价保持稳定，而与美元的比价却有变动为由，指责国民政府实际上仍将法币与英镑相联。陈光甫不得不表示，将采取技术措施改变外界的这一印象②。这次会谈达成的《中美白银协定》规定美国从中国购银 7 500 万盎斯，另外提供 2 000 万美元贷款，中国以 5 000 万盎斯白银作抵；中国的售银收入同样必须存放于纽约，其用途受美方监督③。同时，孔祥熙发表的《维护法币宣言》中明确宣布中国币制"仍保持其独立地位，而不受任何国家币制变动之牵制"④。在法币与英镑、美元的汇率方面，国民政府采取了兼顾、平衡的策略，其办法是不改变英汇、美汇的挂牌，但根据情况变动买价与卖价的幅度。这样，在美国的介入下，中英币制之间已无法进一步发生内在的联系了。因此，如果说币制改革前夕英国错过了把中国拉入英镑集团的最好机会的话，那么随着币制改革后英国在贷款问题上的继续拖宕，这种可能性日益减少；随着美国利用购银不断对中国施加压力，到 1936 年 5 月的《中美白银协定》的签署，中国最终已不可能加入英镑集团了。同年 7 月李滋罗斯回到伦敦后，对于中国币制未能最终采取英镑本位制的问题，曾向英国政

---

① 《中央银行月报》第 5 卷第 3 期，1936 年 3 月。
② *From the Morgenthau Diaries*, *Years of Crisis 1928-1938*, p.224.
③ Ibid., p.226.
④ 《银行周报》第 20 卷第 20 期。

府作了如下的解释:"中国政府十一月四日的公告没有把中国货币与任何外币相联,仅仅说要保持在现有的水平上。中国政府曾打算把中国货币确定地钉住英镑,他们与我们都认为这是中国货币最适宜系缚的币制。但是,在没有任何贷款的情况下,中国必须能够售出大量现银。由于美国是唯一的购银者,他们感到不能通过将其货币与英镑固定相联而处于激怒美国的险境。""他们保持着中间立场,在美元与英镑之间观望";"中国政府的打算是将其币制与英镑相联而不是美元,但是他们可能不时地钉在美元后面,如果它有时比英镑更疲弱的话"①。这也可以说明,英国没有向中国提供贷款而美国乘机大批从华购银,是当时中国币制未能与英镑固定相联,中国最终没有加入英镑集团的重要原因。

英国是最早介入1935年中国币制改革的。在币制改革方案的酝酿阶段和宣布初期,英国的态度最为积极,所起的作用和影响也最大:英国拟订了改革方案并派遣高级财政专家李滋罗斯赴华,这对于国民政府放弃银本位、推出统一的新币制,提供了有利的时机,起了促进与支持的作用;英国方面率先宣布在华停止支付现银,在华英商银行对于交出存银兑换法币虽有过反复,但不久仍予遵行,这在客观上有助于推行币制改革的有关措施;加上英国为争取美国与日本支持中国币制改革,进行了大量的(其中不少是公开的)外交活动,这一切,又明显造成了英国在大力支持中国币制改革的印象,有利于建立新币制的信誉。英国在对华贷款问题上的拖宕,则

---

① *DBFP*,1919-1939,Ser.2,Vol.20,p.1022.

为美国插手中国币制提供了绝好的机会。此后，在争夺中国财政金融控制权的角逐中，美国逐渐占了上风，与国民政府的经济联系的密切程度也开始超过英国。另外，以币制改革为标志，国民政府的财政金融政策明显出现了摆脱日本、倒向英美的趋势。与此相应，国民政府在对日外交方针上也由妥协退让转趋强硬。这样，日本独占中国的侵略政策与英美在华利益、势力范围及其远东政策的冲突，便逐渐加剧和公开化了。

（原载《历史研究》1988年第6期）

美国和 1935 年中国的币制改革

　　1935 年 11 月 4 日起，南京国民政府开始推行以白银国有、采用法币、统制外汇交易为主要内容的币制改革。较长一个时期以来，我国史学界流行着如下观点，即把币制改革视作英国同美国争夺中国货币控制权的产物。笔者以为，这种观点并不确切。美国同这次币制改革固然有着较为密切的关系，但从某种意义上来看，南京国民政府宣布的币制改革方案，正是美国对中国货币金融问题持"不介入"的消极的结果。进而言之，美国对中国币制改革的态度，有着较为曲折的变化过程：在币制改革的酝酿阶段，美国起初屡次拒绝中国提出的修改白银政策、援助中国进行币制改革的要求；继而又拒绝派遣经济专家赴华，听凭英国在币改方案的谋划上起了重要作用；只是到了中国宣布币制改革方案之际，美国才一改单纯消极观望的立场，开始以从中国购买白银的方式，向中国提供用来稳定法币汇价的外汇储蓄，并企图阻止法币与英镑建立契约性、依附性联系。本文对美国和 1935 年中国币制改革的关系作一述评，以就正于诸同仁。

一

南京国民政府决定放弃银本位、采用外汇汇价本位的法币,与美国当时的白银政策直接相关。

从1934年初起,美国颁行了一系列关于白银政策的法令,其中6月份通过的购银法案规定:美国政府购银数量须达到货币准备的四分之一,或俟世界市场银价由每盎斯45美分涨到1美元29美分为止。据统计,从1934年6月到次年7月,美国政府共购银47 200万盎斯,其中约32 600万盎斯购自国外①。美国的白银政策导致了世界市场银价腾涨,而采用银本位币制的中国则陷入白银大量外流的局面:1933年中国白银外流出口为1 400万元②,但1934年1月至7月单从上海出口的白银便达5 000万元,而8月份的出口竟达8 300万元③。到年底,上海存银总额已由一年前的3.93亿盎斯降至2.53亿盎斯④。严重的金融恐慌,随时可能引发全面的经济危机。

为了摆脱这种困境,南京国民政府曾多次要求美国修改白银政策,并帮助中国实行脱离单一银本位的币制改革。1934年8月20日,财政部长孔祥熙曾通过美国驻上海总领事克宁翰(E. S.

---

① 《申报》1935年12月23日。
② 《全国经济委员会报告汇编》第3册,第12页。
③ [美]阿瑟·恩·杨格:《一九二七至一九三七年中国财政经济状况》,陈泽宪等译,中国社会科学出版社1981年版,第235页。
④ 《中央银行月报》第5卷第4号,1936年4月。

Cunningham)致电美国总统罗斯福,指出:中国代表曾在1933年7月的伦敦白银协定上签字,该协定的主要目的是维持银价的稳定;但是,"在(美国的)1934年购银法案之下,银价的稳定和中国的利益,都受到了来自抛银者们的重大威胁。中国银币的外流已经达到了有害的程度。为了维护其货币,中国希望获知美国今后的购银政策"①。在这里,孔祥熙委婉但又十分明确地表示了对美国白银政策的不满。由于中国局势进一步恶化,而美国方面又迟迟未作答复,孔祥熙便于9月24日再度致电美国政府。他强调了白银问题对中国这样的银本位国家所具有的重要性,指出了银价上涨给中国带来的危害性,要求美国停止大规模从国外购银的行动,以使银价稳定在低于目前的水平,并且提出了有关币制改革的设想:"中国将不再保持银本位,正在考虑采用金本位币制,这就需要获得黄金。既然美国政府打算提高货币准备中白银的比例,国民政府希望知道,美国是否愿意以黄金同中国政府换取白银。"②这是白银风潮以来中国政府首次向美国政府告知将实行以金本位取代银本位的币制改革,并希望美国以交换白银的方式提供黄金,支持中国的币制改革。

直到1934年10月1日,孔祥熙才收到了美国政府的第一次答复。这份以美国财政部长摩根索(H. Morgenthau Jr.)的名义在9月

---

① 克宁翰致国务卿电(1934年8月20日),*Foreign Relations of the United States*(以下简称 *FRUS*),1934,Vol.3,pp.440-441。
② 驻美公使施肇基致国务卿函(1934年9月24日),*FRUS*,1934,Vol.3,p.443。

19日答复的函中称：美国政府要提高货币准备中银的比重，使之达到并保持在四分之一，因此将继续购入白银；如果中国政府准备采取限制白银出口的政策，请告知美国方面①。显然，美国并不打算修改其白银政策，10月2日，美国国务卿赫尔（C. Hull）在会见中国公使施肇基时，拒绝了孔祥熙9月24日电文中以白银换取黄金的建议；对中国拟采用金本位币制，则未作评论②。与此同时，中国方面继续要求美国采取措施，缓解中国面临的严重局势。10月1日，孔祥熙在一份电文中要求美国政府目前仅从国内购银，以免中国白银进一步外流，并称美国的合作对中国尤为重要③。10月5日，孔祥熙在一份备忘录中，又向美国方面详细告知了有关中国白银外流及存银的情况，说明了引起白银外流的原因及严重后果，表明中国不愿意宣布禁止白银出口，因为这会导致一系列严重的后果④。可见，中国方面仍然寄希望于美国修改白银政策，帮助中国摆脱危机。

10月12日，赫尔在给施肇基的一份书面答复中称美国将继续从国外购银，但答应在安排购银的时间、地点、数量时，尽可能考虑中国政府的意见；并表示：任何国家在世界市场上都可随意购得金或银，因此美国不考虑进行政府之间的这种交换⑤。这就是说，美国在白银政策上不愿作出根本性改变，对中国的币制改革方案及

---

① *FRUS*，1934，Vol.3，p.442.
② 赫尔所作备忘录（1934年10月2日），*FRUS*，1934，Vol.3，p.444。
③ 施肇基致赫尔（1934年10月2日），*FRUS*，1934，Vol.3，p.446。
④ *FRUS*，1934，Vol.3，p.449.
⑤ *FRUS*，1934，Vol.3，pp.449-450.

有关建议，则不肯介入。由于美国没有作出任何实质性承诺，中国方面不得不在 10 月 15 日开征白银出口税及平衡税，企图遏止白银外流。

在中美之间上述交涉中，美国对中国的金融货币问题采取了不合作、不介入的立场。但实际上美国政府内部对这些问题有不同意见。财政部长摩根索倾向于帮助中国改革币制，并提供相应必需的贷款，他认为，如果把远东事务都让与日本和英国，美国将丧失在这一地区的影响。国务院方面则反对介入中国的币制改革，认为这将使美国单独对中国金融困境承担责任，并与日本对峙；在他们看来，向中国币制提供财政援助应是一个"国际性项目"，而不能由美国单独进行。国务院方面还主张考虑中国要美国修改白银政策的请求。当时在华盛顿的美国驻华大使詹森(N. T. Johnson)同国务院经济顾问费斯(H. Feis)曾联合向财政部提出一个备忘录，认为美国白银政策已受到中国各界人士广泛指责，美国即使不可能全面改变购银步骤，也应该将银价限制在每盎斯 45 美分[1]。罗斯福总统是对华政策的最高决定者，当时他主要想在各部门之间达成折中性的方案，这是颇费周折的。1934 年 12 月 9 日，孔祥熙曾再度致电美国政府，要求美国把银价限制在每盎斯 45 美分以下，并明确请求美国对中国币制改革予以合作，因为中国如采用金本位，需要大笔外国借款[2]。12 月 17 日，罗斯福与财政部、国务院共同磋商后，

---

[1] R. D. Buhite, *Nelson T. Johnson and American Policy Toward China 1925-1941*, Michigan State University Press, 1968, pp.116-117.

[2] *FRUS*, 1934, Vol.3, p.455.

准备把银价控制在每盎斯 55 美分以下,在中国则只向中央银行购银[①]。但由于美国国会白银派议员的反对,这种对白银政策的象征性调整也难以实行,尽管已将上述方案通知了中国方面。关于支持中国币制改革,摩根索曾要求南京国民政府派一名代表赴美讨论,中方一度打算由宋子文在 1935 年 1 月前往美国。但这一安排又遭到国会和国务院方面的阻挠。参议院外交委员会主席毕特门(K. Pittman)称:宋子文没有必要来美国,除非他明白,他不能提及我们的白银政策,他只能来谈谈外汇问题[②]。赫尔则就宋子文访美之事告知施肇基:中国在白银问题上如有具体方案,可以通过电报告知美国政府[③]。赫尔的意思很清楚:宋子文不宜在此时来美。

应当看到,南京国民政府成立后,在币制问题上曾数度考虑过以金本位取代银本位。1928 年的全国经济会议和全国财政会议,都曾通过相应的提案和决议。1929 年财政部聘请美国货币问题专家甘末尔(E. W. Kemmerer)来华研究币改问题,并于次年 3 月公布了甘末尔关于逐步采用金本位的币制改革方案。基于当时国内国际种种因素,这一改革始终未能实施。到了 1934 年下半年,中国放弃银本位的币制改革已势在必行。主要问题是如何获得币改所需要的外汇储备,以及同哪一种外币相联。英国已在 1931 年放弃了金本位,之后美国虽然一度也放弃了金本位,但不久又在较低的汇价水平上恢

---

① J. M. Blum, *From the Morgenthau Diaries*, *Years of Crisis 1928-1938*, Houghton Mifflin Company, Boston, 1959, p.207.
② Ibid.
③ 赫尔所作备忘录(1935 年 1 月 10 日),*FRUS*,1935,Vol.3,p.527。

复了金本位。因此,中国方面向美国谈到将采用金本位,实际上是表示将与美元相联,密切两国货币的关系。但是,从 1934 年末起,南京当局也向英国政府提出借款 2 000 万英镑,为此准备接受中国币制与英镑相联等条件①。可见,当时国民政府急于获得币制改革所需的外国借款,至于究竟同哪一种外币相联系,则视能从哪国获得借款而定。由于英国方面没有对中国的借款要求作出肯定的答复,也因美国白银政策依然故我,中国金融局势日趋严重,国民政府继续就修改白银政策与援助中国币制改革向美国交涉。其中主要有:1934 年 12 月 19 日孔祥熙由美籍顾问杨格(A. N. Young)出面,建议美国当局提供合作,使世界市场银价稳定在每盎斯 45 美分的水平上;为中国币制改革提供建设性的合作,如美国以换银方式提供贷款,或者通过进出口银行及其他方式②。1935 年 1 月 21 日和 2 月 1 日,孔祥熙又两次致电美国政府,重申上述意见。1 月 31 日,宋子文托美国驻苏联大使布列特(W. C. Bullitt)转告罗斯福及国务院远东司司长贺百克(S. K. Hornbeck);希望美国对华贷款,中国将其币制与美元相联并向美国出售白银。宋并向美方指出:中国在数月之内必将因货币问题而引发危机,将不得不接受日本方面条件苛刻的贷款,甚至出现币制分裂③。2 月 5 日,孔祥熙又急电美国当局,提出了更明确的要求:中国除改革币制外,已别无

---

① 驻华公使贾德干致外交部长西门(1935 年 1 月 9 日),*Documents on British Foreign Policy*(以下简称 *DBFP*),Ser.2,Vol.20,p.394.
② *FRUS*,1934,Vol.3,pp.457-458.
③ *FRUS*,1935,Vol.3,pp.532-533.

选择；将放弃银本位，使币制与美国货币相联；中国打算在一年内向美国售银 2 亿盎斯，美国至少对华贷款 1 亿美元，并提供另一笔同样数额的备用信贷。孔并强调：中国上述建议之目的，是为了适应美国的货币金融政策与计划，解除中国在白银问题上的困境，并促进贸易发展[1]。可见，如果这时美国对中国货币金融事务采取较为积极的方针，接受中方的要求，支持中国改革币制，那么中国币制便将挪入美元集团的体系，币制改革的实施也将大为提前。

但是，在介入中国币制改革问题上，美国国务院与财政部再度发生意见分歧。贺百克反对美国单独对华贷款，认为该方案无法在国会通过，而且会引起日本的反对这一"政治因素"；正确的途径是由各有关大国联合对华提供币制改革所需要的贷款。摩根索则认为，这一问题根本不可能由各国联合予以解决，而应由美国单独处理；同时这又是一个纯粹的通货问题，应让财政部来着手解决[2]。正是因为这两种意见相持不下，上述中国的多次请求迟迟得不到美方的明确答复。最后，国务院的意见得到了罗斯福的支持。2 月 26 日，赫尔就中方上述各次电函答复施肇基：由美国来推行中国的币制改革方案，是不可行的；中国不妨将此方案或类似方案，征求其他对中国币制改革有兴趣的国家之意见[3]。

美国政府这一期间始终在中国货币金融问题上持"不介入"的

---

[1] 施肇基致赫尔（1935 年 2 月 5 日），*FRUS*，1935，Vol.3，pp.533-534。
[2] 贺百克所作会谈备忘录（1935 年 2 月 14 日），*FRUS*，1935，Vol.3，pp.535-537。
[3] *FRUS*，1935，Vol.3，p.543。

消极态度，其原因是多方面的。当时美国推行购银法案不久，如按中国的要求修改白银政策，无疑承认这一政策是引起中国金融恐慌的直接因素。这必然触犯国会白银集团，也是罗斯福要加以避免的。此外，自从1934年4月日本发出"天羽声明"以来，美国在对华问题上极为谨慎，不愿因介入中国事务而与日本发生冲突，这尤以国务院方面为甚。另一方面，国务院与财政部之间意见相左、无法协调，这也使美国政府最终除了拒绝中方的要求外，不可能提出任何积极措施。

美国的消极态度日益引起中国方面的焦虑和不满。在此期间，英国政府虽然没有正式答应向中国提供贷款以支持币制改革，但并未加以拒绝，双方仍在进行有关的交涉。这就使南京国民政府逐步把获得外援来进行币制改革的希望，主要寄托于英国方面。

二

1935年2月下旬起，英国提出了各大国联合参与解决中国货币金融问题的建议，但受到了美国的冷遇。

起初，英国向美、日、法提议召开国际会议，专门讨论中国的货币金融局势。3月1日，美国副国务卿菲力浦斯（W. Phillips）向英国驻美大使林德赛（R. Lindsay）表示：美国在援华问题上尚无具体方案，国务院还没有同财政部及总统商议过[①]。以后，美国也没有明确

[①] 林德赛致西门电（1935年3月1日），*DBFP*，Ser.2 Vol.20，p.441。

答复英方。

3月下旬，英国又建议由英、美、日、法四国派遣经济专家赴华。英国财政部副部长费希（W. Fisher）向美方提出：英国已经决定向驻华使团派遣一名经济专家，希望美国、日本、法国政府也采取相应的行动；这些专家可同中国的中央银行磋商，各自研究中国的经济和货币局势，并向各自的公使提出建议[1]。赫尔获知英国的建议后颇感兴趣，认为这同国务院原先的设想很相近，曾指示驻英使馆进一步了解英国的方案。但是，财政部长摩根索却不以为然。他认为，不应使美国的白银政策成为国际性讨论的题目，同时对英方这个建议的真实动机十分怀疑。经罗斯福同意，摩根索拒绝了英方的建议。他只是指派南京金陵大学的美籍教授卜凯（J. L. Buck）为财政部驻华观察员，但无权参加任何谈判。他并特意要国务院转告英方：卜凯的任命同英国的建议完全无关[2]。

6月4日，英国政府决定派遣首席经济顾问李滋罗斯（F. W. Leith-Ross）赴华，这表明英国在介入中国币制改革问题上迈出了具体的一步。但这并不意味着英国打算独自参与中国的币制改革。7日，英驻美大使馆把这个决定通知美国务院，再次希望美国相应派出一名专家，并把具体人选尽早通知英方[3]。14日，美国务院作出答复：美国政府正在考虑这一问题，一旦考虑成熟，将立即通知

---

[1] 赫尔致詹森电（1935年4月3日），*FRUS*，1935，Vol.3，p.567。
[2] 赫尔致驻英大使宾厄姆（1935年4月20日），*FRUS*，1935，Vol.3，p.574。
[3] 英国大使馆致国务院备忘录（1935年6月7日），*FRUS*，1935，Vol.3，p.591。

英国政府①。当时，赫尔、菲力浦斯和贺百克都主张派遣经济专家赴华，他们向财政部提出：既然英、法驻华使团中将有这样一名经济顾问，那么美国也应当有，同英国在远东进行合作，是符合美国历来昭示的远东政策的，美国可用这一行动来表明愿意帮助中国摆脱困境。美国务院更为深层的考虑，则是担心如果没有美国参与，英国会同日本在限制海军军备和经济问题上达成对美国不利的谅解。摩根索则坚决反对派遣经济专家赴华，认为凡有日本参加的援华方案，都没有成功的可能，美国没有必要介入由英国一手谋划的纠葛中；他还担心各国经济专家抵华考察后，会和中国一起指责美国的白银政策。国务院和财政部的争论甚至发展到该由哪个部门来处理这一问题：摩根索认为这属于货币和经济问题，应由财政部来解决；国务院则表示，这一问题涉及美国同中国以及其他大国的关系，国务院作为总统在国际事务方面的主要助手，当然有权过问②。但是在罗斯福的支持下，摩根索坚持不派经济专家赴华。

由于美国迟迟未对派遣经济专家问题作出明确答复，英国又提议李滋罗斯取道美国赴华，以便同摩根索磋商。英国大使林德赛向美国国务院提出了这点，当时在美国的英格兰银行董事长斯坦帕（J. Stamp）也向摩根索提出过这个要求。国务院方面多次向摩根索提出：美国应借此机会同李滋罗斯建立联系，从而了解英国政府对派遣经济专家以及对中国局势的看法，并可在金融之外的问题上同

---

① 国务院致英国大使馆备忘录（1935 年 6 月 14 日），FRUS，1935，Vol.3，p.593。

② 贺百克所作备忘录（1935 年 7 月 9 日），FRUS，1935，Vol.3，pp.599-602。

李滋罗斯合作。但摩根索仍以罗斯福的意见为由，拒绝在美国会见李滋罗斯。8月10日，美国国务院得知：李滋罗斯已启程赴华，并将在日本停留，与日方进行会谈。12日，副国务卿菲力浦斯向摩根索提出，他本人打算赴加拿大会见李滋罗斯，向他解释未邀请他访问华盛顿的原因，并表明美国同英国在远东合作的传统政策不变。摩根索表示反对，称美国的副国务卿不应考虑赴加拿大去会见一位只能算得上四五流的英国官员。虽然菲力浦斯的意见代表了赫尔国务卿，但摩根索仍以罗斯福的名义，阻止国务院方面在李滋罗斯赴华途中与他会谈①。

在此期间，中国也曾多次要求美国响应英国的建议，向中国派遣经济专家，采取切实措施帮助中国摆脱金融困境。1935年4月6日，财政部次长徐堪向美国使馆提出：中国的金融局势令人十分不安，希望美国采取行动，缓解购银法案对中国的影响②。4月下旬，世界市场银价从当年2月份的每盎斯55美分涨至81美分，中国的币制受到了更大的压力。5月1日，宋子文向詹森公使表示，希望美国像英国那样，派遣经济专家来华，因为这将有助于达成国际性的财政援华方案③。英国宣布李滋罗斯的赴华使命后，施肇基又多次向美国国务院探询美方的意向。7月，蒋介石曾向美国财政部观察员卜凯谈道：美国的白银政策实际上在鼓励走私、帮助日本

---

① 菲力浦斯所作备忘录（1935年8月12日），*FRUS*，1935，Vol.3，pp.614-616。
② 驻华使馆二秘安克森致国务卿电（1935年4月16日），*FRUS*，1935，Vol.3，p.572。
③ 詹森致赫尔电（1935年5月1日），*FRUS*，1935，Vol.3，p.577。

人,并且使中国币制脱离银本位;中国需要美国的援助以确立金本位,打算将其币制与美元相联。但这一建议仍受到罗斯福的怀疑以及国务院方面的反对①。7月底,美方得悉:宋子文在给中国驻苏大使颜惠庆的电报中,声称美国政府已同意向驻华使团派遣经济顾问。詹森奉国务院的指示,要求宋子文澄清此事。宋的解释是:"我知道美国并没有作出这一决定,但我急切希望美国能适当考虑英国政府的建议。"他向詹森指出,即使从美国的立场出发,派遣经济专家来华也并无任何不利之处;英美在远东政策上不进行合作,将对中、日两国都产生影响;当初前国务卿史汀生的"不承认"方针没有得到英国的响应,但现在英国人继续了这一方针,并急于在远东获得美国的合作②。1935年春夏期间,除了货币金融方面的严峻局势之外,南京国民政府还在军事、政治等方面受到日本越来越大的压力,故而更加迫切希望获得英、美方面的支持,不论这种援助是英、美单方面进行的还是合作提供的。在帮助中国摆脱金融困境、进行币制改革问题上,美国既不愿意独自介入,又不肯同英国合作,这就使中国更为失望和不满了。

作为英国来说,当时确实想参与中国币制改革的谋划,使中国币制与英镑相联。但英国又想避免因此而与日本直接对峙,也不愿意单独承担中国币制改革失败的风险。这就是英国要求美国等参与解决中国货币金融问题的原因。

---

① *From the Morgenthau Diaries*, *Years of Crisis 1929-1938*, p.211.
② 詹森致赫尔电(1935年8月3日),*FRUS*,1935,Vol.3,p.610。

美国拒绝与英国合作介入中国的金融问题和币制改革,其原因也是颇为复杂的。以摩根索为首的财政部顾忌来自国会白银集团的反对,当然不愿意提供机会让英、法、日等国联合中国,共同压美国修改白银政策。另一方面,从20年代末30年代初世界性经济衰退以来,英、美在国际经济、金融领域中的矛盾逐渐加重。英国于1931年秋放弃金本位并实行货币贬值,开始倾销贸易。美国为抵制英联邦集团的倾销,于1933年4月放弃金本位,也采取贬值措施进行反倾销,引起英国的不满。虽然经过1933年华盛顿会议、伦敦会议的协调,但双方分歧却公开化了。1934年初美国在贬值的基础上恢复金本位,美、英在经济、金融方面的抗衡依然如故。这样,美国对上述英国建议持冷眼旁观的消极态度,也就不足为奇了。此外,从1935年2月中旬起,罗斯福已决定由财政部来处理对华经济关系了。如前所述,摩根索是主张美国单独介入中国货币金融问题的。因此,通过国务院渠道而来的英国建议、中国的呼吁,在未得到财政部赞同的情况下,最终无法得到美国的积极响应。

三

英国顾问李滋罗斯于1935年9月下旬抵华后,同孔祥熙、宋子文就英国对华贷款和币制改革问题进行了会谈。由于美国的不合作、日本的反对,考虑到中国国际银行团在对华贷款问题上的规定,因而直到10月下旬,英国对于单独对华贷款的问题仍持犹豫、拖宕的态度。英方向中方提出：中国须同美国达成售银协定，并告诉美方，中国将采用英镑本位，这样英国才能对华贷款①。另外，南京国民政府对币制改革方案经较长时间的谋划，已基本拟定，但当时外汇储备仅为3 000万美元，这对于维持新币制的汇率显然是不够的。在不能立即得到英镑借款的情况下，向美国售银是比较稳妥的获得大批外汇的方式。于是，中美围绕币制改革问题的售银谈判，便在华盛顿开始了。

10月28日，施肇基向摩根索提出了售银1亿盎斯的要求，并表示：中国将脱离银本位，为获得维持新币制的外汇，必须大批出售白银，不是向美国便是在国际市场出售②。中国这次是直接向美国财政部而不是向国务院提出这一要求的。摩根索认为，这是一项纯粹的金融事务，无须征得国务院的同意。自从李滋罗斯抵华后，摩根索对中英币制可能相联的前景十分关注。中方这次提出售银要求，使美国再次面临介入中国币制问题的机会。当然，从某种意义上来看，这一机会实际上也是英国主动提供的，而不是美国向英国"争"来的。

施肇基和摩根索会谈后，于11月2日初步达成有待进一步磋商的几点：

（1）美国提出购买1亿盎斯船货白银，如果该项安排令人满意，将考虑继续购买。

---

① 英国外交部长霍尔致驻上海总领事白利南电（1935年10月24日），*DBFP*，Ser.2, Vol.20, p.633。

② *From the Morgenthau Diaries*, *Years of Crisis 1928-1938*, p.211.

(2) 售银的全部收入将用于稳定中国货币。

(3) 中国提出建立一个由3位专家组成的平准委员会；根据一项君子协定，该委员会成员中，美国大通银行、花旗银行各占一名。

(4) 由售银收入而得的基金，将存入中国的中央银行在纽约的代理行；根据谅解，该代理行应是一家美国银行。

(5) 双方认为，如果该协议经双方同意，中国元的兑换可由中国政府从下列方式中任选：（甲）一定数额的中国元对美元，其兑换率由中国政府在开始时便确定；（乙）以每盎斯35美元的价格对一定重量的黄金，或以每盎斯1美元29美分的价格对一定重量的白银[①]。

根据协议的前4条，美国将可控制中国用于稳定币制的外汇储备；第5条则使中国货币直接或间接同美元相联，建立一种依附性的联系。

但是，国民政府在未与美国方面最后确定售银条件的情况下，于11月3日晚匆忙公布了币制改革条例，从次日起正式实施。中国方面没有宣布新币制将以什么为本位，只是称将由中央、中国、交通三家政府银行无限制买卖外汇。11月4日起，由中央银行公布法币对英镑、美元、日元的汇价。

摩根索对中方突然宣布币改方案十分不满，并怀疑中英之间达成了某种谅解。11月2日，詹森大使曾电告美国政府：李滋罗斯已

---

① *FRUS*，1935，Vol.3，pp.632-633.

建议汇丰银行对中国币制改革予以合作,英国大使正在准备发布有关的规例①。11月4日,英国驻华大使贾德干(A. Cadogan)公布了支持币制改革的《英王敕令》,李滋罗斯又要求美国方面采取相应的措施②。这些动向使摩根索认为,中国币制即将被纳入英镑集团,这是他所不愿见到的。在11月6日的会谈中,施肇基告知摩根索:中国系由形势所迫,才在未与美国正式达成协议的情况下宣布币制改革的;中国政府接受11月2日五点协议草案中的第1、2、4条;对于第3条,中国认为在平准委员会里美国银行只能占一个名额。经过交涉,摩根索同意了中方对第3条的修正意见。但中方对草案第5条表示不能接受。摩根索称这一条是整个协议的基础。施肇基解释说,中国政府同意把货币稳定在目前汇价的水平上,但并未宣布过同任何其他货币相联,不管是美元、英镑还是日元。摩根索则指责中国在"玩牌",企图利用美元外汇来建立英镑本位,并表示,中国必须将其币制同美元相联,美国才会向中国购银③。这样,双方在两国币制是否相联问题上各执己见,无法达成协议。

如前所述,从1934年下半年到1935年夏,中国在要求美国修改白银政策、支持中国币改的交涉中,多次主动提出将中国币制与美元相联;但在宣布币制改革之际、与美国进行售银谈判中,为什么又不同意美方提出的相同要求呢? 这是因为,当时孔祥熙、宋子

---

① 詹森致赫尔电(1935年11月2日),*FRUS*,1935,Vol.3,p.626。
② 詹森致赫尔电(1935年11月4日),*FRUS*,1935,Vol.3,p.631。
③ 菲力浦斯所作备忘录(1935年11月6日),*FRUS*,1935,Vol.3,pp.637-638。

文同李滋罗斯已就英国对华贷款的条件基本达成谅解,中国已允诺将币制与英镑相联,国民政府仍在等待英国政府对贷款的最后批准;另外,由于美国推行白银政策并屡次拒绝中国的要求,国民政府对美国的货币金融方针乃至远东政策,已持疑惑和不满的态度,因而不想把中国币制同美元结成较密切的联系。中方曾把同美国交涉售银条件的情况告知李滋罗斯,并表示:在大部分金本位国家看来即将脱离金本位、黄金的前景以及美国的政策难以确定的情况下,中国再实行金本位是不合适的①。何况在万不得已的情况下,中国还可以在国际市场上公开抛售白银。

在美国政府内部,对是否应压中方同意将币制与美元相联,也产生了重大分歧。罗斯福起初支持摩根索的意见,11月6日听取了摩根索关于中美交涉情况的汇报后,罗斯福曾表示:从中国购买1亿盎斯的白银,必须伴之以中国货币与美元相联的"某种形式的备忘录"②。但是,国务院方面提出了不同意见。经济顾问费斯提出,财政部长(摩根索)可能对局势发展作了错误的判断。中国固然须从大批售银中获得维持币制改革的基金,但如果美国拒不让步,中国会被迫向国际市场抛售。因此,事实上财政部面临如下两种选择,即要么直接或间接买下这些白银,要么眼看着国际市场银价从目前的每盎斯65美分下跌,费斯并指出美国应支持中国的币制改革,如果中国新币制不能为公众接受,中国各主要商业中心会出现严重的

---

① 李滋罗斯致霍尔电(1935年11月11日),*DBFP*,Ser.2,Vol.20,p.670。
② *From the Morgenthau Diaries*, *Years of Crisis 1928-1938*, p.212.

通货膨胀，这只会对日本有利①。国务院方面还向财政部明确指出：美国没有必要使中美币制相联，否则中国的财政金融出了什么问题，美国将难辞其咎；若美国拒不作出让步，会把中国推向英国甚至日本一边②。这些意见得到了财政部其他官员的赞同，并进而影响到摩根索本人。事情发展的趋势已经明朗化：中国实行币制改革后，白银将退出流通领域并且国有，中国已脱离银本位，一旦向国际市场大量抛售白银，世界银价必将因此而下跌。这一前景同美国国会白银派议员的意愿、同美国推行白银政策的初衷恰恰相反。因此，摩根索不得不重新考虑从华购白银的条件。

11月9日，摩根索同罗斯福磋商后，决定不再以两国货币相联作为购银的条件，但只打算先从中国购银2 000万盎斯，而不是中国要求的1亿盎斯。为此，施肇基又向摩根索交涉，要求增加售银数额。11月13日，摩根索向罗斯福谈到，中国已接受了美方提出的大部分条件，日本人继续给中国新币制制造麻烦，而中国只拥有价值3 500万至4 000万美元的黄金与外汇储备，摩根索提议从中国购买5 000万盎斯白银，罗斯福最后同意了这个数额③。当日下午，摩根索同施肇基会谈协议的最后条款。施肇基代表中国政府口头允诺，中国币制将不同其他货币相联，也不向伦敦市场抛售白银。双方达成如下协议：

（1）向美国财政部出售白银的全部收入，都将用于稳定中国

---

① 费斯致菲力浦斯（1935年11月5日），*FRUS*，1935，Vol.3，pp.633-634。
② *From the Morgenthau Diaries, Years of Crisis 1928-1938*，pp.212-213.
③ Ibid., pp.215-216.

货币。

(2) 向美国财政部出售白银所得之基金,将存入中国的中央银行在纽约的代理行(达成谅解,由花旗银行和大通银行作为此代理行)。

(3) 在上海的美国财政部代表(卜凯教授)将得知该平准基金储存和使用的全部情况,在今后 12 个月中,美国财政部将通过他了解中国货币发展的全部情况。

(4) 美国财政部以每盎斯 $65\frac{5}{8}$ 美分的价格,购买成色为 0.999 的白银 5 000 万盎斯,扣除运抵旧金山美国造币厂途中的所有费用;该批白银在向上海的美国轮船公司交货时计付购银款;免去任何出口税。中国政府应在 1936 年 2 月 11 日或在此之前交付这批白银[①]。

双方商定,这一协议的内容不予公布。

这是中国宣布币制改革后,同美国达成的第一个售银协议,国民政府因此可获得 3 200 余万美元的外汇。这在中国外汇储备拮据、英国拖宕贷款的情况下,客观上有助于币制改革条例中中央、中国、交通三家银行"对外汇为无限制之购售"条款的兑现,从而稳定法币的汇价。这个售银协定又使美国得以控制中国稳定币制所需外汇的来源、保管和使用,并有权了解中国货币发展的情况;又由于中国方面口头允诺不同其他外币相联,中国货币同英镑结成紧密联系的可能性大为减少了。显然,这个售银协议标志着美国开始

---

① 赫尔致詹森电(1935 年 11 月 13 日),*FRUS*,1935,Vol.3,pp.641-642。

介入中国币制问题。

在中国宣布币制改革前相当长的一段时间里,美国一直没有介入中国货币金融问题;但中国实施币制改革后,却迅即同中国达成上述协议。究其原因,很重要的一点,便是英国对中国币制改革的介入态势已日益明显,美国已感到不能继续持超然旁观的立场了。此外,对中国币制改革有较强介入意向的美国财政部独掌了这次交涉的权限,不再受到来自国务院方面的重大掣肘,尽管摩根索把各次会谈的主要内容都告知了国务院方面。此后,由财政部直接处理对华财政金融关系,成为相当长时间里美国对华关系的特点。

四

中国实行币制改革后,法币实际上是采用外汇汇价本位的纸币。维持法币汇价,需要较充足的外汇储备。到 1935 年 11 月下旬,英国明确表示暂时不考虑对华贷款①。这就使出售白银成为中国迅速获得大量外汇的最重要的渠道。中央、中国、交通三家银行原来存银 1.3 亿盎斯,币制改革之际通过集中发行准备,又从其他银行收受了约 2 亿盎斯的白银。此外,正从民间大量收兑白银。这些银储备的大部分需要出售换取外汇。因此,首批向美国出售 5 000 万盎斯白银后不久,中美之间再度交涉售银事宜。

1935 年 12 月中旬,施肇基要求美国财政部再从中国购银 5 000

---

① 霍尔致贾德干电(1935 年 11 月 25 日),*DBFP*, Ser.2, Vol.20, p.690。

万盎斯。摩根索起初拒绝了中国的要求。在此之前,他从卜凯处获悉中国打算在世界市场抛售 2 亿盎斯白银。摩根索对中国未就此事同美方商议颇为不满,进而认为中国在币制改革问题上没把全部计划告知美方。另外,财政部已对维持世界市场银价的必要性产生了怀疑。国会白银派议员也声称他们的主要目标是维持国内银价。1935 年 12 月初美国财政部宣布不再从国际市场大批购银,从而引起银价下跌,至 1936 年初已下降到每盎斯 45 美分左右。中国如再向国际市场抛售,势必引起银价再次下跌。因此,中国只能继续力争向美国出售白银。

在施肇基的多次要求下,摩根索提议由宋子文来美具体交涉,以便直接了解中国的财政金融局势与货币政策。摩根索的这个建议得到了罗斯福的同意。但中方以宋子文必须在国内处理要务为由,提出由王世杰赴美。摩根索不同意这一安排,表示美国希望接待一位金融家,而不是外交家或政治家。双方最后商定由陈光甫代表国民政府财政部赴美谈判①。另外,摩根索在 1936 年 2 月 13 日首次向新闻界谈到,美国已向中国大批购银,将帮助中国解决货币问题,中国法币对美元的汇价将保持长期稳定②。这实际上已表示出进一步介入中国货币问题的意向。

陈光甫一行于 1936 年 4 月上旬抵美。在此之前孔祥熙曾致电摩根索:由于进口减少和日本人在华北大规模走私,中国关税收入锐

---

① 贺百克所作备忘录(1936 年 3 月 4 日),*FRUS*,1936,Vol.4,p.467。
② 《银行周报》第 20 卷第 16 期,1936 年 2 月 18 日。

减；来自共产党的"威胁"和防止日本入侵却使军费高居不下；日本人阻挠中央银行纸币在华北流通，并在冀东扶植亲日分子；中国正准备应付华北及别处可能发生的武装冲突；日本控制了中国的资源和人力后，将处于更强的地位，对此美国与西方国家应采取强硬立场；希望美国从中国购进更多的白银，使中国增加巩固新币制所需的外汇。孔祥熙的这份电报，使摩根索对支持中国币制的意义有了新的看法，他认为孔的电报使他第一次得到了关于中国的"明确、全面的印象"①。此外，在中国海关的美籍职员也向摩根索发来报告：日本准备在华北挑起类似1931年满洲事变的事件，南京当局很快就将面临投降或抵抗的选择。从摩根索日记来看，他在陈光甫抵美之前便已打算帮助中国解决币制方面的难题，从而增强中国抵御日本的能力②。摩根索还想通过这次谈判切断中国法币同英镑的联系。币制改革之后，法币对英镑的比价一直稳定在1元法币为1先令2便士半；然而法币对美元的汇价却有变化，1936年2月上旬和中旬，中央银行曾两次调整美汇牌价③。据此，摩根索认为中国币制实际上与英镑相联，他打算在与陈光甫的会谈中解决这个问题。

从1936年4月8日到5月中旬，中美双方进行了多次会谈。摩根索指责中国实际上将法币同英镑相联，并要中国考虑像加拿大那样，采用既与美元又同英镑相联的复本位币制。陈光甫反复向美方

---

① *From the Morgenthau Diaries*, *Years of Crisis 1928-1938*, pp.221-222.
② Ibid., p.222.
③ 《中央银行月报》第5卷第3期，1936年3月。

解释了这个问题,并答应今后改变报价体系,使外界认识到中国币制没同任何外币挂钩。在购银数额上,摩根索起初只同意在 8 个月内每月购入 500 万盎斯。中方要求增加这一数额。摩根索的助理怀特(H. White)也建议:在目前的局势下,美国如果更多、更快地从中国购银,并以现银抵押的方式向中国提供贷款,将极大地提高中国币制的地位①。此外,中国方面还同意了美国提出的放宽工业及工艺用银限额、开铸银辅币、增加货币发行准备中银的比例等要求。美方提出这些要求的目的,是避免外界产生"美国的白银政策使得中国脱离银本位"的印象,并减少来自国会的阻力。

在这次购银谈判期间,摩根索于 4 月 22 日会见了日本政府财政特派员富田洋太郎,他还是日本驻英、法、美大使馆的财政专员。当日方攻击中国币制改革将失败时,摩根索明确指出,中国币制改革成效显著,并已走上了正轨。他还指责了在华日商银行拒不缴出现银的做法。参加会见的贺百克认为:摩根索旨在使日本人明白,美国政府财政部长同情中国币制改革的努力,对日本人给币制改革设置障碍表示不满②。显然,同一年前相比,美国在考虑介入中国货币问题时对日本持反对态度的担心,已大为减少了。这种变化固然同摩根索直接主持了对华财政经济政策有关,但主要还在于日本对中国加紧侵略扩张,已对美国在华利益和远东政策带来威胁,美国必须采取某些措施来与之抗衡。

---

① *From the Morgenthau Diaries*,*Years of Crisis 1928-1938*,p.225.
② 贺百克所作备忘录(1936 年 4 月 22 日),*FRUS*,1936,Vol.4,pp.478-479。

1936年5月中旬，中美以交换备忘录的形式达成了售银协定，通常被称为《中美白银协定》，该协定内容未曾公布，据孔祥熙向李滋罗斯所谈以及摩根索日记的记载，主要有以下几方面：

（1）美国财政部在6月份从华购银1 200万盎斯，以后的7个月里每月购入900万盎斯，总共购入7 500万盎斯；（2）价格按购银前两周的平均市价，但不低于每盎斯45美分，中国可要求美方以黄金支付；（3）中国须将售银收入存于纽约的美国银行，这些基金只能用于稳定中国币制；（4）美国另向中国提供2 000万美元的外汇，中国用5 000万盎斯白银作抵押，美方保证最终将买下这批白银；（5）中国在纸币发行准备中保持25％的白银，并开铸银辅币[1]。这个协定是以两国财政部的名义达成的，并且避免使用"信贷""借款"的字眼。

5月18日，摩根索发表声明指出：他确信，中国国民政府的货币方案不仅正沿着健全路线进行，而且向着世界货币的稳定迈出了重要的一步；为了支持这种努力，对中国改革币制、稳定货币的方案进行合作，并与购银政策协调一致，美国愿在双方都能接受的条件下，从中国的中央银行购入大批白银，并在符合两国利益的条件下，向中国的中央银行提供美元外汇，以实现稳定币制的目标[2]。中国方面则由孔祥熙宣布：中国在法币的现金准备中，白银至少占发行总额的25％；铸造半元和1元的银元；中国已筹得巨款，增加

---

[1] *DBFP*, Ser.2, Vol.20, p.852; *From the Morgenthau Diaries*, *Years of Crisis*, *1928-1938*, pp.226-227.

[2] *FRUS*, 1938, Vol.4, pp.482-483.

现金准备中的黄金和外汇。孔祥熙并表示：中国币制将"保持其独立地位，而不受任何国家币制变动之牵制"①。这表明，通过这次售银谈判，中国币制已不可能与英镑建立契约性的相联关系和加入英镑集团了。美国已在更大程度上控制了国民政府稳定币制所需要的外汇。此后，同英国等其他西方国家相比，美国同国民政府在货币金融方面的联系，更为密切了。

在这谈判过程中，摩根索的主张没受到白银派议员反对。参议院外交委员会主席兼白银委员会主席毕特门、参议院共和党领袖麦克纳利(C. McNary)都同意了财政部从华购银计划。至于国务院，虽然远东司一度怀疑财政部未将会谈全部情况相告，但也同意继续从华购银，只是提出不要公布协定的具体内容。

综上所述，可以看到，以 1935 年 11 月初中国实施币制改革为界，美对华的货币金融问题的态度由消极观望逐步转为介入。这一转变，既与美国政府对华决策层内诸种力量间的消长不无联系，又同英、日在中国的动向相关。从 1935 年春夏之交起，英以帮助中国进行币制改革的首倡者姿态出现，曾试图将中国币制纳入英镑集团；日本则加快了对华侵略扩张的步伐，大有排挤英美在华利益之势。这就使美在对华政策上，不得不采取较为积极的态势，从经济方面对国民政府进行扶植并加强控制。然而，当时在美国的外交格局中，中国、远东毕竟还不占重要地位；美与英的较量毕竟只是

---

① 《申报》1936 年 5 月 18 日。

"盟友"间的暗争,同日本的矛盾也远未激化。美国政府对中国的政治、经济发展前景尚无多大把握。美国政府内部虽有过使中国币制依附于美元的设想,但在这一问题上各部门之间(主要是财政部和国务院之间)存在重大分歧;国民政府则基于各种条件的变化,由原先主张将币制与美元相联,变为不愿建立起这种联系。所以,中国实施币制改革后,美国对中国货币金融问题的介入,只能主要通过分批购银、提供美元外汇这一谨慎而有节制的方式进行。通过这样的方式,美国既切断了中国币制与英镑建立契约性、依附性联系的可能性,在向国民政府提供援助方面,也是风险不大、进退裕如,从而避免了美国政府内部的重大歧见。当然,这也就不会引起同其他大国的重大冲突了。

(原载《近代史研究》1991年第6期)

8

英国、美国与近代中国的平准基金

英国与中国的法币平准基金

国民政府时期的法币平准基金（Currency Stabilization Fund），全称国币平准汇兑基金或国币平衡汇兑基金，简称平准基金或平衡基金，是国民政府为维持法币的汇率而设立的专项基金。自1935年实行的法币政策废除了银本位，实际上实行了外汇汇兑本位，法币本身的稳定性在相当程度上取决于汇率的稳定情况。而要维持法币汇率的稳定，就必须有相当数额的平准基金。有关大国对于中国法币平准基金和相应机构的设立、运作所持的态度，直接涉及财政、金融、政局等领域的重大问题，应属于中外关系史和财政金融史的共同研究对象，然而多年来缺乏系统而深入的专题研究。本文拟对英国与中国法币平准基金之间的关系做一探究，以冀进一步揭示20世纪30—40年代围绕中国货币问题的国际关系的复杂性①。

---

① 拙著《宋子文评传》（福建人民出版社1992年版），拙稿《美国和抗战时期中国的平准基金》（《近代史研究》1997年第5期），都曾简略涉及英国与中国法币平准基金关系，本文则进行专题研究，以就教于学界同人。

一、英国没有介入战前平准基金

　　自 1927 年国民政府定都南京到 1935 年施行法币政策之前，中国货币为银本位，纸币在流通中的稳定程度主要取决于各发行银行的准备状况，尤其是作为应付挤兑的直接手段的现银储备情况。至于中国的外汇行市，长期以在华外商银行之挂牌为准，其变动趋势实际上取决于国际市场上的银价即白银和主要国家货币之间的比价。1931 年是南京国民政府成立以后中国货币汇率水平最低的一年，该年 1 银元上海电汇价最高为 17.17 便士，最低价为 9.85 便士，也是自 1920 年以来的最低水平[①]。这一汇率水平对中国的出口状况是有利的。1931 年 12 月之后，由于主要国家开始采取货币贬值政策以刺激出口，国际市场银价上扬，中国的汇率也开始上升，但起初涨势较缓，国民政府未加干涉。到 1934 年 4 月 6 日，为遏制已趋严重的白银外流，也为了限制汇率的进一步上涨，国民政府开征 2.25% 银类出口税。嗣因美国白银政策的作用，国际市场银价和中国汇率迅速上扬，国民政府遂于 9 月下令标金交易须以关金结价，这意味着中央银行逐日挂牌的关金行市，开始介入汇市之稳定。同年 10 月 15 日起，国民政府将白银出口税提高到 10%，另开征所谓的平衡税，即："如伦敦银价折合上海汇兑之比价与中央银行

---

　　① ［美］阿瑟·恩·杨格：《一九二七至一九三七年中国财政经济情况》，陈泽宪等译，中国社会科学出版社 1985 年版，第 516 页附录。

当日照市核定之汇价相差之数，除缴纳上述出口税，而仍有不足时，应按其不足之数，并行加征平衡税。"①同月，财政部宣布设立一项外汇平市基金，其资金一是由中央、中国、交通三行共筹集1亿元，另一来源系财政部将同时开征的白银平衡税拨充。财政部还专门组织了一个名为"外汇平市委员会"的机构，由财政部委托三行各指派一人组成，委员会主要的职责为：核定每日应征平衡税之标准；委托中央银行买卖外汇与生金银，以平定市面；必要时委托中央银行进行现银之输出与输入②。

国民政府在开征银出口税的同时，采取以中央银行出面控制和稳定汇市的办法，是要切断中国汇率与国际市场特别是伦敦市场银价之间的联系，抑制汇率的上涨，避免外贸入超的增加。当时的外汇平市基金中没有外国资金的直接投入，外汇平市委员会也不设外籍代表。但是，国民政府希望获得在华外国金融机构尤其是英商银行的协助。1935年4月，中国银行董事长宋子文与以英商汇丰银行、麦加利银行为首的上海外商银行公会达成"君子协定"，外商银行的承诺之一就是在出售外汇方面与中国方面合作③。另据英国方面的资料显示，财政部长孔祥熙曾商得汇丰银行同意，在1935年

---

① 孔祥熙关于征收白银出口税及平衡税以防止白银外流提案，1934年10月14日，《中华民国史档案资料汇编》第五辑第一编财政经济（四），江苏古籍出版社1994年版，第173—174页。

② 引自国民政府财政部：《外汇平市委员会组织大纲》，1934年10月16日，中国第二历史档案馆等编：《中华民国金融法规档案资料选编》（下册），档案出版社1989年版，第999页。

③ 中国人民银行总行参事室编：《中华民国货币史资料》第2辑，上海人民出版社1991年版，第153—154页。

11月施行法币政策前的一年里，汇丰银行将其部分自有资金用于中国货币汇率的稳定①。当时在维持中国汇率问题上，中国与英国之间未达成正式协定，彼此亦无任何约束性的义务及责任。

但是，中国货币实行的是银本位，它与国际银价之间的联系是无法用行政手段来切断的。在提高白银出口税和开征平衡税之后，1935年2月上海电汇最高价和最低价分别达到19.06便士和17.32便士②，这也是自1931年以来的最高水平。在被称作"白银风潮"的国际金融风波冲击下，国民政府所能做的，就是废除银本位本身，以冀在根本上避免贵金属本位货币的弊端。

1935年11月4日起，国民政府实施了法币政策，以中央、中国、交通三行的纸币为法币（1936年2月起中国农民银行的纸币亦为法币），宣布由中、中、交三行无限制买卖外汇。这实际上废除了银本位，法币采取的是外汇汇兑本位。也正是自实施法币政策起，中国货币的稳定性主要反映在法币汇率的变动上，与国际市场银价不再有直接联系。直到抗日战争爆发前夕，如果说法币的稳定与英国有什么特别的联系的话，那就是法币的汇率是与英镑挂钩的，中央银行法币对英镑牌价的中间价，始终维持在实施法币政策最初所宣布的水平：每1元法币合一先令二便士半即14.5便士，最高价和最低价的差额，从未超过0.2便士③。这一汇率

---

① ［英］毛里斯·柯立斯：《汇丰—香港上海银行》，李周英等译，中华书局1979年版，第129页。

② ［美］阿瑟·恩·杨格：《一九二七年至一九三七年中国财政经济情况》，第522页附表。

③ 同上书，第523—524页附表。

大体上相当于实施法币政策以前三年间平均最低价。汇率的稳定，也是1936年和1937年上半年中国外贸额上升、国际收支状况好转的重要原因。

法币汇率"盯住"英镑，并不意味着中国加入英镑集团；英国并不承担维持法币汇率稳定的义务，也未直接提供相应的财政援助。当时国民政府虽然没有正式宣布为稳定法币汇率而设立平准基金，但实际上必须有一专项基金，且基金的主要部分必须是外汇，或另加上部分的贵金属。据国民政府财政顾问、美国人杨格（Arthur N. Young）的统计，至1937年6月30日，国民政府持有的外汇资产为：美金7 390万元，加上约合9 200万美元的英镑，约合10万美元的日元，约合4 520万美元黄金，约合16 770万美元的白银，总共约合37 890万美元[1]。当时中国外汇储备的来源，除了外贸、关税等收入外，确实一度迫切希望以借款的方式迅速建立起专项的法币平准基金，为此国民政府与英国、美国方面进行了多次秘密谈判。当时英国拖宕了原先允诺的借款，美国则通过从中国购买白银的方式，向中方提供美元外汇，尽管并不是严格意义上的借款[2]。抗战前中国法币平准基金是自有的外汇储备，全部款额是在国民政府方面直接掌握下，中国与英国之间没有联合设立专门的管理机构，基金的动用也不受英方的限制。

---

[1] 《中华民国货币史资料》第二辑，第238页。
[2] 参见拙稿《英国与1935年的中国币制改革》《李滋罗斯中国之行述评》《美国和1935年中国的币制改革》，分别载于《历史研究》1988年第6期，《近代史研究》1988年第6期、1991年第6期。

二、英国提供第一次平准基金借款,中英联合设立平准基金

抗日战争爆发后,国民政府在广泛谋求国际社会援助的努力中,亦颇为注重获得专项借款,以充实外汇汇兑基金。于是便有了第一次英国平准基金借款和中英平准基金的设立。

1937年7月30日和8月3日,时在英国访问的国民政府行政院副院长兼财政部部长孔祥熙在伦敦同汇丰银行代表换文。根据换文,汇丰银行将为中国政府在伦敦发行2 000万英镑的债票,所得款项用于维持中国法币的汇率和整理中国的内债;英方将向中国的中央银行派出一名顾问;借款年利率为5%,中方以关余作为偿付本息的担保;在借款未清偿之前,中方将维持海关现有的管理制度不变①。这一通常被称作"金融借款协定"换文的基本条件,与近代史上那些典型外债并无多少区别,对中国的控制性大于援助性。但该换文又规定借款的一部分将用于维持法币的汇率即对英镑的汇价,实际上意味着将充作平准基金,这却是有别于以往中国所获得各项外债的用途的。只是孔祥熙仅与英方以换文方式达成了草约,

---

① 见于1937年8月12日驻英国大使宾翰致国务卿电,*Foreign Relations of the United States*(以下简称FRUS),*1937*,Vol.4,pp.620-621。国民党五届五中全会财政部财政报告也提到:"金融借款二千万镑草约已经签定。"(《民国档案》1986年4期,第70页)英方所指的中央储备银行,即指中央银行,英方要求国民政府把中央银行改组为中央储备银行,维持现有海关管理制度不变,意即继续由英国人担任中国海关总税务司一职,维持英方对中国海关税务的控制。

双方未及订立正式协定，旋因中日战事扩大，在英国政府未出面为贷款风险做出担保的情况下，汇丰银行最后没有向中方提供该项借款。

另一方面，随着对日战事的推进，国内金融市场抛出法币、购入外汇的压力越来越大。特别是1938年2月伪"中国联合准备银行"在华北出笼后，上海外汇市场上日伪金融势力套汇活动颇为猖獗，每日向中央银行提出购汇的数额，由以往的5万余英镑猛增至50万英镑①。与此相应，法币的汇价难以维持在原有水准上。自1938年3月到8月，每元法币英汇从14.25便士降至8便士，美汇从0.292 5美元降至0.16美元。国民政府的应对措施，首先是自1938年3月14日起，放弃了自由买卖外汇的政策，由中央银行出面管理，实行"外汇请核"制，即各项购汇申请须经由中央银行核定后，再按法定汇价售予外汇②。上海和香港则是两个官方外汇市场。对买卖外汇的限制立即导致了上海外汇黑市的出现，进而冲击官方汇率的稳定。在自有外汇储备不敷应付的情况下，国民政府只得求助于英国。1938年初起，国民政府多次商请汇丰银行乃至英国政府，出面帮助维持汇率。同年6月起，汇丰银行开始与中国、交

---

① 《北华捷报》1938年4月6日。
② 《中华民国金融法规档案资料选编》（下册），第1000—1001页。关于中央银行开始施行《外汇管理办法》和《购买外汇请核规则》的年份，中国第二历史档案馆与财政部财政科学研究所合编的《国民政府财政金融税收档案史料（1927—1937年）》（中国财政经济出版社1997年版），在目录和内文中（第469页）均误作1937年，内文中还印有"二十六年三月十三日财政部公布"。事实上，国民政府财政部在颁行上述办法规则时，曾公电全国，提到"敌人近竟指使北平伪组织设立所谓联合准备银行，发行无担保不兑现之纸币"，可见相应的年份只能是1938年而不可能是1937年。

通银行合作，共同稳定上海汇市。但英国政府此时对汇丰银行介入稳定上海汇市，并不承担相关责任。

英国政府对维持中国法币汇率的态度有一变化的过程。1938年1月5日，英国财政部次长李滋罗斯(F. W. Leith-Ross)曾明确告诉中国驻英大使郭泰祺，英方无法正式履行原汇丰银行对华2 000万英镑草约，除非英国政府出面担保，银行方面不会提供贷款。3月31日，国民政府立法院院长孙科在英国洽谈"维持金融外汇借款"时，英国财政大臣西门(John Simon)提出的方案是：（一）中国向英方出售白银或以白银抵押借款；（二）以金属矿产抵借。也就是说，英国政府虽然愿意重新考虑向中国提供维持法币汇率所需的英镑，但仅仅定位于一般商业行为。国民政府对借款的期望和要求，却是政治和经济援助性质，即由英国政府出面，为英方银行对华贷款提供担保。英方所担心的，一是中国方面在对日作战上的进一步失利会使整个局势继续恶化，二是新的援华行动"恐激怒日本攻香港及增强日德合作"[1]。

在援华问题上，当时有若干英国人士的态度较为积极，如汇丰银行总经理格兰朋(Vandeleur Grayburn，亦译作郭礼宾)、英国驻华大使卡尔(A. Clark Kerr，亦译作寇尔、克尔)。在英国政府内，当时外交大臣哈利法克斯(Viscount Halifax)倾向于向中国提供援助，他向内阁会议提出：无论基于荣誉还是自身利益的任何考虑，都促使

---

[1] 郭泰祺致外交部电（1938年1月5日、4月1日、6月29日），《中华民国重要史料初编》第三编（二）中英关系，第195、196、201页。

我们尽可能地援助中国;用一笔较少数额的款项,我们就可以维护在远东的基本利益①。1938年7月6日英国内阁会议讨论是否对华提供币制借款,哈利法克斯表示赞成,他在交付会议的备忘录中称:如果得不到相当数额的一笔借款或信贷,中国政府势必难以履行外债义务,其货币将进一步贬值,上海外汇市场行情将继续下跌;如果英国出面帮助维持中国货币,不仅有助于英国在华商业和金融利益,其政治上的好处也是显而易见的,因为一旦中国公众对货币失去信心,中央政府可能垮台,分裂为若干个政权,从而不可能抵御日本。他并转达了时任中央银行顾问罗杰士(Cyril Rogers)的看法:向中国提供2 000万英镑的借款或信贷,将使局势得以维持相当时期,如一年,从而使日本受到极大的损耗,不得不在合理条件之下接受和平②。但是,财政大臣西门却强调了欧战的危险局势,指出对华援助并不能保证中国在一年内取得对日本的胜利,反而会导致英国在欧洲和远东两面受敌③。这一消极主张在政府中占了上风。1938年7月13日,英国政府内阁会议正式否决了对华金融借款案。

1938年10月,宋子文以中国银行董事长的身份在香港向英方银行接洽,希望他们加入中国平准基金以支持中国的币制④。与此

---

① 关于中国援华要求的备忘录(1938年5月31日),*Documents on British Foreign Policy*(以下简称 *DBFP*),*1919-1939*,Ser.2,Vol.21,p.793。

② *DBFP*,*1919-1939*,Ser.2,Vol.21,p.805。

③ 西门关于援华问题的备忘录(1938年7月1日),*DBFP*,*1919-1939*,Ser.3,Vol.21,pp.810-812。

④ *DBFP*,*1919-1939*,Ser.3,Vol.8,p.161。

同时，中国政府又分别向英、美、法三国建议：中国政府拟设立"生产救济"项目，希望三国联合提供总数达 300 万英镑的借款，中国将按 4% 的年利息率付息；借款的一部分将用于中国的平准基金①。到了 12 月初，中国方面建议设立中英联合平准基金，即英方银行至少向基金投入 300 万英镑，中方银行将投入相同数额；由中英银行代表组成的小型委员会来控制和运作基金。中方并且强调：如果来自外国的支持达到 500 万镑或者 1 000 万镑，中国货币的汇率将能维持较长的时间②。

英国政府在 11 月下旬考虑向国会提出的方案是：由汇丰银行向中国平准基金认款 250 万英镑，英国政府对汇丰银行的这一认款额提供担保③。待到 12 月初，英国政府还只是考虑把提供担保的借款额稍作增加，达到 300 万英镑。当时英国政府尚未作出最后决定：究竟是英国单独向中国提供贷款，还是与美国联合贷款？ 英方特别想知道，日本会作出什么反应④。

1938 年底，英国政府的态度转趋积极。促使这一转变的因素，除了英国商界包括在华英商对稳定英镑与中国法币比价的迫切要求之外，还由于美国已公开表示要对华提供 2 500 万美元的桐油借

---

① 外交部致驻法国大使菲立普斯电（1938 年 11 月 23 日），*DBFP*，*1919-1939*，Ser.3，Vol.8，p.257。

② 哈利法克斯致驻美大使林德赛电（1938 年 12 月 5 日），*DBFP*，*1919-1939*，Ser.3，Vol.8，p.297。

③ 外交部致驻日本大使克莱琪电（1938 年 11 月 23 日），*DBFP*，*1919-1939*，Ser.3，Vol.8，p.257。

④ 哈利法克斯致克莱琪电（1938 年 12 月 2 日），*DBFP*，*1919-1939*，Ser.3，Vol.8，p.280。

款，且没有引起日本方面的强烈反响。用英国驻日本大使克莱琪（Robert Craigie）的话来说，就是对华货币贷款并不会导致战争①。当然，为了尽可能减少风险，英国起初试图说服美国联合支持中国的货币，但为美方所拒绝。英国政府决定不再等待美国，先单独支持中国货币，并把对华维持法币汇价的借款定位于财政援助。

就在已经大体上确定向中国提供平准基金借款之后，英国政府却向中国提出，要以承认1938年的英日海关协定作为提供平准基金的前提条件，遭到了中国的强烈反对。例如，在1939年1月22日与驻重庆的英国使馆一等秘书葛林威（J. D. Greenway）的谈话中，孔祥熙以财政部长和行政院院长的身份明确指出，英日关于中国海关的协定，实际上是在财政上资助中国的敌人即日本②。2月3日，孔祥熙进一步明确地向葛林威指出：对中国而言，关于海关的协定是个原则问题，中国政府不会妥协；如果中国政府有关部门在被占领区的运作须以牺牲原则为前提，那么中国政府宁可从被占领区撤出这些部门。在谈到平准基金问题时，孔祥熙指出：英国加入中国平准基金只须付出极小的代价，但却可以向外界证明英国在保护其利益；英国在援助中国问题上已经说得够多的了，现在该是付诸行动的时候了，这不仅关系到中国的利益，也关系到英国本

---

① 克莱琪致哈利法克斯电（1938年12月4日），*DBFP*，*1919-1939*，Ser.3，Vol.8，p.295。
② 葛林威致在上海的英国大使馆电（1939年1月22日），*DBFP*，*1919-1939*，Ser.3，Vol.8，pp.410-411。

身的利益①。

1939年1月15日,国民政府宣布,因中国多数海关已遭日本截夺,中国决定暂时停付以关税为担保的债赔各款。这又引起了英国对中国债务信用的怀疑,一度又以中方保证重新恢复支付外债本息,作为英方是否加入中国平准基金的先决条件②。国民政府只好派中央银行英籍顾问罗杰士赴英国进行解释说明,同时委托罗杰士为获得法币平准基金借款进行游说。另一方面,则由宋子文在香港与汇丰、麦加利银行洽商。英国政府原先只同意贷款额在300万英镑之内,经中方要求以及罗杰士的工作,至1939年2月下旬,英国政府原则上已同意增至500万英镑,按当时的英美间汇率,约合2500万美元,即与美国的桐油借款额相等。英最后还同意,提供平准基金借款与中国承认英日海关协定及恢复支付外债本息不直接关联③。3月3日,英国提出了平准基金借款协定的具体方案,即:由汇丰、麦加利、中国和交通四家银行达成合作协议,汇丰出资300万英镑,麦加利银行出资200万英镑,中国银行与交通银行共出资500万英镑,总共1000万英镑,组成法币平准基金,维持法币对英镑的汇率;在香港设立一个五人委员会来管理该平准基金,中国、交通银行每6个月以英镑向汇丰、麦加利银行支付利息,利息率另

---

① 葛林威致在上海的英国大使馆电(1939年2月5日),*DBFP*,*1919-1939*,Ser.3,Vol.8,pp.441-442。
② 哈利法克斯致驻美大使马莱电(1939年1月23日),*DBFP*,*1919-1939*,Ser.3,Vol.8,p.416。
③ 罗杰士致孔祥熙电(1939年2月25日),《中华民国重要史料初编》第三编(二)中英关系,208页。

行商定；基金结束时，所有资产将根据最初投资比例在上述四银行间划分；英国政府则将为汇丰、麦加利银行的投资提供担保；中国政府应承诺，在基金运作期间，其经济和货币政策须以维持法币对英镑的汇率为原则；中国政府须通过上述委员银行买卖外汇，所得外汇余额，在平准基金不足1 000万英镑时，应优先售予基金委员会；当基金结束时，除征得英国政府同意之外，中国政府应按当日汇率购回英方银行名下所摊得之法币①。对于该方案各条款，罗杰士认为中方应感到满意，而中国驻英大使郭泰祺也认为：方案各条款"均属寻常问题，并无故意为难之意，罗杰士认为满意，我方似不必犹豫也"②。

国民政府接受了英方提出的方案。1939年3月10日，中国方面由李德镛代表中国银行、交通银行，在伦敦与汇丰银行代表台维斯，麦加利银行代表杨格、葛培及邓根，签署了《中国国币平准基金协定》，共19条③。

协定规定，该平准基金总额1 000万英镑均须存于英格兰银行（第二条），专用于维持香港、上海两地外汇市场的法币之英镑汇价（第三条）；出售英镑所购入之法币应存于香港、上海的汇丰银行或麦加利银行（第四条甲项）；协定有效期为12个月，但经中英两国政

---

① 哈利法克斯致驻华大使卡尔电（1939年3月3日），*DBFP*, *1919-1939*, Ser.3, Vol.8, pp.486-487。

② 郭泰祺致孔祥熙电（1939年3月6日），《中华民国重要史料初编》第三编（二）中英关系，212页。

③ 财政科学研究所、中国第二历史档案馆合编：《民国外债档案史料》第11卷，档案出版社1991年版，第143—150页。

府同意，每6个月得续延一次（第十七条乙项），这表明英方不愿为维持中国法币汇率承担长期的责任；英镑基金所得之利息或贴息应存于英格兰银行，以备付汇丰、麦加利两行应得之利息（第六条乙项），并规定中方由中国、交通两行按2.75%的年利率为英方供款银行提供息金担保（第八条甲、丁项），这一利息率确实比同期中国政府所获得的外债的利息率要低得多①，英方银行对基金之认款将由英国财政部担保清还（第八条甲项），基金结束时，将以基金所生利息扣除英方银行所得利息后之余额，作为英国财政部上述清还义务之回报（第十八条甲项二款），也就是说，中方虽不直接对英方银行负有还本义务，但实际上是以对基金认款存于英格兰银行所生之利息，作为英方本金之担保。另一方面，英方对中方认款本金不承担任何清还义务，对于中方认款的利息收益，也未做具体的保证，只规定基金清算时，在扣去英方利息和本金之后，其余额将按投资比例在双方银行间分配（第十八条乙项），亦即中方仅有参与纯益分红之权利。

协定规定设立一个基金管理委员会，由上述四家银行各出一名代表（第九条乙项），另一委员由中国政府委派英籍人士担任，其人选须商得英国政府的同意，未得英方同意，中方不得将其免职（第九条乙、丁项）；平准基金委员会表决任何问题，均以出席人员之多数通过为原则（第十一条）；规定委员会须按月将工作情形及基金状况

---

① 抗战时期中国其他主要外债的年利息率分别为：1938年至1939年苏联3次易货借款均为3%；1939年和1941年英国2次购料信贷分别为5%和3.5%；1939年至1941年美国4次商业信贷均为4%；1938年法国南镇铁路借款和1939年的叙昆铁路借款均为7%。参见《民国外债档案史料》第11卷。

向英国财政部报告一次,每半年将"所采策略、运用基金情形及英财部所欲知有关基金之其他事项作一报告"(第十五条),这无疑意味着英国政府可通过平准基金委员会掌握国民政府有关财政金融的决策和实施过程。根据英方的意见,中方提名罗杰士代表国民政府参加平准基金委员会,并担任主席。

除平准基金协定之外,英国财政部与汇丰、麦加利银行也订立合约,明确该两家银行根据与中方的协定对中国平准基金供款,英国议会则同意英国政府有关部门为两行的投资提供担保。就在中英平准基金协定签署的当天,郭泰祺与哈利法克斯以互换照会的方式,代表中英两国政府确认了由汇丰、麦加利、中国、交通四家银行所签订的平准基金协定,并且强调了英方所关注的四点:(1)中国之财政、经济与金融政策将以维持法币与英镑汇率之稳定为原则,并把有关政策随时密告平准基金委员会。(2)中国政府将指派的平准基金会一名委员,应是英籍人士且征得英国政府及加入委员会的英方银行之同意,中方加入委员会之银行须向该名英籍人士提供一切便利。(3)中国政府及所属机关应严格限制购买外汇,并只通过平准基金委员会成员银行购买外汇;所有中国国家银行将与基金委员会通力合作;当平准基金不足1 000万英镑时,中国政府和国家银行须向基金委员会出售外汇,使之达到1 000万英镑。(4)基金结束时,中国政府应按市价以英镑买下英方银行在基金项下所持有的法币[1]。无论该照会还是平准基金协定,都表明英方承担的义务和责

---

[1] 《民国外债档案史料》第11卷,第148—150页。

任要少于中方,而其直接权益则较多且更有保证。正如在正式签署中英平准基金协定前夕哈利法克斯指示克莱琪向日本政府所表明的:中国货币的稳定是符合英国利益的①。英国最终出面帮助维持中国法币的汇率,主要是为了维护英国自身的利益。

中英平准基金是自 1935 年 11 月实施法币政策以来首次设立的真正意义上的中外联合平准基金,主要通过维持上海、香港的法币汇率,进而维持法币在日伪统治区的地位和在后方国统区的稳定。虽然对维持法币汇率而言,中英平准基金建立的时间已偏晚,数额也不足②,但是,由汇丰、麦加利银行这两家在华地位最重要、影响最大的英商银行公开和直接出资,又有英国政府作为英方投资担保,毕竟是对国民政府的大力支持。由英方银行来保管平准基金并控制基金的使用,固然有利于增强基金的信用度,但也意味着中方将不可能自主地运用对基金的投资,遑论整个基金了。

1939 年达成的平准基金借款属于典型的政治借款,而汇丰银行又是新四国银行团最重要的成员,所以中英第一次平准基金借款的达成,表明新四国银行团自 1920 年成立以来所奉行的对华贷款方针(即各成员银行不得单独向中国提供政治性贷款)已经彻底失败。

---

① *DBFP*,*1919-1939*,Ser.3,Vol.8,p.488.

② 因维持上海汇市情势急迫,中国银行于 1939 年 2 月 10 日至平准基金会开始工作前,已向市场出售 1 195 333 英镑 6 先令 8 便士。见中国银行总行、中国第二历史档案馆合编:《中国银行行史资料汇编》上编(1912—1949)(三),档案出版社 1991 年版,2241 页。

三、中英达成乙种平准基金协定

中英达成平准基金协定之际,国民政府曾抱有较大希望,孔祥熙对报界发表谈话称:"此次贷款对巩固中国币制,实增进更大之便利,同时亦可证明英国对于中国财政及经济情况之关切。"①中英平准基金和基金委员会设立后,按法币 1 元合 8.25 便士的汇价,在上海和香港公开出售,力图把汇价维持在这一水平上。但是,由于通货膨胀、物价上扬,加上日伪方面不断以法币套取外汇,以及投机商的推波助澜,使平准基金不敷应付。至 1939 年 5 月底,基金总额已售出 2/3,至 7 月中旬,基金几乎耗尽。根据达成平准基金协定时郭泰祺与英方互换照会中的承诺,中国银行在当年便向平准基金会结售 97 万英镑②。国民政府的外汇储备也降到抗战爆发以来的最低点,中央银行的外汇节余仅剩 2 500 万美元③。在 1939 年的 6 月和 7 月,平准基金委员会不得不两度停售外汇,每元法币的汇率也不可避免地大幅度低落,从 8.25 便士、6.75 便士、5.5 便士,一路跌落至 4 便士的新低价④。

从 1939 年 5 月起,中国方面就开始由郭泰祺和罗杰士分别向英

---

① 《新华日报》1939 年 3 月 10 日。
② 中国银行民国二十八年度营业报告,《中国银行行史资料汇编》上编(1912—1949)(三),第 2241 页。
③ Arthur N. Young, *China and the Helping Hand*, *1937-1945*, Harvard University Press, 1963, p.163.
④ 《中国银行行史资料汇编》上编(1912—1949)(二),第 1412 页。

国政府探究提供新的平准基金的可能性。到了形势最紧迫的 7 月中旬，连宋美龄也出面向驻重庆的英国使馆官员求援。7 月 28 日，蒋介石电示郭泰祺把新的平准基金借款额提高到 1 000 万镑："预计在未来一年间，所需外汇基金当不过一千五百万镑，务望英方增援一千万镑，其余可由我国银行筹增若干，当可维持一年。"该电文并指出："自平衡会停售外汇后，近日汇市变动极大，确已至严重关头，如英方不即刻增援，中途停止，则因金融发生破绽，最近期内势必影响抗战前途，牵动大局，对于中、英利益，均有巨大损害，尤以英方在太平洋之威望，必大受打击，故英方不宜稍有顾忌，应立即增援。"蒋介石还指示郭泰祺向英方承诺，平准基金委员会在供应外汇的方法上将更慎重，杜绝日伪套汇以及资本逃避等情况①。郭泰祺根据蒋介石的指示书面照会英国外交部，但到了 8 月底，英国外交部借口英国财政部持异议，拒绝了中方的要求②。

英国虽然不准备直接向中方提供新的平准基金借款，但却数度游说法国加入平准基金。6 月中旬，法国一度同意向平准基金认款 2 亿法郎（按中英、中法间汇价套算，约合 100 万英镑），但要求派 2 名代表参加平准基金委员会。英方既认为法方的认款额太少，更以容易泄密和降低工作效率为由，不同意法方在平准基金委员会中占 2 个席位③。后来法方同意只向平准基金会派出 1 名代表，但考虑到

---

① 《中华民国重要史料初编》第三编（二）中英关系，第 215 页。
② 哈利法克斯致郭泰祺函（1939 年 8 月 29 日），*DBFP*，*1919-1939*，Ser.3，Vol.9，pp.512-513。
③ 英国财政部致罗杰士电（1939 年 6 月 13 日），*DBFP*，*1919-1939*，Ser.3，Vol.9，pp.167-168。

英方本身对继续支持平准基金态度不甚明朗，法方也犹豫了。

1939年9月初欧洲大战爆发后，法国因战败而不复可能加入中国平准基金。不过，欧战的爆发一度缓解了国民政府维持法币汇率的巨大压力：由于英镑跌价，进而带动美元有所下跌，法币在上海市场的汇价有相当程度回涨，至1940年初，法币对英镑的汇价上升了80%，对美元的汇价也上升了55%。在此期间平准基金委员会以法币向市场购回了420万英镑，相当于以往出售外汇总额的40%[1]。这是自中英平准基金设立后首次出现的良性局面。

1940年3月，平准基金协定一年期满，鉴于汇市又趋严峻，中英双方均同意延长原协定。4月起，平准基金会的外汇储备额再次下降，5月初，平准基金委员会又一次停止向上海市场提供外汇，法币汇率下跌到英汇3.125便士、美汇0.045美元。至1940年7月，平准基金会外汇存底仅200万英镑[2]，难以继续稳定汇市。

在市场的强大压力下，为了维持延长期限后的平准基金，中方继续由中国银行向平准基金会结售英镑，计1940年3月30日至6月27日结售89万镑，10月18日至11月6日结售35万镑。当年中国银行直接在上海售汇22万英镑，又通过汇丰银行售出46万英镑加57万美元，通过美商花旗银行售出180万美元；中国银行还在香港直接售出外汇合274 121镑4先令2便士[3]。与此同时，中方还数

---

[1] Arthur N. Young, *China and the Helping Hand, 1937-1945*, p.165.
[2] 《中华民国货币史资料》第二辑，458页。
[3] 中国银行民国二十九年度营业报告，《中国银行行史资料汇编》上编（1912—1949）（三），第2256—2257页。

度向英方提出，希望向平准基金增加新的认款。但法币汇率的连连下挫，使英方原投资银行的信心受到较大影响，麦加利银行拒绝提供新的借款，汇丰银行也仅愿供款100万英镑。总的来看，英方的态度颇为消极。在此情况下，中方决定除了由中国、交通两行投入总额大体上与汇丰银行的100万英镑相同的款额外，另由中央银行加入对平准基金的直接认款。1940年5月上旬，上述银行达成了增设平准基金的原则。

1940年7月6日，中央银行代表钟秉锋、中国银行代表贝祖诒、交通银行代表李道南和汇丰银行代表格兰朋，在香港正式签署了设立乙种平准基金的协定，共22条①。该协定规定各行对平准基金认摊额分别为：中央银行300万美元，中国银行60万英镑，交通银行200万美元，汇丰银行100万英镑（第一条）。按当时的英美汇率，乙种平准基金总共约合1140万美元。协定委托1939年成立的平准基金委员会管理乙种平准基金，具体由汇丰银行、中国银行以及中国政府经英国政府同意的代表（即罗杰士）共三人组成乙种基金管理委员会；每月向英国财政部提供工作报告，每半年另向英国财政部报告基金管理委员会所采取的策略、基金运用情况"以及英财政部所需要之其他关系资料"（第三、四、五条）；乙种基金英镑资产存于香港汇丰银行，美元资产存于香港中国银行，以基金之英镑或美元购入之中国法币，则存入香港或上海的汇丰银行（第九条）；

---

① 参见《民国外债档案史料》第11卷，第150—153页；《中华民国货币史资料》第二辑，第455—457页。但是，《中外旧约章汇编》第3册和《中华民国重要史料初编》第三编（二）均未收入中英乙种平准基金协定。

汇丰银行对乙种基金之认款按年利息率2.75%计息，并由中国银行提供利息担保（第十一、十二条）；在1939年平准基金结束之前，乙种基金不得清理，其资产不得收回（第二十条）。

与1939年的平准基金不同，在乙种平准基金协定中，为汇丰银行投资提供担保的是中国银行，而不是英国财政部。这一点已载于7月6日中央、中国、交通与汇丰四家银行联名致平准基金委员会的信中。但是，汇丰银行不满足于其投资本息仅由中国银行出面担保。汇丰银行总经理格兰朋借口在当年5月初与中方达成的谅解中，有国民政府财政部与中国银行共同提供担保的承诺，要求财政部提供书面担保。于是，财政部不得不在同年8月23日致函汇丰银行，称："所有原合同订明应由中国银行负责向汇丰银行缴还本息一节，并准由本部备函加以保证。"①

中英双方签署乙种平准基金协定的当月，上海外汇市场法币的英汇回落至同年4月的水平。于是，1939年基金管理委员会不失时机地购回了200余万英镑②。就维持法币汇率的职能而言，乙种基金与1939年基金并无本质区别，但根据乙种基金协定的规定，只有当1939年基金之"流动外汇资产减至最低限度"（第十三条），才会向市场抛售乙种基金。因此可以把乙种基金理解为1939年基金所设立的专项后备基金，这也就可以解释为什么乙种平准基金设立后始终没有动用过。另外，设立乙种平准基金的实际意义，还在于使外

---

① 《民国外债档案史料》第11卷，第154、157页。
② Arthur N. Young, *China and the Helping Hand, 1937-1945*, p.166.

界知晓中英双方的决心:为了联合维持法币对英镑的汇率,不惜向平准基金追加新的投资。

四、1941年中英达成新的平准基金

英方在乙种平准基金协定中仅由汇丰银行承诺新增100万英镑,且英国政府不提供担保,在一定程度上反映了英国在远东问题上的谨慎态度,这与当时英国在封存天津英租界中方银行存银问题和关闭滇缅路问题上对日本的妥协让步,其基本出发点上有相同之处,即尽可能避免与日本发生正面冲突。然而1940年9月底达成的德意日三国同盟条约,使英国朝野开始清醒地认识到:日本将对英国在远东的利益造成更大的威胁,对中国的援助是制约日本扩张的有效途径。于是,在向中国提供新的平准基金借款问题上,英国政府转持较积极的立场。

自1940年10月起,中国方面先由驻英大使郭泰祺在伦敦接洽新的平准基金借款。英国方面再次提出希望宋子文本人赴英进行具体谈判。郭泰祺自知对于平准基金事宜"甚隔膜,且系外行,未便商谈",建议重庆当局催宋子文赴英一行。但宋忙于在美国接洽援华事宜,不克分身;蒋介石也认为"最近期间,对美洽商更为重要"①。于是,12月初英方安排财政部次长费立浦(Sir Frederick

---

① 参见郭泰祺1940年11月9日致蒋介石电及蒋的批示,《中华民国重要史料初编》第三编(二)中英关系,第219页。

Phillips，又译作斐律普、裴律普）飞抵华盛顿，与宋子文进行谈判。国民政府又加派财政部次长郭秉文抵伦敦，与英国财政部保持联系。在重庆，蒋介石本人也与英国大使卡尔数次谈到平准基金借款问题。

中英新平准基金借款的交涉过程中，中方要求英方提供平准基金借款1000万英镑，另加信贷1000万英镑，共为2000万英镑，约相当于1亿美元。按照中方的设想，这是中方应从英方获得的最低借款额，因为"美国今年（1940年）借我总数已一万万五千万美金，而英国如要助我，数量上至少要有一万万美金也"①。在平准基金借款形态上，英方起初表示仅限于在大英帝国范围即英镑区域内使用；但中方却希望至少平准基金借款应为可以随时兑换成美元的自由英镑，从而对维持法币的汇率更为有效，认为作为平准基金的1000万英镑仅占美国对英国巨额美元贷款的极小部分②。

但是，英国方面只同意对华贷款总额为1000万镑，其中平准基金和信贷各500万镑，认为中方提出的数额超出了英方的财政能力。1940年12月9日，蒋介石在重庆会见卡尔时指出：美国新近宣布对华币制借款和信用借款各5000万美元，总额达1亿美元，英

---

① 宋子文致蒋介石电（1940年12月5日），蒋介石致宋子文电（1940年12月6日），《中华民国重要史料初编》第三编（二）中英关系，第221—222页。关于1940年内美国对华贷款的数额，是年2月和10月，美国与中国分别达成华锡借款2000万美元、钨砂借款2500万美元的协定；当年11月30日，美国政府又宣布将提供新借款1亿美元，其中平准基金借款和金属借款各5000万美元，但这两笔借款的协定都是在1941年才签订的。

② 宋子文致蒋介石电（1940年12月7日），《中华民国重要史料初编》第三编（二）中英关系，第223—224页。

国如果对华贷以相同数额的借款即 2 000 万英镑,"以一千万镑为币制借款,一千万镑为信用借款,并盼两种借款同时发表,俾造成有利之心理反应"。蒋还谈到,英国如果采取与美国平行的援华行动,不仅"足以坚我抗战实力,固我民族自信",而且可以促使"美国政府继续援华"。卡尔则强调,英国本身"饱受战事之摧残,今方竭力以求英镑与美元之平衡",最近英镑贬值,英国在美购买飞机军火要比以往多付出 1/3 的价款,随着"战争继续,或将倍之";英方原打算由美国承担援华的全部财政负担,英国"则作表示同情之借款而已",只是在卡尔本人"一再电恳伦敦"的情况下,英国政府才决定实际对华贷款总额为 1 000 万镑,其中平准基金借款和信用借款各 500 万镑,这一数额"实不能不称竭力矣"。卡尔还解释说,在对华贷款问题上,英国政府内部"众议庞杂,难求一致之同意,能得此数,恐已经一番努力矣"。至于中方提出平准基金借款形态为可兑为美元之"自由英镑"的要求,卡尔也明确拒绝:"此对华币制借款仍为英镑,不愿将其兑成美元,此与敝国关系甚大。"①另外,费立浦也在华盛顿向宋子文表明:此次平衡基金借款,以英只借英镑,不能变成美金为前提②。

经过此次与卡尔的会谈,蒋介石于 12 月 9 日和 10 日分别电示宋子文和郭泰祺向英方表明:如果英国政府确实有困难,可以实际

---

① 蒋介石会见卡尔谈话记录(1940 年 12 月 9 日),《中华民国重要史料初编》第三编(二)中英关系,第 225—230 页。
② 宋子文致蒋介石电(1940 年 12 月 11 日),《中华民国重要史料初编》第三编(二)中英关系,第 236—237 页。

上先提供币制借款 1 000 万镑，另外 1 000 万镑的信用借款可在以后另议；但希望英国政府宣布借款总额为 2 000 万镑，否则不如暂缓宣布。10 日晚些时候，路透社发表了英国政府将对华贷款 1 000 万镑的消息，蒋介石又急电郭泰祺和宋子文，要求与英方"切商此一千万镑专作为币制借款，对于信用借款必须另行续商订借"①。但是这些努力均于事无补，12 月 10 日，英国国会正式通过的对华贷款案总额仍为 1 000 万镑，平准基金借款和信用贷款各 500 万镑。

对于新平准基金借款的数额，国民政府已意识到无法向英方再争。但是在平准基金的使用上，双方却产生了新的分歧。1941 年 1 月初，上海市场法币之汇率日趋疲软，单靠原有的平准基金难以维持，只得由中国银行另行售出英金 75 200 镑，另托汇丰银行售出 56 万英镑又 300 万美元，托花旗银行售出 285 万美元，托大通银行售出 20 万美元，"惟以杯水车薪，只可防止汇市之骤变，而不能维持价格之稳定"②。18 日，蒋介石电示郭泰祺转告英方：蒋本人"对平衡基金维持上海黑市场之计划，不能赞成，此徒为日寇套取外汇，而非有利于抗战与经济也。请勿再作此利敌损己之打算为盼"③。在这里，蒋介石不仅仅是对英方在新平准基金借款数额上不接受中方要求表示不满，而且确实表明重庆当局对以大量外汇来维持上海汇市的做法，产生了重大疑虑：当时中国沿海与陆路国际

---

① 《中华民国重要史料初编》第三编（二）中英关系，第 230—232、234 页。
② 中国银行民国三十年度业务报告，《中国银行行史资料汇编》上编（1912—1949）（三），第 2270 页。
③ 蒋介石致郭泰祺电（1941 年 1 月 18 日），《中华民国重要史料初编》第三编（二）中英关系，第 240 页。

交通大多遭到日本封锁，通过关税和对外贸易的外汇收入来源基本枯竭，国民政府外汇储备日见拮据，获得外汇借款又如此不易，美国尚未通过对外军事援助的《租借法案》，中国在美国采购军用物资还得花费外汇；1941年1月上旬汪伪中央储备银行开业并发行"中储券"之后，上海外汇市场遇到了更大的套汇压力。蒋介石和财政部长孔祥熙都主张放弃上海，在日伪难以套汇的重庆另辟外汇市场。

但是，英国方面却把提供新平准基金借款与维持上海汇市联系在一起。1941年2月24日，卡尔向蒋介石转告了英国政府的答复："贵国政府撤销上海法币之支持，如无其他有建设性之政策代之，恐将铸成大错；同时敝国政府以为，就贵国现状而论，统制外汇恐难十分有效，而外汇统制不健全，能否规定任何建设性之政策，实成疑问。"英方在致蒋介石的书面备忘录中陈述维持上海汇市的种种必要性，其中提到："取消法币兑换能力之后，日本即可以中国政府业已放弃上海为藉口，俨然以另立币制基础，继续维持贸易为其责任，出而把持一切。届时彼等即可自由运用，作整个重要出口之统制，俾其发行之纸币获得基础，再进而获得沦陷区全部经济之统制。"这实际上表明了维持上海法币汇市（主要是对英镑之汇率）同维护英国在华经济权益之间的关系，亦即英国对华提供法币平准基金借款的重要动机。英方还断然宣称，无论从组织与设备、交通运输还是自由外汇来源等方面比较，在重庆不可能设立类似上海那样的外汇市场。英方备忘录最后还谈到，英国正在与美国协商关于中国法币汇率的妥善政策，在未见结果之前，"似以维持现状为最妥办法"①。

由于英方坚持以维持上海外汇市场作为提供新的平准基金借款的前提,中国只得在重庆新设立外汇市场的同时,同意与英方一起继续维持上海的法币汇市②。

1941年4月1日,由宋子文作为中国政府全权代表、李干代表中央银行、费立浦代表英国财政部,在华盛顿签署了中英新平准基金借款协定,共17条③。与1939年第一次平准基金借款协定比较,新平准基金借款协定是直接由中英两国政府的代表签署的,英方向该基金提供500万英镑的是财政部而不是汇丰、麦加利银行(第三条);协定规定新设立的平准基金必须用于在上海、香港维持法币汇率,但1939年平准基金之余额经英方同意可用于上海、香港以外的地区(第二条第一款,第四条);中国政府与中央银行保证以英镑每半年付息一次,年利息率为1.5%(第八条第一款),如果基金各项账户之余款均不敷偿付英国财政部的认款,将由中国政府与中央银行

---

① 《中华民国重要史料初编》第三编(二)中英关系,第244—247页。

② Arthur N. Young, *China and the Helping Hand*, *1937-1945*, p.186. 1941年3月1日,国民政府宣布在重庆开设外汇市场,由中央银行提供合法的外汇需要,但是在两个月内仅出售了不到20万美元,对维持法币的汇率并没有起到明显的作用。

③ 协定中文全文可见于《中外旧约章汇编》第3册,第1195—1220页;《中华民国重要史料初编》第三编(二)中英关系,第247—253页;《民国外债档案史料》第11辑,第348—354页;《中华民国货币史资料》第二辑,第465—470页。关于1941年4月1日中英平准基金协定的签署地点,《中外旧约章汇编》第3册第1195页记为"伦敦",误,应为华盛顿。宋子文、李干在同一天(1941年4月1日)还与美国财政部长摩根索签署了中美平准基金协定,据同书第1187页则把签署地点记为华盛顿。另蒋介石1941年5月致丘吉尔电文中提及中英新平准基金协定的签署地点:"贵政府最近在华府签订成立平准基金之协定。"见《中华民国重要史料初编》第三编(二)中英关系,第256页。

偿付(第十一条第一款丁);规定由中国政府成立五人组成的平准基金委员会,管理1939年和此次两项平准基金,其中至少三人为华籍,且由中方指定一人为主席;至少有一名英籍委员,其任免应由英国财政部决定,"该英籍委员应随时将委员会之工作无论已经实施或尚在计划者,全部呈报英国财政部"(第九条第一款),有关基金的说明书、决算表与报告应一并送呈中国政府和英国财政部(第十条第二款);英国财政部得随时通知中国政府终止本协定,并要求中国政府清偿英国财政部认款(第十二条第一款)。

1941年中英平准基金协定的达成,说明英国对于维持上海法币汇市的重视。同第一次平准基金借款相比,新平准基金借款的利息率有较大幅度的下降,与同时达成的美国对华平准基金借款的年利息率相同;不再规定中方必须与英方同步向平准基金注入新款项;也不再明确规定协定的期限,不要求每半年须办理延长期限手续;在操有对平准基金存废权的情况下,英方同意在平准基金委员会中方委员占多数。这些都表明,新的平准基金借款带有更多的援助性质。联系到英国同时还向国民政府提供500万镑的信用借款,可以认为在援华问题上英国政府已不再顾忌来自日本的反对,英国的远东政策迈出了较积极的步伐。

新平准基金协定虽然已经涉及与1939年平准基金的关系,但较简略;而1939年平准基金协定的直接签署者即汇丰、麦加利与中国、交通四家银行,都没有参加1941年平准基金协定的签署。该四家银行经过磋商后,于1941年4月26日签署了对1939年协定的补充协定,共五条。该补充协定确认,1939年基金及其资产,由根据1941年中英平准基金协定所产生的委员会"管理统制及运用之",所有账目亦由委员会统制、依照委员会的指示进行管理;再度延长1939年协定的有效期,即自1941年9月30日起延长6个月,以后还可继续以6个月为期加以展延;根据1941年平准基金协定的有关条款,对于1939年基金的运用地点及购入法币的存放银行等,做了补充说明①。

与1940年汇丰银行向乙种平准基金认款100万镑相比,英国财政部对新平准基金的认款500万镑不仅在数额上大大超过了前者,在职能上也不属于后备基金,而是与1939年基金一样,在同一个基金委员会管理下,随时准备介入维持汇市,尽管是分立账目。与此同时,设立中美平准基金的谈判也在较顺利地进行着。这样,数额偏少的乙种基金已经不再有继续存在的必要。经汇丰银行代表与中央、中国、交通三行代表的会商,同意自1941年4月1日即中英新平准基金协定签署的当天起,取消1940年7月的乙种平准基金协定;1941年4月24日,上述四银行的代表在香港正式签署了中止1940年乙种平准基金协定的文书②。

五、 中英平准基金会与中美平准基金会的合并以及平准基金的终结

从中国汇率稳定中受益最大的西方国家无疑是英国,自1939年

---

① 《中华民国货币史资料》第二辑,第477—478页。
② 中国银行总管理处、交通银行总管理处致财政部函(1941年4月30日),《民国外债档案史料》第11卷,第157—158页。

起的两年内，英国是唯一公开出面维持中国汇率的西方国家，其主要原因便在于此。但就英国政府而言，并不希望单独承担相应的政治风险和财政风险，自 1935 年中国实施法币政策起，就一直谋求与其他国家共同维持中国汇率。在 1939 年第一次中英平准基金协定达成前后，英方曾多次探寻与美国、法国共同出面维持中国法币汇率。法国一度考虑由法国银行向平准基金投入总额为 2 亿法郎的资金，法国政府将对法方银行的投资予以担保。由于中国以及欧洲局势的突变，法国最终没有加入中国平准基金。另外，尽管美国政府屡屡对加入中国平准基金表示冷淡，但英国方面一直没有放弃联合美国加入中国平准基金的设想。

再从中方看，虽然国民政府自成立之后始终拒绝接受新四国银行团关于对华联合贷款的规定，但在谋求外援问题上一直主张"多源化"。待到全面抗战爆发后，国民政府又把争取英美在援华和制日问题上的合作，视为中国外交的重大目标。第一次中英平准基金建立后，中方在谋求美国提供平准基金借款的过程中，也提出过相应的建议。例如，1940 年下半年国民政府代表宋子文在向美方提出的具体方案中，已经提出，应当另行设立一个委员会，以协调中英第一次平准基金、中英乙种平准基金和美国提供的平准基金三者的关系①。待到 11 月底美国明确将向中国提供 5 000 万美元的平准基金借款后，蒋介石便向英国驻华大使卡尔提出："予拟中、英、美三国共同为吾成立一稳定币制基金，美方出其五千万美金，英方出其

---

① *Morgenthau Diary*，*China*，New York：Dacapo Press，1974，pp.180-181.

一千万英镑,敝国亦拟出资参加,俾完成吾三国团结一致之结合,在国际间必发生极大之影响。"①

根据蒋介石指示,1940年12月宋子文在华盛顿向费立浦和美国财政部长摩根索(H. Morgenthau Jr.)正式提出:中英、中美各项平准基金合并于同一个平准基金委员会,委员会由五人组成,其中中方三人,英、美方各一人②。英美双方也都认识到,靠数额有限的中英、中美两个平准基金的分别运作,要想维持法币的英汇、美汇,是非常困难的;而把两个基金统一进行管理,使法币同时与英镑、美元相联并保持稳定,对各方都是有利的。对于中方提出设立统一的中英美平准基金委员会及其人员组成的意见,英方和美方也提不出可取而代之的方案。

1941年4月1日中英、中美平准基金协定分别签署后,成立统一的平准基金委员会便提上议事日程。4月25日,中国代表宋子文、英国财政部次长费立浦、美国财政部长摩根索,分别进行了中英、中美、英美之间的三个双边换文。中英之间、中美之间换文的基本内容是相同的,即中国政府将成立一专门机构,除中英、中美平准基金外,中国政府及中央银行已有和将有之所有外汇,都由该机构管理,该机构将"监督现行外汇管理之法则,至外汇管理系统扩大时,亦将畀以一切必需之权力";设立统一的平准基金委员

---

① 蒋介石与卡尔谈话记录(1940年12月9日),《中华民国重要史料初编》第三编(二)中英关系,第227页。
② 宋子文致孔祥熙电(1940年12月31日),《民国外债档案史料》第11卷,第359页。

会,由中方三人、美英方各一人组成;平准基金委员会中的三名中方委员将成为中国政府外汇管理机构的当然成员,以利于该机构与平准基金委员会的"充分合作",中国国家银行"亦当充分与该机构与平准基金会合作,决不参加任何足以妨碍其工作之举动"①。英美之间的换文,约定共同敦促中国成立一统一平准基金委员会,由中国政府任命中方三人、英美各一人组成;倘若英美之一方有意结束平准基金,则应在通知中国之前,预先通知对方,并会商如何处理平准基金中的法币问题②。

在酝酿平准基金会中的英方和美方委员人选时,中美之间在1941年5月中旬便正式确认福克斯(A. Manual Fox)为美方正式委员,但中英之间却为英方人选产生了较大分歧。英方起初提出原中英平准基金会主席罗杰士,中方加以拒绝,甚至不同意罗杰士担任基金会的临时代表,这使得英方感到难以理解,因为罗杰士对维持平准基金始终持积极立场。按杨格的说法,主要是罗杰士一直坚决主张维持上海外汇市场,与蒋介石和孔祥熙把外汇市场内移重庆的主张分歧颇大;罗杰士还不自觉地介入了宋子文与蒋介石、孔祥熙之间的纠葛,故为蒋、孔所不容③。一直到1941年7月底8月初,英国政府才决定由驻华大使馆原财政顾问霍伯器(Edmund. L. Hall-Patch,亦译作霍巴志、郝伯屈)作为平准基金会的英方委员,并且得到了国民政府的认可。8月11日,英方宣布由霍伯器就任平准基

---

① 分别见于《中外旧约章汇编》第3册,第1193—1195、1200—1202页。
② 《民国外债档案史料》第11卷,第368—369页。
③ Arthur N. Young, *China and the Helping Hand*, 1937-1945, p.189.

金会英方委员，改任罗杰士为港府经济顾问。

这样，中英美平准基金管理委员会五名委员终于确定：中方委员是陈光甫、席德懋、贝祖诒，英方委员为霍伯器，美方委员为福克斯，陈光甫被国民政府指定为主席。根据中方要求，名义上中英美平准基金委员会总会设于重庆，另在香港、上海设办事处。1941年8月13日，中英美平准基金委员会召开了第一次会议。

中英美平准基金运作之后，改变了以往中英基金在市场上抛售外汇的办法，采用外汇审核制度，按规定汇价（1元法币合3又5/32便士、合5又5/16美分）供给正当商业所需之外汇。这一汇价要比同期上海黑市高得多①。从1941年8月中旬至11月底的三个半月内，平准基金委员会直接出售外汇共计美金1 570万元、英金211万镑②。这一力度大大超过了以往三年的平均售汇额③。

为了帮助中国维持法币汇率，英国除了提供新的平准基金借款和与中美共组平准基金委员会外，应国民政府的要求，英国政府于1941年7月底宣布冻结中国在英国的资金；此后，又根据中方的要求，同意不冻结中国政府及所属机构、中中交农四行在英国的英镑

---

① 1941年8月16日，上海每元法币的黑市汇价为2又27/32便士，以及4又3/4美分。引自 Arthur N. Young, *China and the Helping Hand*, 1937-1945, p.198.

② 《中国银行行史资料汇编》上编（1912—1949）（二），第1414页。据杨格记载，该时期平准基金会所售出的美元主要来自中方银行，所售英镑来自英国方面。见于 *China and the Helping Hand*, 1937-1945, p.201.

③ 此前的售汇情况为：自1938年6月到1939年4月中英第一次平准基金成立，由中国银行出面净售汇600万美元；财政部自1938年6月起的一年里，向市面投入美元600万美元；中英平准基金会自1939年4月10日到1941年8月18日净售汇3 400万美元。三方面共计净投入4 600万美元，平均每月投入约120万美元。见 *China and the Helping Hand*, 1937-1945, p.202.

存款，并由中央银行掌握已冻结资金之解冻权①。这一措施有助于遏制套汇和资金外逃。另根据平准基金会的建议，上海英商银行从9月初起停止向市面供应外汇，其他外商银行亦予以配合；港英政府则颁布了香港各银行限制提取法币条例，规定各行不得以法币付予提款者，凡票面写明交在沪各银行或商业机关或个人之支票汇票，均不得向港各银行兑现②。这样沪港两地外汇黑市均趋于消灭。

1941年12月太平洋战争爆发后，香港、上海相继沦陷，两地英美银行存于平准基金会的4.5亿多元法币遭日方劫持，其中大部分为汇丰和麦加利银行之存款③。中英美平准基金委员会的运作实体不得不迁至重庆。此后，由于中国对外贸易的停顿，官方认为民间合理的外汇需求已大大减少，相应的外汇审核和供应量锐减。国民政府实际上停止了通过出售平价外汇来维持汇率的政策。平准基金委员会的作用明显下降。

此后，国民政府在维持货币稳定方面，主要依赖以适当的财政金融手段来吸纳流通中的法币。待到1942年3月国民政府从美国获

---

① 财政部次长郭秉文致孔祥熙电（1941年7月29日），《中华民国重要史料初编》第三编（二）中英关系，第258页。
② 《新华日报》1941年9月23日。
③ 财政部致蒋介石代电（1942年12月24日），《民国外债档案史料》第11卷，第163—164页。太平洋战争爆发前英美银行存于平准基金会法币总额达514 864 214.30元，其中1939年中英平准基金项下，上海汇丰银行99 092 847.92元，上海麦加利银行70 012 397.19元，香港汇丰银行30 225 000元；1941年中美英平准基金项下，上海汇丰银行146 007 947.74元，上海麦加利银行27 613 888.86元，上海大通银行9 625 131.52元，上海花旗银行128 184 879.51元，香港中央银行广州分行4 102 121.56元。以上存款总额中，有6 000万元因事先转至中、中、交、农四行而免遭劫持。

得 5 亿美元的财政援助后，即以 2 亿美元为基金，发行了"节约建国储蓄券"和"同盟胜利公债"；又以 2 亿美元自美国购入黄金，在大后方国统区举办"法币折合黄金存款"。这些措施涉及的外汇数额远远多于平准基金会的外汇存底。另外，自 1942 年年中起，中、中、交、农四行实行了业务划分，中央银行在统筹外汇收付、管理金融市场方面的权限和作用明显加强，此外还有直属行政院的外汇管理委员会。这样一来，平准基金委员会在外汇管理方面的职能愈益淡化。或者说，在外汇管理、维持法币问题上，国民政府实际上已在决策和实施两个层面都逐步贯彻自主原则，尽管仍希望外援的数额多多益善。

太平洋战争爆发后，国民政府就开始向英国寻求巨额财政援助，但主要由于英方的拖宕，一直到 1944 年 5 月 2 日，双方才达成 5 000 英镑的财政援助协定。该协定限定，在援助总额中用于发行内债基金以遏制通货膨胀的部分不得超过 1 000 万镑[1]。但到 1945 年 5 月 20 日为止，该部分基金尚未动用[2]。也就是说，在太平洋战争爆发后的几年内，不仅在维持法币汇率方面，而且在帮助中国遏制通货膨胀方面，英国实际上都没有起到明显的作用。

与此相应，在法币的汇率体系中，英汇已不复具有基准地位。在 1942 年 4 月，财政部作出指令性规定：1 元法币合 5 美分，法币的英汇及其他外汇牌价比照美汇来确定。平准基金会照知中央银行的法币英汇 1 元法币合 3 便士，就是以财政部规定的法币美汇为基

---

[1] 《中华民国重要史料初编》第三编（二）中英关系，第 289 页。
[2] 《民国外债档案史料》第 11 卷，第 453 页。

础,比照英镑与美元之间的汇率得出的①。

至1943年3月底,中英美平准基金延长一年亦已到期。此时,英国还认为平准基金会的存在有助于加强英美两国在货币事务方面的长期合作。美国则对平准基金日趋冷淡,其主要原因是对中国政府确定的官方汇率(1美元合20元法币)不满,认为官方汇价与黑市的差价越来越大,导致在华美军和其他机构的开支畸重,但只要中英美平准基金存在,美国政府就有义务对中国法币的官方汇率予以维持。1943年11月,美国财政部正式表示了结束中英美平准基金的意见。国民政府方面,由于蒋介石与财政部长孔祥熙的消极态度,也无意继续延长基金。这样,中英美平准基金开始清理。至1944年2月下旬,美国方面的5 000万美元已经清偿完毕。是时,在英方两次所提供的平准基金借款各500万英镑中,1939年汇丰与麦加利的500万镑实际动用额为2 746 640镑7先令,1941年英国财政部的500万镑实际动用额为2 870 902镑2先令2便士②。至1945年3月12日,汇丰、麦加利银行对1939年平准基金的认款已由英国财政部付清,所动用部分按2.75%的年利息率,先后由中国银行总共垫付利息196 240镑14先令,交通银行垫付105 668镑1先令4便士,中央银行垫付265 333英镑15先令,于1945年4月向英方付清③。至于英国财政部对

---

① 陈光甫致孔祥熙函(1942年4月16日),平准基金会复财政部函(1942年7月10日),《中华民国货币史资料》第二辑,第494—495页。
② 《民国外债档案史料》第11卷,第165—166页。
③ 中国银行交通银行致财政部函(1941年10月7日),《民国外债档案史料》第11卷,第160—161页;财政部新闻稿(1945年4月13日),中央银行致财政部公函(1945年8月18日),《民国外债档案史料》第11卷,第168—169页。

1941年基金认款动用部分之利息，按照1.5%的年利息率由中央银行分5期垫付，总额达130 316镑10先令9便士[①]。中央、中国、交通三行所垫付的利息，最后由财政部划抵结清。

20世纪30年代末和40年代初英国直接出面帮助维持中国法币汇率，在一定意义上是英国远东政策趋于积极的结果。而中国法币平准基金会的结束，则标志着英国最终解除了对中国币制稳定所承担的义务，但同时也意味着英国在中国货币金融领域的直接影响力的终结，尽管在太平洋战争爆发后，这种影响力已经越来越只具有象征意义。与此相应，抗日战争胜利前后英国在中国外交的国别倾向性中，已不复具有头等重要的地位。值得深思的是，当英国对日本在华的侵略扩张采取让步政策的时候，英国在中国和整个亚洲尚具有举足轻重的地位；而当太平洋战争爆发，英国终于同中国和亚洲其他国家建立反法西斯同盟之后，英国在这一地区的地位却在明显下降。这恐怕是英国对华政策决定者（包括在中国平准基金问题上的支持者和反对派）所始料未及的。近代国际关系史上影响各种力量之间对比消长的具体原因，当然是非常复杂的；然而历史的逻辑即历史的规律性，总还是会起着最终的决定性作用，即便这种作用往往是通过曲折甚至反复的方式体现出来的。

（原载《历史研究》2000年第1期）

---

① 中央银行致财政部函（1945年8月18日），《民国外债档案史料》第11卷，第356页。

美国和抗战时期中国的平准基金

1941年4月,中美之间曾达成平准基金协定,相应设立过中美平准基金,用于维持法币的官方汇率,直到1944年基金结束。研究美国在战时中国平准基金问题上的态度,分析美国方面在维持法币汇率上所起的作用,对于深入了解抗战时期中国的货币问题,探究美国对华政策和中美关系的演变,都有一定的意义。

一

美国对中国平准基金的态度,应追溯到国民政府法币政策的出台。自1935年11月起,国民政府废除了银本位,实施了法币政策,由中央、中国、交通三行无限制买卖外汇。此后,法币的汇率须维持在一定的水平上,而要维持法币的汇率,就必须设立相当数额的外汇平准基金。在币制改革令颁发前后,国民政府曾分别向英美方面谋求贷款。当时英国拖宕了原先允诺的借款。美国虽然没有向中国提供严格意义的借款,但通过从中国购买白银的方式，向中方提供美元外汇。其中，根据 1935 年 11 月 13 日达成的协定，美国财政部以每盎司 65 4/16 美分的价格，向中国购买白银 5 000 万盎司①。又根据 1936 年 5 月的《中美白银协定》，美国财政部以每盎司不低于 45 美分的价格，向中国购入 7 500 万盎司白银，并另向中国提供 2 000 万美元的外汇，中方以 5 000 万盎司白银作抵押②。美国以该种特殊方式提供美元外汇，对于抗日战争爆发前国民政府维持法币汇率的稳定，起到了十分重要的作用③。只是在运用美国所提供的美元外汇维持中国的汇率方面，战前中美之间并没有达成进一步的契约性关系。

1937 年 7 月 8 日，国民政府财政部部长孔祥熙与美国财政部部长摩根索(H. Morgenthau Jr.)在华盛顿达成如下协定:（1）美国财政部以每盎司 45 美分的价格，买下中国在美存银 6 200 万盎司;（2）美国将以黄金支付购银款，价格为每盎司黄金合 35 美元计，这些黄金存于纽约的美国联邦储备银行，用于稳定中国法币;（3）如果中国需要，美国准备向中国贷款 5 000 万美元，用以维持法币对美元的汇价④。7 月 9 日公布的孔祥熙—摩根索联合声明指出：中国币制改革和稳定货币的方案已取得了重大成功，"美国财政部将根据达成的安

---

① 国务卿赫尔致驻华大使詹森电（1935 年 11 月 13 日），见 *Foreign Relations of the United States*（以下简称 *FRUS*）1935，Vol.3, pp.641-642。

② J. M. Blum, *From the Morgenthau Diaries, Years of Crisis 1928-1938*, Boston: Houghton Miffin Company, 1959, pp.226-227.

③ 关于抗战爆发前美国与国民政府维持法币汇率之间的关系，可参见拙稿《美国和 1935 年中国的币制改革》，《近代史研究》1991 年第 6 期。

④ *FRUS*, 1937, Vol.4, p.610.

排，在保证两国利益的条件下，使中国的中央银行获得美元外汇，用以稳定中国的货币"①。当时孔祥熙确实认为，中美达成的这一"新货币协定"，标志着两国经济合作的新的进展②。

继1937年7月的协定之后，经过后续的交涉，分别在1938年的2月、4月、7月，中美双方达成了总额为1.5亿盎司白银的售银协议，售价在每盎司43—45美分之间③。这种方式对稳定中国法币的汇率不无裨益，但国民政府方面仍希望美国直接提供借款，以增加中国相应的外汇基金。在抗战爆发后的一年多时间里，中国驻美大使王正廷在美国进行了借款交涉。1938年初，双方曾有过一个初案：美国向中方提供1.5亿美元的巨额借款，期限10年，年利率3%，91扣发行，中方把借款价额1/4的现银存于双方共同指定的银行作为抵押，由中国国民政府开出债票，中国银行为债票签保④。嗣后美方把借款总额减至1亿元，又提出先行提供2 000万美元的小额借款，一度有两家美国银行表示了贷款意向，双方对借款条件的商议大致为：期限3年；年利率3%至4%，后定为3%；中方以白银和证券作抵押，另由中国银行作担保；中方还须支付律师费和佣金⑤。中方最后

---

① *FRUS*，1937，Vol.4，pp.611-612.

② 《孔祥熙致罗斯福函》（影印件）（1937年7月13日），*F. D. Roosevelt and Foreign Affairs*，*1937-1939*，Vol.2，New York，1979，File 376。

③ Arthur N. Young，*China and the Helping Hand*，*1937-1945*，Harvard University Press，1963，p.61.

④ 宋子文致孔祥熙电（1938年1月2日），《中华民国重要史料初编》第三编（一），台北："中央"文物供应社1981年版，第221—222页。

⑤ 参见（1938年2月至7月）王正廷与孔祥熙的往来电函，《中华民国重要史料初编》第三编（一），第223—224页。

未与美方达成正式借款合同。

1938年9月,上海商业储蓄银行总经理陈光甫以国民政府代表的身份在美国交涉经济援助事宜,包括要求美方提供外汇现款借款,以帮助中国稳定货币。当时美方只同意以购买中方2 000万盎司存银的方式来提供现汇①。此后,中美之间虽然先后达成了数笔信用借款,但美方迟迟不同意向中国提供直接用于维持法币汇价的借款。

抗战爆发后,在向中国提供直接用于维持法币汇率的平准基金问题上,是英国首先采取了实际步骤。1937年7月底和8月初,中英之间曾达成2 000万英镑金融借款的换文,该项债款用于维持中国货币的外汇汇价和整理中国的内债②。但双方未及订立正式合同,即因中日战事扩大,英方停止履行义务,没有向中方提供借款。此后的一年多时间里,中方又不断与英方交涉,在1938年上半年,英方曾数度表示将向中国提供维持法币汇率的借款,但至7月中旬,英国政府内阁会议否决了对华借款案,理由是"在现在国际情势下,恐增加纠纷及英方责任"③。同年10月下旬,在武汉和广州形势告急之际,宋子文在香港向英国驻华大使卡尔(A. Clark Kerr)求援,明确提出英国银行应帮助中国设立平准基金,以维持中

---

① *China and the Helping Hand*,1937-1945,p.80.

② 见美国驻英国大使致国务卿电(1937年8月12日),*FRUS*,1937,Vol.4,pp.620-621。国民党五届五中全会财政部财政报告也提到:"金融借款二千万镑草约已经签定。"(《民国档案》1986年第4期,第70页)

③ 郭泰祺致孔祥熙电(1938年7月14日),《中华民国重要史料初编》第三编(二),第202页。

国的货币①。英国政府重新认真考虑中国方面的要求。就英国方面而言,并不想成为维持中国币制的唯一的西方国家,认为最理想的方式,是英国、法国、美国联合对华提供维持法币的借款。这实际上是重提三年前英国政府关于各国联合帮助国民政府实行币制改革的方案。

此后,英国多次向美国、法国方面接洽,希望该两国共同加入中国平准基金。法国政府一度考虑由法国银行向平准基金投入总额为2亿法郎的资金,法国政府将对法方银行的投资予以担保,并提出法方在平准基金委员会中占2个席位②。由于中国以及欧洲局势的变化,法国最终没有加入平准基金。但英国方面一直没有放弃联合美国加入平准基金的设想。而在中日战争已全面爆发的情况下,英方尤为重视在援助中国货币问题上与美国协调一致。英国驻日本大使克莱琪(Robert Craigie)多次强调这一点。他认为,在对华提供货币借款问题上,"最重要的是,在每一步骤上,美国应与英国采取平行行动而不是相反"③;"如果英国单独行动,政治风险将很大;但在大英帝国和美国同时行动的情况下,风险就微不足道了"④。

---

① 卡尔致哈利法克斯电(1938年10月24日),*Documents on British Foreign Policy*(以下简称 *DBFP*),*1919-1939*,Ser.3,Vol.8,p.161。
② 哈利法克斯致驻香港商务秘书电(1939年6月13日),*DBFP*,Ser.3,Vol.9,p.167。
③ 克莱琪致英国外交部电(1938年11月24日),*DBFP*,Ser.3,Vol.8,p.262。
④ 克莱琪致哈利法克斯电(1938年12月5日),*DBFP*,Ser.3,Vol.8,p.299。

英国政府在说服美国参与平准基金借款上,做了大量工作。克莱琪在东京与美国驻日大使格鲁(Joseph C. Grew)多次会谈中,便企图使美方相信,联合对华提供货币借款绝不会导致战争。另外,1938年12月3日,英国外交部口头通知美国大使馆(12月7日由英国驻美国大使馆书面照会美国国务院),称英国政府正在考虑中国政府的如下请求,即英方银行至少提供300万英镑的平准基金借款,中方银行亦将向平准基金注入相等数额的外汇,中国政府认为,如果来自外国方面的资金达到500万至1 000万英镑,将使中国货币得以维持较长时间。英方向美方表示:英国政府尚未就向中国提供平准基金借款一事作出最后的决定,但希望美国政府同时采取平行的措施①。当时美国国务院听取了财政部的意见,以美国政府已经向中国提供了贷款(即桐油借款)为由,表示不考虑向中国提供新的借款②。

1939年1月6日,英国驻美国大使馆再次照会美国国务院,明确表示英国政府支持汇丰银行向中国提供300万英镑的平准基金借款,要求美国政府尽快采取平行的行动。英方的照会指出:英国政府所考虑的基本点在于,通过上述行动,可以清楚地表明两国政府正采取行动来维持相应在中国的利益,这些利益将因中国币制的崩溃而受到严重损害③。但是,1月10日美国副国务卿韦尔斯(Sumner

---

① *DBFP*, Ser.3, Vol.8, pp.297-298; *FRUS*, 1938, Vol.3, pp.581-582.
② 1938年12月20日美国代理国务卿韦尔斯与国务院政治关系顾问贺百克分别所作的备忘录,见 *FRUS*, 1938, Vol.3, pp.590-591。
③ *FRUS*, 1938, Vol.3, pp.639-641.

Wells)答复英国代办马莱(V. A. L. Mallet):对华货币借款问题,得到了美国财政部乃至总统本人认真和同情的考虑,但总统认为,如果没有国会的特别授权,美国政府加入货币借款是没有法律依据的,财政部也认为是没有可能性的;总统希望指出的是,通过购银和商业信贷,美国已经向中国提供了相当的援助,特别是从中国购银的政策,其对稳定中国币制的作用超出英方的认识;当英国政府宣布对华货币借款时,总统可能会考虑准备采取平行的但不是同样的行动①。

1939年3月7日,英国驻美国大使馆把中英所达成的平准基金协定的主要内容照知美国国务院,但没有如以往各次照会那样希望美国采取平行行动②。英国的果断行动对美国国务院方面有所触动,国务院政治事务顾问贺百克(Stanley K. Hornbeck)便认为:"英国政府在援助中国方面正采取新的步骤(货币借款)。我国政府曾向英国政府表明,我们将研究采取平行措施的可能性。如果确有可能的话,是否已经到了我们该采取此种措施的时候了呢?"他分析了日本侵华对美国在华权益和美国对华传统政策造成的影响之后,得出了一系列结论,其中包括:"如果我们希望在中国获得平等的机会,我们首先必须保全中国";"如果中国被占领,我们就不可能再有门户开放";"援助中国,要比直接在日本前进的道路上设置障碍

---

① 马莱致西门电(1939年1月11日),*DBFP*, Ser.3, Vol.8, pp.384-385;参见韦尔斯所作会谈纪要(1939年1月10日),*FRUS*, 1938, Vol.3, pp.641-642。

② *FRUS*, 1938, Vol.3, pp.653-654.

来得容易得多"①。但是，在相当长的时间里，贺百克的主张并没有被援华问题的决策者所采纳。财政部部长摩根索便主张，美国宁可对华提供专项的信用贷款，而不是直接支持中国的货币。自1939年起美国连续4笔对华借款都是商业信贷（桐油、华锡、钨砂、金属借款），便是明证。

二

中英平准基金和基金委员会设立后，便按法币1元合8.25便士的汇价，在上海和香港公开出售，力图把汇价维持在这一水平上。但是，由于通货膨胀、物价上扬，加上日伪方面不断以法币套取外汇，以及投机商的推波助澜，使平准基金不敷应付。至1939年5月底，基金已售出总额的2/3，至7月中旬，基金几乎耗尽。以中国银行为例，至6月底，垫付的平准基金总额已达422万英镑②。国民政府的外汇储备也下降到抗战爆发以来的最低点，中央银行的外汇节余仅剩2500万美元③。在1939年的6月和7月，平准基金委员会不得不两度停售外汇，法币的汇价也不可避免地低落。1939年6月7日，上海汇丰银行的法币牌价跌至6便士半，10月又跌至4便士以下。

---

① 贺百克备忘录（1939年3月8日），*FRUS*，1939，Vol.3，pp.655-657。
② 《中国银行行史资料汇编》上编（1912—1949）（二），档案出版社1991年版，第1412页。
③ *China and the Helping Hand*，*1937-1945*，p.163.

1939年9月初欧战爆发后,英镑一度跌价,并带动美元有所下跌,法币在上海市场的汇价有了回升,至1940年初,法币对英镑的汇价上升了80%,对美元的汇价也上升了50%。在此期间平准基金委员会以法币向市场购回了420万英镑,相当于以往出售总额的40%①。这也是自平准基金设立后首次出现的良性局面。

然而,到1940年3月,情况又趋严峻。4月起,平准基金储备额再度下降,5月初,平准基金委员会又一次停止了向上海市场无限制地提供外汇,法币的市价则下跌到英汇3.125便士、美汇0.045美元。至1940年7月,1 000万英镑的中英平准基金尚存200万英镑,实际上已经不能发挥稳定法币汇价的功用了②。此时法币汇率的急剧下跌,与汪伪政权的成立以及日伪在上海筹备成立新的金融机构直接相关。

在中英平准基金设立之初,美国方面不但没有参加,在华美商甚至一度加入了向中英平准基金会抢购外汇的行列。1939年7月17日,国民政府财政部美籍顾问杨格告知美国使馆方面:最近三天里,平准基金的耗费异乎寻常,其中约有一半是美国运通公司和花旗银行购入的③。无怪乎孔祥熙在7月18日致美国国务院的电报中,已无法按捺不满之辞了,他指出:"外汇情势日趋严峻,平准基金所剩无几。近日所售外汇,大部分为外商购去。据所收到的

---

① *China and the Helping Hand*,1937-1945,p.165.
② 《中华民国货币史资料》第二辑,上海人民出版社1991年版,第458页。
③ 驻华大使詹森致国务卿电(1939年7月18日),*FRUS*,1939,Vol.3,p.684。

报告,其中相当大的份额为美国运通公司、花旗银行和其他美商购去了。这无论如何不是友好的举措。因此,请务必尽快制止此事。"①

从1940年春夏之交起,国民政府方面在继续与英方谈判新的平准基金借款的同时,还加强向美方谋求平准基金借款。除了驻美大使胡适向美国财政部有所接洽外,蒋介石本人也多次向美呼吁。如5月14日,蒋介石致电罗斯福,指出:"目前日本军事进展既受打击,不宣而战之战争已演为经济战争,最近伪组织宣布在上海设立发行银行,加以欧洲局势日趋险恶,敝国币制所受之压力益形严重,以致物价上涨,汇价跌落,外汇基金如不予充实,则经济状况日趋疲软,影响所及,事业更致纷乱,万一金融崩溃,将使日人藉傀儡组织之力,统制敝国币制,敝国经济利益必遭摧残。最近上海美国调查委员会自动电请贵国政府贷款敝国,以维币制,此事足以显示,一般人士深恐日人破坏敝国币制之企图,势必影响贵国商业之利益也。"蒋介石要求美国政府"于此紧急之时,贷我现款,以维持敝国币制"②。同年8月11日,蒋介石又电示宋子文转告美国政府:"美国若不在金融上从速援我救济,则中国内外情势实难持久。"③

1940年6月,国民政府另派宋子文赴美国寻求援助,取代原先

---

① FRUS,1939,Vol.3,p.692.
② 《中华民国重要史料初编》第三编(一),第271页。美国方面公布该电文的译文时,记为1940年5月17日。见FRUS,1940,Vol.4,pp.656-657。
③ 《中华民国重要史料初编》第三编(一),第277页。

在美求援的陈光甫。在向美方提出的有关平准基金借款的具体要求中，中方的建议是：在中英业已达成的基金 A（即 1939 年达成的中英第一次平准基金）和基金 B（指当时中英之间已原则达成的平准基金，英方将由汇丰银行通过 100 万英镑，但该项平准基金实际上没有运作）之外，中美共同设立基金 C，其中由美方实际出资 5 000 万美元（名义上宣布出资 1 亿美元），中方出资 1 250 万美元；设立由 3—5 人组成的基金 C 管理委员会，美方代表占多数，并由中国政府任命一位美籍人士担任主席；委员会的外汇基金存于美国银行，法币基金存于在中国或香港的美国银行；由委员会指定的银行具体实施有关维持法币汇价的措施。值得注意的是，中方已经提出，应当另行设立协调平准基金 A、B、C 的委员会，由中美平准基金委员会的主席任该协调委员会的主席，中英各派一名委员（共同代表基金 A 和 B）①。11 月 9 日，蒋介石在重庆会见美国驻华大使詹森（Nelson T. Johnson）时，由外交部部长王宠惠宣读了一份名为《中英美合作方案》的文件，内中提到，希望英美联合或分别向中国提供借款，用以维持中国法币的汇率，该借款的总额应在 2 亿美元至 3 亿美元之间②。

美国方面，包括罗斯福本人，起初不相信中国能够实行如同德国那样的对货币制度的绝对控制，对中国希望美国提供平准基金借款的要求虚与应付。直到 1940 年 10 月日本公开承认了汪伪政权、

---

① *Morgenthau Diary*，*China*，New York：Dacapo Press，1974，pp.180-181.
② *FRUS*，1940，Vol.4，p.691.

英国方面又表明了将提供新的平准基金借款后,美国对于向中国提供平准基金借款的态度才转趋积极。1940年11月30日,罗斯福总统宣布美国将向中国提供5 000万美元借款,用于维持中国货币和美元之间的汇率。摩根索曾谈到罗斯福作出决定时的情况:"他(罗斯福)为中国担心,他显然担心汪(精卫)和蒋(介石)之间会发生某种事,他要求我在24小时内向中国人提供5 000万美元的平准基金借款。"①

此后,主要以宋子文代表国民政府,摩根索代表美国政府,双方就平准基金问题经过数度谈判交涉。12月26日,美国方面提出了关于设立中美平准基金和平准基金会的草案。到1941年4月,中美订立了有关平准基金和平准基金会的协定。

在谈判交涉期间,双方不无分歧,例举如下。

关于美国是否真正向国民政府提供用于维持法币汇率的现汇借款。起初摩根索称,如果要以美国的平准基金来帮助任何一个处于战争状态的国家,必须得到国会的特别批准;又提到,关于罗斯福宣布的1亿美元援华总额,"有人说是1亿美元的贷款,也有人说是1亿6千万美元的贷款,总之你们希望的是在全世界产生的效果",暗示美国已宣布的对华5 000万美元的平准基金借款可能只是名义上的。宋子文则提出,尽管中国财政部部长孔祥熙寻求过"橱窗装饰"即名义上的借款,但如果美国政府此次借款只是停留在"橱窗装饰"上,势必引起误解。他坚持平准基金借款必须是真正意义上

---

① *Morgenthau Diary*, *China*, p.243.

的现汇借款①。

关于实际提供的平准基金借款额。在原则上同意向中国提供平准基金借款后，摩根索又提出，在美国政府宣布给中国的 5 000 万美元的平准基金借款中，美国拟实际新贷款 3 000 万美元，此外的 2 000 万美元由 1937 年中美货币协定之下中国获得的价值 2 000 万美元的黄金抵扣。这也是此前美国财政部方面与国务院统一过口径的，按摩根索的说法，宋子文"做梦也想不到，我已经清清楚楚地向韦尔斯表明，我们将讨论的是 3 000 万（美元）"。宋子文不同意 3 000 万美元的数额，他提到，蒋介石希望为维持法币获得 2 亿至 3 亿美元的借款，5 000 万美元尚嫌不够，如果再减少 2 000 万美元，蒋本人肯定将十分不满，中国民众也会失望的。宋子文甚至表示，如果这次不是实贷 5 000 万美元，即使中国政府公开接受，他本人也不愿接受②。在宋的力争下，美国财政部方面不得不同意按 5 000 万美元的实贷额作进一步的谈判。

关于逐月拨付还是一次拨足。在 12 月 26 日的草案中，美方起初提出，为了保证 5 000 万美元的平准基金借款额能够应付较长时间的需要，在事先未得到美方允准下，每月向中方拨付的款额不超过 500 万美元。在中方表示异议后，美方同意首次先拨付 2 000 万美元，余款分 6 个月平均拨付。宋子文坚决不同意，认为分期拨付的方式将使平准基金无法应付紧急情况，何况这一消息一旦走漏，市

---

① *Morgenthau Diary*，*China*，pp.300-301.
② *Morgenthau Diary*，*China*，pp.303，310-320；《中华民国重要史料初编》第三编（一），第 287 页。

场对外汇的需要肯定会激增,势必无法满足。参与谈判的中国大使胡适起初同意分期拨付,但宋子文坚持不允,并且通过蒋介石向美方发去措辞强硬的电文。另一方面,中方宣布由摩根索所赞赏的陈光甫担任平准基金会主席,使摩根索颇为满意。罗斯福的助理居里(Laughlin Currie)也向摩根索指出,不要在这一问题上使中方认为美方不信赖国民政府,何况中国方面根本用不了5 000万美元,平准基金的主要作用是心理上的①。居里还向罗斯福本人进言,协定的条款应显示出美国对蒋介石的信任和信心②。最后,摩根索答应了中方的要求。

中美双方曾乐观地表示,可在1941年1月初签署平准基金协定。但由于各种分歧难以统一,直到同年4月1日,国民政府代表宋子文、中央银行代表李干,才在华盛顿同美国财政部部长摩根索签署了中美平准基金协定③。该协定共10条(其中第一条至第五条又共分15款),主要内容为:中国设立中美平准基金,用以稳定法币对美元的兑换价格,中国政府银行拨与基金至少2 000万美元及其他资产,基金一切资产应绝对用以稳定中国法币对美元之兑换价格(第一条第一款);设平准基金委员会,经理与统制平准基金,五名委员中,至少三人应为华籍,并由中方在其中指定一人为主席;

---

① *Morgenthau Diary, China*, pp.386, 395;《中华民国重要史料初编》第三编(一),第307—308页。
② *China and the Helping Hand*, 1937-1945, p.182.
③ 该协定全文可见《中外旧约章汇编》第3册(王铁崖编,生活·读书·新知三联书店1962年版)、《中华民国货币史资料》第二辑(中国人民银行参事室编,上海人民出版社1991年版)、《中华民国重要史料初编》第三编等资料集。

至少有一名美籍委员,由中方根据美国财政部长的推荐任命之;"美籍委员应将委员会业已实施或计划中之一切活动随时呈报(美国)财政部长"(第一条第二款);委员会在利用基金中的美金进行投资及再放款时,"非经过并获得(美国)财政部长或联邦(准备银行)之准许,不得办理"(第一条第三款);委员会应将有关基金的说明书、报告书、决算表"送中国及(美国)财政部长各一份";对于基金及其资产"已实施或计划中之一切活动情形,中国、中央银行及委员会应尽力协助美国籍委员搜集完善资料,供(美国)财政部长参考"(第一条第四款);美国财政部委托美国联邦准备银行,向中国银行与(或)中央银行购入总数不超过5 000万美元的法币(第三条第一款);对于美方业已用作购买法币之美元数额,中方由中央银行按月向美方支付利息,按年息1.5厘计算(第四条);在美方发出通知的30天内,中方必须按原先的汇率,以美元买回法币(第五条第一款);对于美方发出的通知,中方放弃一切抗议或要求之权利(第五条第四款)。协定还规定:美国财政部长或联邦准备银行提前一个月通知,便可取消以美元购买法币的义务;中方若希望延长协定之有效期,至少要提前30天通知美国财政部部长(第九条)①。从中美平准基金协定的各条款来看,虽然没有采用"借款方""贷款"等字眼,但规定了中方使用美方资金的一系列限制并须支付利息,双方的权利和义务是不平等的。

中美平准基金协定达成后不久,美国国务卿赫尔(Cordell Hull)

---

① 详见《中外旧约章汇编》第3册,第1187—1193页。

指示驻华大使詹森向中方表示：对于协定中某些条款使蒋介石感到不快，美方表示遗憾；美方认为，不存在对中国政府的信任问题，美方应该以最有效的方式减轻蒋介石的疑虑，例如从达成的协定中删去有关条款①。但是，1941年6月30日中美双方在达成补充条款时，仅把协定的有效期从1941年6月30日延长到1942年6月31日，除此之外的"一九四一年四月一日协定中的所有条款，应依照规定条件，继续完全有效"②。

在签署中美平准基金协定的同一天，中英之间也签署了新平准基金协定。之后，中国方面又同美、英经过磋商和换文，在形式上把中英、中美两个平准基金合并为统一的"中英美平准基金"，三方的认额分别是：英方共认 1 000 万英镑（约合 4 000 万美元），美方摊认 5 000 万美元，中方出资 2 000 万美元③。另外，在美方最终明确同意一次性拨款后，1941年4月25日，宋子文与摩根索正式签署了 5 000 万美元的平准基金借款协定④。同日，宋子文与摩根索发表联合声明，称中美平准基金的达成，是两国在货币领域的合作所采取的重要步骤，除有助于稳定两国货币间之关系外，还是促进两国福利的重要因素。⑤

---

① 国务卿赫尔致驻华大使詹森电（1941年4月28日），见 FRUS，1941，Vol.5，p.637。
② 《民国外债档案史料》第11卷，档案出版社1991年版，第373页。
③ 财政部向国民党五届九中全会的报告（1941年10月6日），《中华民国货币史资料》第二辑，第481页。
④ 分别见于1941年4月25日胡适致蒋介石电、宋子文致蒋介石电，《中华民国重要史料初编》第三编（一），第308、311页。
⑤ FRUS，1941，Vol.5，pp.633-634.

三

根据1941年4月25日宋子文—摩根索联合声明,以及当日宋子文分别与摩根索、英国财政部次长费立浦(Frederick Phillips)在华盛顿的换文,中国政府将设立由中美英三方代表参加的统一的平准基金委员会,由华方三人,美、英方各一人(由美英方各自推荐,中方任命)组成。

1940年11月29日,即美国政府决定向中国提供平准基金借款时,便已经考虑到要相应派出专门代表。美国国务卿赫尔当时提出:"我们提供了借款,但款项应在我们的控制之下,应派人前去中国予以管理,美国应担任基金会主席的职位,应把这一点告诉中国方面。"①12月1日,摩根索在与宋子文谈判时明确表示:罗斯福总统和赫尔国务卿坚持应由美籍人士掌管平准基金②。但在12月26日美方提出的草案中,已明确提出基金会主席由中方人士担任,美方只派一名委员③。联系到美方当时只同意按月向中国方面拨付款项,以及美国财政部要求对美方所投入资金的控制权,可以认为,美方并不打算在维持中国法币汇率问题上介入过深。

在酝酿平准基金会美方委员的具体人选时,美国政府内部起初考虑过高层次人士,如罗斯福的助里居里、财政部货币司司长怀特

---

① *Morgenthau Diary*, *China*, p.243.
② *Ibid.*, p.303.
③ *China and the Helping Hand*, *1937-1945*, p.181.

(Harry D. White),甚至提到过怀特的助理柯伊(V. F. Coe),最后确定的人选福克斯(A. Manual Fox),当时是美国关税委员会研究部主任,居里和怀特都推荐福克斯并为摩根索所接受。至1941年5月中旬,中美双方正式确认福克斯为平准基金会美方正式委员,戴勒(William H. Tailor)为福克斯的代理人,亦称代理委员;佛莱斯(Walter F. Frese)为助理①。

1941年6月初,福克斯一行到达香港,在5天的逗留期间,与银行界和经济界人士有较多接触。6月12日福克斯抵达重庆后,分别会见了蒋介石、孔祥熙和陈光甫等。福克斯与已确定为平准基金会委员的中方代表多次讨论,制定初步的工作计划,中方委员先赴后方各重要城市考察,美方委员参加对考察之结果的逐项研究,把考察报告及经济、金融和其他方面专家之报告,一并作为平准基金会的参考资料。

6月22日,福克斯出席在重庆召开的第三次全国财政会议,在演讲中称:"国内团结一致,乃中国基本力量之所在,可以粉碎一切敌人征服中国之企图,故余不揣冒昧,深望中国人民,应不惜任何代价,保持其国内之团结,各党派应本国家至上、民族至上之立场,消除成见。"当时《新华日报》曾以《福克斯之言》为题发表短评,称福克斯"这话说得很精警有力"②。6月底,福克斯抵达上

---

① 赫尔致胡适函(1941年5月2日),FRUS,1941,Vol.5,pp.640-641;孔祥熙致宋子文电(1941年5月15日),《中华民国重要史料初编》第三编(一),第314页。

② 《新华日报》1941年6月22日。

海,直接考察经济情形及外汇供需状况,后又去香港视察汇市。

由于当时中英之间为平准基金会英方委员人选产生分歧,中英美平准基金委员会迟迟不能正式成立。英方起初提出原中英平准基金会主席罗杰士(Cyril Roges),为中方所拒绝。按杨格的说法,主要是罗杰士较坚决地主张维持上海自由外汇市场,与蒋介石和孔祥熙把外汇市场内移重庆的主张分歧颇大;罗杰士还不自觉地介入了宋子文与蒋介石、孔祥熙之间的纠葛,为蒋、孔所不容①。福克斯抵达重庆后,蒋介石向他表示,希望在一个月内正式组织起平准基金会,无论有无英国方面的代表,并坚决反对任命罗杰士为中英美平准基金会的代表,哪怕是临时代表。

福克斯十分明确地感受到中方对罗杰士的强烈反对,但却无法直接干涉。美国财政部曾明确指示福克斯:罗杰士是否被中方接受为平准基金会委员,是英国和中国之间的事,美国财政部不打算施加影响;但希望平准基金会尽早正式成立并运作。美国财政部在知晓若干在华美商银行与汪伪中央储备银行有谅解时,还致函在华美商银行的纽约总行,要求它们支持中国法币汇价的稳定②。

直到1941年7月底8月初,英国政府才决定由驻华大使馆原财政顾问霍伯器(Edmund L. Hall-Patch,亦译作霍巴志,郝伯屈)作为平准基金会的英方委员,并且得到了国民政府的认可。8月11日,英方宣布罗杰士改任港府经济顾问,"专备咨询关于港埠封存中日资

---

① *China and the Helping Hand*,1937-1945,p.189.
② 国务卿赫尔致驻华大使詹森电(1941年6月18日),*FRUS*,1941,Vol.5,p.665。

金及港埠列入金镑集团以后所发生之问题";另由霍伯器就任平准基金会英方委员①。

这样,中英美平准基金管理委员会5名委员终于确定:中方委员是陈光甫、席德懋、贝祖诒,英籍委员霍伯器,美籍委员福克斯,陈光甫被国民政府指定为主席。委员会的秘书长为冀朝鼎。

经中方要求,名义上中英美平准基金委员会总会设于重庆,另在香港、上海设分会。1941年8月13日,中英美平准基金委员会召开了第一次会议,标志着平准基金会的正式成立。次日,陈光甫以平准基金会主席的名义致函美国联邦准备银行,告知平准基金会成员名单和签字底样。另由驻美大使胡适照知美方:中国平准基金委员会是中国政府的一个机构,在中国法律之下享有完全的权力,实施1941年4月1日签署、6月30日延长之平准基金协定的全部条款②。

福克斯来华后,颇得财政部部长孔祥熙和蒋介石本人的赏识,意欲聘请他兼任国民政府财政部的顾问。但是,美国政府持不同意见。1941年10月下旬,美国国务院方面和居里决定,福克斯不应接受担任中国财政部的顾问,否则将妨碍他独立地在平准基金事务方面作出决定,也不利于他接近蒋介石③。这样,福克斯只是以平准基金会美方委员的身份活动,但仍介入了维持汇率之外的其他事务。在中美5亿美元借款的谈判过程中,福克斯发表的意见曾对美

---

① 《新华日报》1941年8月12日。
② FRUS,1940,Vol.5,pp.745-746.
③ FRUS,1941,Vol.5,pp.736-737.

国政府的决策起了重要作用。

中美平准基金达成之初,美国方面还是比较支持的。1941年5月8日,摩根索向参议院银行与币制委员会提出,将中美平准基金协定有效期延长至1943年6月底,称平准基金的设立对于稳妥法币汇率、巩固币制,当有重大之帮助。6月14日,摩根索又在该委员会发表演讲,称中美平准基金协定有助于中国政府整理金融和开展对傀儡政权货币的经济战①。摩根索还向报界公开表示:"中美平准基金已开始运用,迄今为止,未闻有何不满之词。"②6月30日,中美双方决定把平准基金协定延长一年。

1941年9月初,美国政府在和英国政府协调之后,要求所有在华(在远东)友好银行,对于新设立的中国平准基金会进行全面合作。英国政府也采取了相应措施。美国政府还表示,各银行的合作,是与美国财政部在中国货币领域的合作一致的。美国国务院还分别要求荷兰政府与比利时政府照知各该国在远东的银行,配合中国平准基金会的有关措施③。

中英美平准基金的正式运作,是在美国政府率先决定冻结中国在美私人资金、英国与荷兰相继响应之后,这在一定程度上平抑了市场的套汇风潮,减轻了基金会的售汇压力。另外,新的基金会以外汇审核制取代了以往中英平准基金会公开抛售外汇的办法,并按每1元法币合英金 $3\frac{5}{32}$ 便士(即1英镑合法币76.04元)、合美金 $5\frac{5}{16}$

---

① 《新华日报》1941年6月15日。
② 《新华日报》1941年5月10日、17日。
③ *FRUS*, 1939, Vol.3, p.723.

美分(即 1 美元合法币 18.82 元)的汇率,供给正当商业所需之外汇。这一汇率要比同期上海黑市约高 10%①。美国财政部还主动提议由平准基金会审核所有的美中贸易,即凡在华之中外商人,必须持有平准基金委员会核准使用外汇的证明,才可从美国订购货物运往中国;另一方面,自中国任何地区运往美国售汇之货物,必须出示已将外汇售与平准基金委员会之证明,美国政府才允准其货物入口。这样,一方面私存外汇难以绕过平准基金会订购进口货物,另一方面对黑市外汇的来源也有所限制。此外,在取消上海外汇黑市和香港法币黑市问题上,美商银行和英商银行都予以配合,这对于中英美平准基金会无疑是一大支持。

尽管如此,中英美平准基金委员会正式运作之后,为维持法币汇率仍然售出了较大数额的外汇。从 1941 年 8 月中旬至 11 月底的 3 个半月内,平准基金委员会直接出售外汇总额约为 2 100 万美元,这一力度大大超过了以往三年的平均售汇额②。不过,中英美平准基金会在该时期所售出的美元主要来自中方银行,所售英镑来自英国方面。尽管自抗日战争爆发之后法币的汇率明显呈下降的趋势,

---

① 1941 年 8 月 16 日,上海每 1 元法币的黑市汇价为 $2\frac{27}{32}$ 便士,以及 $4\frac{3}{4}$ 美分。引自 China and the Helping Hand, 1937-1945, p.198。

② China and the Helping Hand, 1937-1945, pp.201-202。此前的售汇情况为:自 1938 年 6 月到 1939 年 4 月第一次中英平准基金成立,由中国银行出面净售汇 600 万美元;财政部自 1938 年 6 月起的一年里,向市面投入 600 万美元;中英平准基金会自 1939 年 4 月 10 日到 1941 年 8 月 18 日净售汇 3 400 万美元;三方面共计净投入 4 600 万美元,平均每月投入 120 万美元。另据《中国银行行史资料汇编》上编(1912—1949)(二)第 1414 页载,该时期平准基金会售汇额为美金 1 570 万元、英金 211 万镑。

通货膨胀比较严重,但直到太平洋战争爆发前夕,上海的法币汇率大体上平稳,黑市基本消灭①。

依照 1941 年 4 月 25 日宋子文致摩根索函,国民政府将在统一的中美英平准基金委员会之外,另设立一个机构,该机构将"专司管理我国所有外汇之责","监督现行外汇管理之法则,至外汇管理系统扩大时,亦将畀以一切必需之权力";中国政府及所属机关,对该机构与平准基金委员会"自当充分合作",中国国家银行"亦当充分与该机构与平准基金会合作,决不参加任何足以妨碍其工作之举动"②。这一中国政府管理外汇的机构,就是外汇管理委员会。1941 年 8 月,外汇管理委员会在重庆正式成立,国民政府派孔祥熙兼外汇管理委员会委员长,俞鸿钧、陈光甫、陈行、贝祖诒、席德懋、顾翊群、宋汉章等 15 人为委员。

福克斯与孔祥熙指定的俞鸿钧、顾翊群商讨了平准基金会与外汇管理委员会职权划分的问题。至 10 月底,双方协商的结果是:凡商业用途(包括私人用途)所需之外汇,悉由平准基金委员会审核出售;凡政府机关(包括政府企业)所需外汇,均由外汇管理委员会负

---

① 据 *China and the Helping Hand*, 1937-1945, p.437, 每 1 元法币的上海电汇价如下:1937 年 29.44—30.25 美分, 14.13—14.75 便士, 1938 年 1 月 1 日至 3 月 12 日 29.63—29.91 美分 14.20—14.25 便士, 1938 年 3 月 14 日至 6 月 30 日 16.75—29.38 美分 8.10—14.13 便士, 1938 年下半年 15.65—18.50 美分 7.97—9.02 便士, 1939 年上半年 12.50—16.50 美分 6.22—8.50 便士, 1939 年下半年 6.25—12.63 美分 3.22—6.41 便士, 1940 年上半年 4.44—8.25 美分 3.06—5.03 便士, 1940 年下半年 5.16—6.34 美分 3.38—4.03 便士, 1941 年上半年 5.22—5.75 美分 3.16—3.61 便士, 1941 年下半年 3.25—5.43 美分 2.00—3.27 便士。

② 分别见于《中外旧约章汇编》第 3 册,第 1193—1195、1200—1202 页。

责审核,通知中央银行照售,再由中央银行向平准基金委员会如数补进,平准基金委员会在运用基金时,除了中英、中美平准基金协定规定的数额外,上海及后方出口之结汇,均划归平准基金委员会支配,并得由中央银行在华侨汇款项下酌拨若干供平准基金委员会运用;平准基金委员会出售外汇之数额及资金收支状况,须按时报告外汇管理委员会①。上述决定从 11 月开始付诸实施。此后直到太平洋战争爆发,平准基金会和外汇管理委员会之间协作较为默契。

四

1941 年 12 月太平洋战争爆发后,香港、上海相继沦陷,中英美平准基金委员会不得不迁至重庆。此后,由于中国对外贸易的停顿,相应的外汇审核和供应需求量一度锐减,平准基金委员会的作用明显下降。中美双方对平准基金继续存在的必要性产生了分歧。

总的来看,自太平洋战争爆发后,在以平准基金维持中国法币汇率的政策上,美国方面(起初是财政部,后来包括国务院)的态度渐趋消极。

1941 年底,孔祥熙曾向在重庆的美国财政部代表科克伦(H. Merle Cochran,亦译作柯克朗)建议:美国财政部在美国国内另外单独设立一项新的美元基金,以支持中国法币。孔祥熙表示,中方

---

① 《外汇管理委员会第二次会议议事日程报告事项》(1941 年 10 月 27 日),《中华民国货币史资料》第二辑,第 487—488 页。

并不认为有必要使用该项基金,该项基金无须置于平准基金会之下并按平准基金的方式加以使用①。显然,这只是"橱窗装饰"性质,目的是让外界知道在平准基金之外还有这么一项美元基金的存在,从而有助于确立对法币的信心。但是,美方没有对中方的这一要求予以认真考虑。

1942年2月初,福克斯奉召回美,由财政部驻华观察员爱德勒(Solomon Adler)暂代平准基金会委员的职位。按照美国国务院方面的看法,爱德勒在平准基金会中的地位和作用无法与福克斯相比,如果福克斯长时间不回,实际上意味着美国对平准基金会重视程度的下降,同时也势必影响到美方对平准基金会事务的发言权。因此,在4月下旬,国务院方面建议与财政部讨论"中国平准基金会的未来作用是什么",并建议让福克斯尽快返回重庆,参与平准基金会工作。美国财政部则认为国民政府不够重视平准基金会,1941年11月起平准基金会和外汇管理委员会之间的职权划分后,平准基金会在币制和外汇问题上已没有很多的作为了②。

重庆方面一度也因福克斯的迟迟不归而对美方支持中国官方汇率和币制的政策产生疑虑,这些疑虑通过美国大使馆和爱德勒传到美国国内。在这种情况下,摩根索不得不于4月底转告中方,他本人对平准基金会事务十分关注,认为平准基金会应尽一切努力支持中国的战争,福克斯也将在近期回到中国。对于摩根索的表态,孔

---

① *FRUS*,1942,p.465.
② *FRUS*,1942,p.514.

祥熙通过爱德勒作了答复：中国政府将继续与平准基金会进行全面的合作①。这样，两国政府在平准基金会问题上的分歧暂时缓和，中美平准基金协定的有效期也延至1943年6月底。

福克斯于1942年5月25日返抵重庆，他所面临的难题之一，是如何应付平准基金内英镑部分的短缺。由于中英5 000万英镑财政援助谈判迟迟没有结果，对于合法的英镑需求，中央银行当时只能动用美元储备，按英镑和美元的汇价，套算成美元出售。6月初，福克斯向美国财政部转告孔祥熙的要求，即动用平准基金会的美元部分来应付市场对英镑的需求。美国财政部立即明确表示，在基金会的英镑部分动用完毕之前，美国无意允准动用基金会中的美元部分去购买英镑，并把该意见明确转告在重庆的福克斯②。事实上，美国的这一态度由来已久。在1940年12月初提议中英平准基金会和中美平准基金会应合并为一个基金会时，美国方面便提出"首先用尽中英基金，再动用美国基金"的原则③。在美方看来，平准基金会中的美元部分应完全用于维持法币对美元的汇率，这是与美中经济贸易关系直接相关的。

但是，1942年6月21日晨，福克斯在其重庆寓邸突然病逝。此后，围绕着福克斯的继任者问题，双方进行了长时间的交涉。

由于福克斯的去世，平准基金会中便没有了美方正式代表。作

---

① *Morgenthau Diary China*, pp.839-840.
② 怀特致摩根索的报告（1942年6月15日），*Morgenthau Diary China*, pp.854-855.
③ 宋子文致蒋介石电（1940年12月7日），《中华民国重要史料初编》第三编（一），第288页。

为福克斯私人代表的戴勒只是平准基金会的候补委员,且在太平洋战争爆发后日军攻占香港时落入日本之手。当时,美国驻华大使高斯的意见是:美国财政部应尽快向平准基金会派出另一名代表,虽然平准基金会的作用不太明显,但目前需解决的问题却很重要,美国应有自己的声音。高斯建议由美国财政部驻重庆的代表爱德勒任平准基金会的美方委员,认为爱德勒非常熟悉基金会的事宜;并建议爱德勒仍从美国财政部支薪,不要像福克斯那样从基金会获取补贴,福克斯是从基金会获取补贴的唯一之人,英方代表和中国代表都不从基金会拿补贴①。同年7月1日,摩根索致电孔祥熙,称在确定美方新的正式委员之前,推荐爱德勒为平准基金会的美方代理委员,在平准基金会中行使美方委员之职权。7月6日,孔祥熙复电摩根索,表示同意摩根索的推荐,任命爱德勒为平准基金会美方代理委员②。7月8日,爱德勒以观察员身份列席平准基金会的会议。7月17日,孔祥熙正式任命爱德勒为平准基金会的美方代理委员。同年10月上旬,平准基金会美方候补委员戴勒从香港回到美国,并且辞去了平准基金会的职位。于是,根据摩根索的推荐,孔祥熙任命爱德勒为平准基金会的美方候补委员③。

1943年上半年,国民政府方面没有根据中美平准基金协定有关条款的规定正式提出再次延长的要求。美国方面遂认为,这是结束

---

① 驻华大使高斯致国务卿赫尔电(1942年6月30日),*FRUS*,1942,China,pp.526-527。

② *FRUS*,1942,China,pp.528-529.

③ Ibid., pp.538-540.

中美平准基金的最好借口。

1943年7月26日，摩根索指示爱德勒辞去平准基金会候补委员的职位，财政部打算任命他为财政部驻华代表。爱德勒复电：如果财政部考虑战后设立相应的基金会以进行美中货币事务的合作，那么最好保留目前的平准基金会；如果没有这方面的考虑，他就没有理由不辞职。7月31日，摩根索答复爱德勒：收到该件后，应即提出辞职①。8月3日，爱德勒向孔祥熙递交了日期为8月2日的辞呈。

收到爱德勒的辞呈后，孔祥熙指示当时在美国的平准基金会中方委员席德懋、中方候补委员郭景琨，向美方探寻修订中美平准基金协定的可能性，并希望爱德勒收回辞呈。摩根索虽然指示爱德勒暂时收回其辞呈，但对中方修订平准基金协定的要求未予答复②。

同年9月下旬，席德懋向美国财政部递交了中方关于中美平准基金协定的修订稿。10月6日，美国财政部召开会议讨论这一问题，远东司司长巴兰亭（Joseph W. Ballantime）等国务院方面的官员出席了会议。时任摩根索助理的怀特提及：中国方面正式提出修订业已届期的中美平准基金协定，其中最重要的建议，就是继续维持1941年时的中国货币与美元之间的比价。怀特表示，在过去的一年里，中国货币急剧贬值，财政部方面不打算达成一项以1941年汇率为基础的协定，对中方的要求采取了敷衍的态度，财政部希望知道

---

① *FRUS*，1943，China，pp.464-465.
② 《赫尔国务卿致驻华使馆代办安其森电》（1943年8月11日），*FRUS*，1943，China，p.466。

国务院的意见。巴兰亭询问涉及美方的直接利益状况。怀特解释说，基于1941年汇率之上的平准基金协定，对美国来说在经济上和财政上是不可行的，估计国会不会批准。但美方也担心，如果中美双方未达成以两国货币一定比价为基础的平准基金协定，中美租借协定的修订就将遇到技术困难；此外，在法律上也就不可能阻止在华美国官方人士介入黑市。会议结束时，巴兰亭表示，将与国务院其他有关的官员讨论此事①。

正是在听取了财政部方面的意见，特别是关于维持法币官方汇率对美方不利影响的说明之后，美国国务院对保持中美平准基金的态度转趋消极。10月7日，巴兰亭在一份备忘录中概括了支持财政部托宕中方要求的几点理由：中国当局并不十分关注此事；中方明明知道，他们所提出的以1941年汇率为基础的建议是不现实的，不可能得到美国财政部的赞同；美国财政部拖延此事不会影响到中美之间的友好关系，也不会影响逐渐增加的美国对华军事和物资援助。因此，他"非正式"地建议财政部：国务院不反对财政部处理此事的态度②。

至1943年10月13日，中方还没有书面提出修订意见，只是口头提出了无关大局的几点意见，如中美双方都有结束平准基金的权利。美方认为，除非中方提出书面建议，中方实际上并不急于延长平准基金协定的期限，美方也没有必要采取主动姿态。美方甚至这

---

① *FRUS*, 1943, China, pp.468-470.
② Ibid., p.471.

样自我解释:中国目前对外贸易中断,平准基金会并无什么事可干,此时确定中国法币与美元的汇率只具有书面意义①。

10月16日,驻华大使高斯(Clarence E. Gauss)从非正式的途径获知,对于中美平准基金协定,中国政府向美国政府提出两个供选择的建议:(1)按中国政府建议的原则修订;(2)结束基金会,待到将来机会合适时再恢复②。中方这一较强硬的表示,反而促使美国方面作出结束中美平准基金的最后决定。11月13日,美国财政部正式通知在华盛顿的宋子良和席德懋:美国财政部认为,在当前情况下,1941年协定没有必要展期,已经指示爱德勒退出平准基金会;在现有汇率基础之上无法达成一项平准基金协定,中国目前并不需要财政援助,如果需要,可在将来向美国财政部提出达成新的协定。席德懋希望爱德勒暂缓退出基金会,直到孔祥熙对此事发来指示。财政部因而电告爱德勒暂缓递交辞呈,但指出,在爱德勒辞职一事上,美国财政部已不再改变决定③。

另外,作为平准基金会美方候补委员的爱德勒本人,自8月下旬按美国财政部的指示离开重庆后,先去印度考察,然后赴开罗,与随同罗斯福参加开罗会议的摩根索、怀特会晤。11月13日爱德勒回到重庆后,向孔祥熙转达了摩根索和怀特在开罗会议期间关于结束平准基金会的意见。孔祥熙表示,同意在不久的将来结束平准基金会。爱德勒建议中美两国财政部就基金会的结束发表联合声

---

① FRUS,1943,China,pp.471-472.
② 高斯致国务卿电(1943年10月16日),FRUS,1943,China,p.472。
③ 赫尔致高斯(1943年11月13日),FRUS,1943,China,pp.472-473。

明，以免轴心国就此事造谣惑众。11月24日，席德懋和宋子良通知美国财政部，孔祥熙同意美方关于结束中美平准基金的意见，根据目前的情况，1941年的中美平准基金协定没有必要展期。美国财政部即电告爱德勒在12月31日辞职，但给爱德勒一个月的机动期①。

11月23日，孔祥熙书面通知平准基金会，自11月30日起，停止买卖外汇，有关事务转交中央银行和外汇管理委员会。根据孔祥熙的指示，11月29日，平准基金会举行会议，决定结束相应业务。爱德勒决定暂时不提出辞呈，直到有关事务完全了结②。至1944年3月底，中英平准基金协定也到期失效。总的看来，英国方面虽然希望维持中英美平准基金会，认为该平准基金会的存在有助于加强英美两国在货币事务方面的长期合作，但是，英国方面没有及时向基金会注入新的资金。当中美双方在平准基金会问题上的分歧公开化后，英方也没有为消弭歧见、维持基金会而向中美双方作强烈的呼吁交涉，只是以旁观者的身份眼睁睁看着基金会的终结。

中英美平准基金结清了全部账务后，于1944年6月正式结束。

五

导致中英美平准基金终结的主要因素，是美国方面的消极态度。

---

① *FRUS*，1943，China，pp.473-474.
② Ibid.，pp.475-476.

美国是在太平洋战争爆发前决定以设立联合平准基金的方式来维持中国法币汇率的。太平洋战争爆发后,美国方面开始对平准基金日趋冷淡,最直接的原因是对中国政府确定的法币官方汇率不满,认为官方汇率与黑市差价越来越大,导致在华美军和其他机构的开支畸重。而在与中方交涉调整官方汇率无果的情况下,结束中美平准基金便是美方必然的选择。

在中美平准基金设立后的1941年下半年,上海市场每1元法币对美金的汇率涨落幅度在3.25美分至5.43美分之间,其平均值约为4美分。太平洋战争爆发之初,国民政府内部对官方汇率的确定也有不同意见。当时宋子文曾根据美国银行界的建议,提出把法币汇价降低到1元法币合4美分(即1美元合25元法币)①。结果,孔祥熙的主张占了上风。根据财政部的命令,自1942年7月10日起,平准基金会实行新的汇率,银行售价每1元法币合美金5美分,合英金3便士②。

在美方看来,法币的官方汇率与低下的实际汇率相去甚远。根据美方掌握的资料,在重庆市面上每1美元实际兑换的法币数额,1942年12月为45元,1943年12月为85元,1944年2月为175元③。美方曾多次向中方交涉,希望中国调低法币的官方汇率,但都遭到拒绝。1942年12月22日,高斯大使在重庆向蒋介石抱怨

---

① FRUS, 1942, China, p.499.
② 平准基金会复财政部函(1942年7月9日),《中华民国货币史资料》第二辑,第495页。
③ FRUS, 1944, China, p.929.

说，如果按照法币的官方汇率折兑，美国政府每月要为在华美军耗费 2 000 多万美元，是按实际汇率计算的开支的 7—8 倍，"这种情形如在本国让人知道，会引起严重的批评，说美国政府和美国军队在受人剥削"。蒋介石答称：中国货币的汇兑率不能变更，美国如果不支持中国的货币，其结果会造成中国经济和军事的崩溃。参加这次会见的宋美龄也强调，给予中国货币充分的支持是迫切需要的[①]。1943 年 10 月，在重庆访问的美国空军补给司令索姆维尔(Brehon B. Somewell)向孔祥熙提出，应把汇率改为 1 美元合 100 元法币，因为黑市兑换率达到过 1 美元合 120 元法币。当时美国军方认为，如果继续按中国官方汇率支付，美军在华开支将达到天文数字。直到中美平准基金结束后，美国陆军部部长史汀生(Henry L. Stimson)还致函罗斯福总统，认为美国应该向中方"继续坚决地争取合乎实际的兑换率"。史汀生报告说，单是中方为驻华美军垫付的 70 亿元法币的建设费，如以 1 美元比 20 元法币的汇率结算，要比按市场汇率多支付 3 亿余美元[②]。根据中美平准基金协定，维持中美平准基金本身，美方的投资最多不超过 5000 万美元，这在美国方面来说并不是很大的负担。问题是，只要中美平准基金协定继续有效，美国方面便有义务帮助中国维持法币的官方汇率，从而处于两难的境地，即一方面从自身战略利益出发，美国必须在中国保持相当的军事力量；另一方面，在法币实际价值不断贬低而官方汇率

---

① 《中美关系资料汇编》第 1 辑，世界知识出版社 1957 年版，第 516 页。
② 同上书，第 522—523 页。

不变的情况下,美国相应的在华开支将不堪负担。很明显,经济利益的巨大冲突,是美国不可能继续公开支持法币官方汇价,进而希望迅速结束中美平准基金的主要动因。

在评价美国在中国战时平准基金中所起的作用时,当然要提及美国方面向基金所提供的资金额即平准基金借款额。国内大多数著述只述及1941年4月中美订立平准基金协定和美方提供5 000万美元的平准基金借款额。这一数额要大于1939年与1941年两次中英平准基金协定英方对华平准基金借款总额1 000万英镑。

但是,仅仅指出平准基金协定规定的款额是不够的;单凭上述数额来断定美国在维持中国战时法币汇率方面的作用要大于英国,也把问题简单化了。

在评价美国对中国战时平准基金的作用时,不仅要看到平准基金协定规定的美方供款总额,还应看到中国实际动用额与清偿本金与利息的情况。

事实上,在5 000万美元的中美平准基金借款内,中方仅在1942年12月10日一次动用1 000万美元。根据中美平准基金协定,中方由中央银行按1.5%的年利息率,自1942年12月起每月付息一次,至1943年4月,中央银行已清偿了本金和息金54 246.58美元[①]。

再看中英平准基金。在第一次中英平准基金项下英方提供的500万英镑借款额中,实际动用274.6余万英镑;1941年第二次中英

[①] 冀朝鼎致钱币司司长杨庆春函(1944年2月22日),《民国外债档案史料》第11卷,第374页。

平准基金项下，英方又提供借款 500 万英镑，实际动用 287 余万英镑。这样，两次中英平准基金借款内，中方实际动用总额在 560 余万英镑，约合 2 240 万美元，大大超出了中美平准基金借款的实际动用额。在偿付利息问题上，中美平准基金借款的年利息率是 1.5%，低于第一次平准基金借款年利息率 2.75%，但与第二次中英平准基金借款年利息率相同①。此外，从基金发生作用的时间来看，中英基金要比中美基金整整早两年。这也是不应忽视的。

如前所述，当 1943 年下半年美国方面明确表示不再延长中美平准基金协定时，中国方面并没有为争取延长该协定而同美方作过多的交涉，与 1941 年 4 月协定达成前的迫切态度形成鲜明的反差。如果对有关的史料作较深入的探究，便可发现，中方态度的转变不是偶然的。

在中国方面，对待与英国、美国联合设立平准基金会的态度较为复杂。中国银行董事长宋子文(1941 年底出任外交部部长)和上海商业储蓄银行总经理、中英美平准基金委员会主席陈光甫，是始终主张保持中英美平准基金的代表人物。他们都认为，不仅在战时，而且在战后，中英美三国政府之间、财政部之间、中央银行之间在货币金融领域的合作，对于中国是十分重要的②。

但是，国民政府内部反对的意见也由来已久。1941 年 4 月宋子

---

① 中国银行交通银行致财政部函(1941 年 10 月 7 日)，《民国外债档案史料》第 11 卷，第 160—161 页。

② 可参见陈光甫 1943 年 6 月 29 日致孔祥熙函，引自 *China and Helping Hand, 1937-1945*, p.373。

文在美国签署中美平准基金协定后,重庆方面便对协定的某些规定提出不满意见。如孔祥熙称:中美平准基金协定文字的严厉、某些条款的苛刻,像是出于华盛顿的典当专家和高利贷商之手,他和蒋"都为宋子文在这样一份协定上签字而惊讶"。以后,蒋介石和孔祥熙又多次向美国方面表示不满,称协定条款是单方面的,简直是一份殖民地协定①。

1941年10月即中英美平准基金委员会正式设立运作才两个月,国民政府军事委员会秘书长贺耀组便曾在一份呈文中,主张政府考虑解散该委员会,放弃在上海、香港维持外汇黑市的政策。当时财政部方面的意见是:中英美平准基金委员会系根据平准基金合同产生的,在合同有效期内,未便由中方单方面予以解散,何况在取缔上海外汇黑市和香港国币黑市方面"该委员会工作不无贡献",认为不宜即行解散②。同年11月25日,蒋介石本人直接向财政部和四联总处提出:"我方维持沪市平准工作,适资敌伪投机取巧之隙,于我有害无利,实不如及早筹划将上海汇市根本放弃,转图加强内地必需物资之外汇供给为主,当更有益。"③当时,财政部部长孔祥熙认为:"平准基金委员会系根据中英、中美协定而成立,其委员虽由我政府任命,其组织实带有国际性。职权及工作范围均有规定,凡未规定者须随时商得英、美财政部之同意办理,而不能由

---

① *China and Helping Hand*,1937-1945,p.183.
② 财政部复军事委员会委员长蒋介石(1941年10月23日),《中华民国货币史资料》第二辑,第511页。
③ 蒋介石致孔祥熙、徐堪代电(1941年11月15日),《中华民国货币史资料》第二辑,第489页。

我方单独决定或变更其工作方针也。协定既经签订，为尊重国际信义计，既不便率尔要求修改，为补充我外汇基金维持币信计，尤不能委曲求全，以便获得英美之协助。"①可见，在太平洋战争爆发前夕，国民政府财政当局虽然对中英美平准基金并不满意，但仍不得不加以维持。

但是，待到平准基金会撤至重庆之后，国民政府的外汇储备状况和财政金融政策都有了重大变化。1942年3月中美政府达成财政援助协定，美方向中国提供5亿美元借款，其用途之一便是增强中国的货币和银行制度。相比之下，平准基金的数额要小得多了。国民政府在获得巨额财政援助的同时，又从美国获取大量的租借援助，对用于购买军事物资的外汇需求的压力有所减缓。此外，国民政府实际上放弃了通过抛售外汇来维持官方汇率的做法，不再按官方汇率向公众供汇，换言之，维持法币的官方汇率不复以外汇储备的巨大耗费为代价。另外，自1942年年中起，中、中、交、农四行实行了业务划分，中央银行在统筹外汇收付、管理金融市场方面的权限和作用明显加强，此外还有直属行政院的外汇管理委员会。这样一来，平准基金委员会在外汇管理方面的职能愈益淡化。中英美平准基金会主席陈光甫本人亦数度向孔祥熙提出辞呈，其主要原因也在于基金会的无权，难以履行职责。

应当指出，随着中美平准基金协定的终结，美国方面固然卸去了帮助国民政府维持法币官方汇率的义务，却不能在促使国民政府

---

① 《中华民国货币史资料》第二辑，第490—491页。

调整法币官方汇率上取得进展,双方之间不无龃龉。在美国政府的决策层看来,对国民政府援助政策的调整,必须服从于美国整个战略利益。然而,在中国问题上,美国的战略利益究竟是什么,恐怕美国政府并没有真正搞清楚,无论在抗战时期还是在战后。

(原载《近代史研究》1997年第5期)

抗战时期天津租界中国存银问题
——以中英交涉为中心

1938—1940年期间，围绕留存于天津租界的巨额白银，国民政府有关部门持续展开对英法两国的交涉，力图避免出现中国存银被日本劫夺的局面。鉴于当时英国在华有较大利益关系和影响力，国民政府十分关切英国对日本侵华扩张所持的立场和态度，将英方作为天津租界存银问题交涉的重点。但英国为维持其在天津租界的基本利益和保护英侨，与日本多次谈判后采取妥协策略，进而影响法国也作出同样让步，以致天津存银遭到日方监控，最终被攫取。对于这一事件，已往中国金融史教材和通史类著作及相关银行史资料①，都乏文介绍。虽然在外交史、中英关系史的专著中略有以英对日妥协为主线的叙述②，关于国民政府的研究成果亦提及中方向

---

① 洪葭管主编《中国金融史》（西南财经大学出版社1993年版）第六章第二节"日军占领区的殖民地金融"、洪葭管主编《中国金融通史》第4卷（中国金融出版社2008年版）第六章第四节"华北沦陷区的金融概况"均未述及天津中国、交通两行白银被迫移存的问题。

② 吴东之主编《中国外交史（中华民国时期：1911—1949）》（河南人民出版社1990年版）有500字左右的篇幅概述天津存银问题的由来以及1940年6月英日达成的相关协议。徐蓝《英国与中日战争（1931—1941）》（首都师范大学出版社2010年版）第十二章"天津租界危机"主要依据已出版的《英国外交政策文件》，提及英方对天津存银问题态度的演变。萨本仁、潘兴明《20世纪的中英关系》（上海人民出版社1996年版）则仅有寥寥数语提到英日达成妥协。

英方表示抗议①,但几乎都没有涉及中英关于存银问题的谈判②。西方学者的相关代表性著作虽对英政府所持态度如何受制于其远东利益和基本政策、英国外交决策当局及驻中日两国有关代表所持态度有何异同,有详尽剖析,但对中方的叙述甚为简略,更谈不上分析③。可以说,已有相关成果中既无关于天津存银问题中外交涉的完整叙事,也没有对国民政府有关决策的研究。台湾"国史馆"藏蒋介石档案和国民政府处理华北白银问题的专卷,以及英国国家档案馆藏外交部档案、美国斯坦福大学胡佛研究所藏蒋介石日记等史料显示,对英交涉是整个天津租界存银问题交涉的关键所在,持续时间长,过程曲折复杂。本文以中英交涉为中心梳理天津租界中国存银问题的基本史实,兼及分析当时中国所处的外交困境和应对举措,考察相关的外交决策体制。

一

抗战时期的天津存银问题由来已久。1935 年 11 月国民政府实

---

① 朱汉国主编《南京国民政府纪实》(安徽人民出版社 1993 年版)有"国民政府抗议英日天津白银协定"条。
② 参见傅敏:《英国在远东的双重外交与天津租界危机》,《民国档案》2009 年第 3 期;张玮:《天津事件:战时中英日三角关系个案研究》,《山西师范大学学报》2001 年第 4 期。
③ Bradford A. Lee, *Britain and the Sino-Japanese War*, *1937-1939*; *A Study in the Dilemmas of British Decline*, Stanford University Press, 1973; Nicholas R. Clifford, *Retreat from China*: *British Policy in the Far East*, *1937-1941*, New York: Da Capo Press, 1976.

施法币政策,收兑流通中的白银,集中各有关银行作为发行准备的白银,一起南运。华北地区收回的白银,虽然集中在中国银行和交通银行名下,但由于日方的无理阻挠以及华北地方当局的要求,一直未能南运。这些白银除部分存于北平几家外商银行外,大部分留存于天津英法租界的中国银行和交通银行,总额高达4 000余万元,几占当时国民政府除军费以外年度主要财政开支总额的20%①,因此一直为中央政府尤其是财政当局所关注。

通常认为,"天津危机"始于1939年初夏②。事实上,中国方面对华北存银可能遭到日本劫夺的担忧,以及由此开展的与有关大国的交涉,至迟可以追溯到1938年春夏之交。

1937年全面抗战爆发后,日本占领平津,即试图攫夺该地区的中方存银,以用于建立和维持华北占领区的金融体系。1938年春伪华北临时政府成立"联合准备银行"后不久,便借口开展外汇业务所需,拟提取中交两行存银③。5月10日,财政部收到天津租界存

---

① 据财政部次长徐堪1938年5月12日复外交部次长徐谟函,该项存天津租界白银总数在4 100万元至4 200万元之间。(外交部档172-1/2639-1,台北"国史馆"藏。下文不再注明所藏地)1937年度国民政府及所属机关的行政经费1 800万元、内政费1 300万元、外交费1 000万元、财政费6 400万元、教育文化费4 200万元、建设费5 400万元,总额为20 100万元。([美]阿瑟·恩·杨格:《一九二七至一九三七年中国财政经济情况》,陈泽宪等译,中国社会科学出版社1981年版,第486—487页)

② 天津危机的交涉内容是英租界的政治管辖权及警务协定。参见吴东之主编:《中国外交史(中华民国时期:1911—1949)》,河南人民出版社1990年版,第463—467页。

③ 参见卞白眉日记,1938年4月25—27日、5月7日,方兆麟主编:《卞白眉日记》第2卷,天津古籍出版社2008年版,第409—410页。卞白眉(1884—1968),名寿荪,历任中国银行总发行局佐理、总稽核,中国银行天津分行副经理、经理,天津银行公会会长等职。1938年1月,卞白眉离津赴港,任天津中国银行驻香港办事处负责人。

银的主要所有者中国银行和交通银行两总行联名急电,报告有关情况:

> 查敝两行存北平现银元,计敝中国行存六百九十三万余元,敝交通行存九百六十四万余元,除少数存两行库房及银钱业公库外,大部份均分存中法银行、东方汇理银行及华比银行;又存天津现银元,计敝中国行存一千八百三十五万元,敝交通行存一千八百七十七万余元,均分存英法两租界两行库房、新华银行库房及银行业公库。此项法币准备一经攘夺,必致牵动整个金融,情势急迫,应否由大部咨请外交部转商有关系使领协助保全,盼即核办电示。

当时华北主要地区已处于日军占领之下,但法币之所以还能在相当范围内流通,就在于存于天津租界的发行准备金是充足和安全的;如果作为发行准备金的白银遭日方劫夺,国民政府对于华北金融的影响力无异被釜底抽薪,日伪的殖民统治将因此获益匪浅。为此,国民政府财政部立即要求平津的中国银行和交通银行将所保管的白银"应速觅安全处所,并筹妥慎方法,分批移管,以昭郑重",要求两行与平津现银保管委员会"接洽办理,毋得迟误"①。

在中交两总行联名急电之前,1938 年 5 月 2 日,英国驻日大使克莱琪(Robert Craigie)和日本外相广田弘毅以换文方式达成关于中国海关的协定②。根据这个协定,沦陷区各海关的一切收入及其支

---

① 财政部收中国、交通总行香港来电(1938 年 5 月 10 日),外交部档 172-1/2639-1。
② 参见《1938 年英日关于中国海关的海关协定》,中华书局 1983 年版,第 98—99 页。

配都将置于日本的直接控制之下，尽管这些收入名义上列在总税务司账户之内。中国的海关主权受到严重侵害，国内债权人的有关利益被剥夺，其他债权国的相关利益也将受制于日本。财政部作为主管财税与货币金融事务的政府机构，非常担心如果英国继续对日妥协，平津存银会继海关权益之后，成为日本压力下的又一牺牲品，因此收到中交两总行急电当日，时任行政院长兼财政部长的孔祥熙便亲笔致函外交部次长徐谟：

> 关于平津中交两行存银，日方觊觎已久，兹复据该两行转报平津分行电，称以环境恶劣，虽勉力支撑，但能否不被劫取，难以逆料。如此项法币准备一经攫夺，必致牵动整个金融，情势急迫，请由部咨请外部转商有关系使领，协助保全等语。查核所称关系至为重大，除由部正式咨请贵部办理外，特先将原电抄上，即请察照，迅予妥筹，转商协助保全办法，并盼见复。①

孔祥熙的意见很清楚，外交部应当承担起保全天津存银的职责，立即开始相应的交涉工作。当外交部向财政部查询平津存银数目及地点时，财政部答复："北平存银约一千五百万元，存贮东交民巷；天津存银约四千一二百万元，存贮英法租界。"②

外交部收到上述函稿咨文后，曾与英国、法国和比利时驻华使馆接洽。比利时大使馆口头复称："查平津方面，并无现银元存于华

---

① 孔祥熙致徐谟函（1938年5月10日），外交部档172-1/2639-1。
② 徐堪致徐谟函（1938年5月12日），外交部档172-1/2639-1。

比银行。"法国大使馆口头复称:"已呈奉那齐雅大使自沪电开:关于中国政府请求协助保全平津方面法币准备事,当再电法国驻平大使馆人员及驻天津总领事馆继续设法尽力保护。惟若平津金融组织在人事方面发生变化,因此影响到现银保管问题,则法方殊难为力。"而英国大使馆直到7月初仍无任何答复。7月3日,外交部将上述情况咨复财政部①。

就在外交部等待有关国家政府答复期间,华北伪政权以检查库存,要求填送报表以及其他非法手段,对平津中交两行业务多方加以破坏,以冀达到垄断华北金融之目的。财政部接报后,一方面饬令中交两总行转饬平津各分行,严予拒绝伪组织非法干涉行务,不得稍有通融,另一方面考虑到平津分行行址系在北平东交民巷及天津英法租界,遂于7月1日以财政部长孔祥熙的名义咨请外交部迅为转商英法大使,分别转请驻平津英法领事尽力保护②。外交部收到咨文后,7月7日致节略给英法驻华大使,强调保护在津中交两行对于各该国在华利益的重要性:

> 查该两分行在平津历史悠久,对于当地市面及中外商业关系,尤为密切;如果任令非法干涉,破坏行务,不特有碍中国整个金融,即与各国在华商业利益,亦有重大影响。该两分行行址系在天津租界及北平东交民巷,兹外交部特请英、法国大使馆转知驻平津外交及领事代表,对该两银行尽力保护,俾得照常执行业

---

① 外交部复财政部咨文(1938年7月3日),外交部档172-1/2639-1。
② 参见财政部长孔祥熙致外交部汉钱字第43367号密咨文(1938年7月1日稿,7月3日发出),外交部档172-1/2639-1。

务，无任感荷。①

对于中国外交部的节略，法国大使馆 7 月 27 日答复称："当在可能范围内，予该两行以一切合法保护。"而英国大使馆直到 8 月 13 日才复照称："查天津之该分行系在法租界内，北平之该分行亦不在使馆区域内，均不属于英国当局负责保护范围，合即略达。"②当时，蒋介石曾致电行政院长孔祥熙，提议："津行存银，可否设法分存各外商银行，或押换外币，否则亦应有临时应急、分散沉没之处置也。"③事实上，天津租界已处于日方严密监控之下，中交两行之白银数额巨大，无论是换成外币，还是其他处置，都具有相当难度和风险，无法确保安全。到 10 月，随着日军侵华的加剧，中交两行也曾直接求助于英国方面，但得到的私下答复却是："津库存现洋之钥匙最好妥为保管，以免敌方强迫交钥、开库，保护者将无词可以干涉云云。"④英方实际上已经暗示不能承担保护中方在天津租界权益的责任，却没有引起国民政府行政当局的警觉及采取有效的处置。直到翌年初夏天津租界被日军封锁，国民政府财政部并没有对天津租界中交两行存银作出相应的处置，而外交部也没有对法国的

---

① 外交部致英、法大使馆节略（1938 年 7 月 6 日稿，7 月 7 日发出），外交部档 172-1/2639-1。
② 有关大使馆致国民政府外交部长王宠惠照会（1938 年 8 月 13 日），外交部档 172-1/2639-1。
③ 蒋介石致孔祥熙电（1938 年 9 月 19 日），蒋介石档案 002-010300-00016-063，台北"国史馆"藏。下文不再注明所藏地。
④ 卞白眉日记（1938 年 11 月 22 日），方兆麟主编：《卞白眉日记》第 2 卷，第 430 页。

笼统承诺和英国的推诿作进一步的交涉。

而日本在1938年9月举行的东京英日会谈中,就天津英租界问题向英方提出三点要求:在镇压反日活动和反日宣传方面与日本合作,禁止法币流通并与联合准备银行合作,交出中国政府银行在英租界的存银以作为联合准备银行的发行基金。但会谈没有解决这些问题①。10月,随着广州、武汉的沦陷,"日军气焰万丈,欲没收平津中、交,并禁止津法币流通"②,对天津法租界存银的图谋日益显露。

12月6日,财政部向外交部发出第2864号密咨文,要求外交部就天津存银问题与法国大使馆接洽后,外交部才照会法国大使馆:

> 查中国政府在天津法租界内存有白银,日方屡谋攫取。以天津法租界当局向持严正态度,予以维护,日方未达目的。中国政府对于法方援助,深为感荷!近据报告:日方对于该项存银,图谋益亟。外交部应请法国大使馆转行天津法租界当局,仍本向来维护之精神,将该项存银妥密封存,代为保管,勿任日方或任何非法组织攫取或占有。③

与7月初的节略相比,此次外交部向法方明确提出了保护天津租界中方存银免遭日本攫夺的要求,但并未同时照会英国方面;而英国

---

① 参见徐蓝:《英国与中日战争(1931—1941)》,第270页。
② 卞白眉日记(1938年10月27日),方兆麟主编:《卞白眉日记》第2卷,第427页。
③ 外交部致法国大使馆节略(1938年12月8日),外交部档172-1/2639-1。

大使馆从法方了解情况后，却主动致函中国外交部："就本馆所知，外交部曾于一月前知照法国大使馆，请将天津英法两租界内各中国银行之存银封存，以免为日方攫取。惟查天津各该中国银行迄今尚未接到关于此事之训令，请设法迅行颁发此项命令。"①英方潜台词是，中国方面应当更多、更主动地承担起防止日本攫夺天津存银的职责，不应只是把英法推向与日本冲突的前列。

华北白银危机刚发生之时，国民政府外交部只是大体了解平津两地中方存银数，并不清楚具体情况。待收到上述英国大使馆照会后，才意识到"似天津英租界内各中国银行亦有存银，我方对于英方似亦应有同样表示"，并提醒财政部对天津各中国银行发出封存白银的命令②。财政部收到外交部的咨文后，即"转电三总行密电津三行妥洽办理"，并要求外交部"查照前案，即函复英大使馆请转行天津英租界当局，将该项存银妥密封存代为保管，勿任日方或任何非法组织攫取或占有"③。1月21日，外交部照会英国大使馆，"请英国大使馆转行天津英租界当局仍本向来维护之精神，将该项存银妥密封存，代为保管，勿任日方或任何非法组织攫取或占有。至纫睦谊"④。这一照会文本与12月8日致法方的照会文本并无实质区别，例行公事色彩浓郁。

---

① 英国大使馆致外交部次长徐谟英文函（1939年1月13日），外交部档172-1/2639-1。
② 外交部致财政部咨文（1939年1月13日），外交部档172-1/2639-1。
③ 财政部致外交部密咨渝钱字第3131号（1939年1月20日），外交部档172-1/2639-1。
④ 外交部致英国大使馆节略（1939年1月21日），外交部档172-1/2639-1。

总之，从 1938 年春夏起，国民政府虽颇为担忧天津存银遭到日本攫夺，但主要是财政部更多地关注事态的进展，并催促外交部向英法等国进行交涉，而外交部进行的这些交涉更多地带有例行公事的色彩，并没有引起英法政府的重视。由于当时英日之间关于中国海关的协定对于中国权益的危害性更为突出；在天津白银危机之前发生日本对于上海公共租界、厦门国际租界的干涉事件①，天津存银问题的严重性以及向有关国家进行交涉的必要性，未能及时引起中国政府最高决策者的重视。

二

1938 年 10 月武汉和广州沦陷后，抗日战争进入相持阶段。当年底汪精卫集团出走后，1939 年 1 月国民党五届五中全会明确了讨伐投降主义、坚持长期抗战的政策。此后，在涉及日本侵害中国领土与主权的问题上，国民党决策层秉持不轻易让步的立场。

1939 年起，日本在天津租界问题上不断滋事寻衅，向英法施压，主要目标始终是控制与攫取中交两行的存银。为防止日方纠缠，该年初英国驻华大使卡尔（A. Clark Kerr）提出一个方案，即由驻天津英法总领事在场的情况下，尽快公开封存中方的这批白银，届时可请天津日本总领事在场。但日方却提出必须有日本军方和"联合准备银行"的代表参加封存白银的仪式，这一无理要求遭到

---

① 参见徐蓝：《英国与中日战争（1931—1941）》，第 212—213、269 页。

英方拒绝①。该年春，天津英租界的局势突趋紧张。4月9日，伪华北临时政府委派的天津海关监督、天津伪联合准备银行经理程锡庚在英租界遇刺毙命，英国租界当局拘捕4名中国人。日本乘机在天津英租界问题上向英方施加更大的压力，除提出镇压抗日活动和引渡中国嫌犯之外，又要求将租界内中国各银行之存银交付日方。5月底，日本华北方面军提出了对于天津英法租界"治安肃正"方面的9项要求，包括对中交两行实行检查、以对"联合准备银行"出资的名义移出中交两行存银1 250万元于租界外、对"联合准备银行"的通货政策予以协助而不得妨害②。由于英方未能满足日方的要求，6月13日中午，日军天津防卫司令官本间晴雅发表布告，宣布自次日起封锁租界，对于进出租界的人士、车辆、船舶均实行检查。同时发表谈话，把封锁租界的缘由归之于英国拒绝与日方合作，再度要求英方放弃支持蒋介石政权的政策，不得庇护英租界的抗日分子，不再支持法币和阻碍联银券的流通③。6月14日起，英租界被日军全面封锁，进出英租界的人士均经日军严格检查，英国侨民遭受侮辱的事情不断发生，英租界食物和其他必需品的供应也基本中断④。

---

① 参见卡尔大使自上海致重庆英国使馆电（1939年1月11日），外交部档：政治—远东（中国）：FO371/23445，英国国家档案馆藏。下文不再注明所藏地。
② 参见北支军司令部：《天津英法租界相关工作要领案》（1939年5月29日），《现代史资料（13）·日中战争（5）》，东京：みすず书房，1973年，第217页。
③ 《大日本军天津防卫司令官布告》（1939年6月13日）、《在天津日本军事当局谈》（1939年6月13日），《现代史资料（13）·日中战争（5）》，第200—202页。
④ 参见徐蓝：《英国与中日战争（1931—1941）》，第272页。

在天津租界危机发生之初，英国政府一度考虑作出较强硬的反应，如禁止日本船只停靠新加坡、槟榔屿和香港，中止英日商约。英国还试图获得法国和美国的支持，但未果。权衡欧洲和远东的局势后，以首相张伯伦（Arthur Neville Chamberlain）、外相哈利法克斯（Viscount Halifax）为代表的英方决策层认为无法单独与日本对峙，决定通过与日本谈判来解决危机。而日本也表示会谈将限于地方性问题，不会损及英方对于天津租界的权利，并同意会谈在东京而非天津举行①。1939年7月15日起，英国驻日大使克莱琪在东京与日本外相有田八郎会谈有关天津问题。此时日方提出的要求已经超出引渡嫌犯，而是要求英方在镇压和防范中国抗日运动方面与日方合作，制止法币在华北的流通，交出中国政府银行在天津的存银。英方则只同意就政治方面的问题进行谈判。7月22日，克莱琪与有田八郎达成协定，24日双方发表声明：英国政府完全承认正在大规模战争状态下之中国实际局势，在此种局势继续存在之时，英国知悉在华日军为保障其自身之安全与维持其侵占区内公安之目的计，应有特殊之要求。同时知悉凡有阻止日军或有利于日军之敌人之行为与因素，日军均不得不予制止或消灭之。凡有妨害日军达到上述目的之行动，英政府均无意加以赞助。英国政府将趁此时机对在华之英当局及英侨说明此点，令其勿采取此项行动与措置，以证实英国在此方面所采取之政策②。上述关于天津问题的英日"初步协定"虽然

---

① Bradford A. Lee, *Britain and the Sino-Japanese War, 1937-1939: A Study in the Dilemmas of British Decline*, pp. 190-191.

② 参见复旦大学历史系中国近代史教研组编：《中国近代对外关系史资料选辑》下卷第2分册，上海人民出版社1977年版，第143页。

没有直接提及天津英租界的中国存银问题，但在协定中英国对日本侵华和军事占领所标榜的"中立"态度，却是其将在该问题上对日妥协的征兆。

应当指出，在英日开始就天津问题会谈前夕，国民政府方面即判断英法将在天津中交两行存银问题上对日本作出重大让步。该年4月，成立伊始的中英平准基金会英方代表罗杰士（Cyril Rogers）便向中国银行副总经理贝淞荪谈道："世界大战恐不能免，第一步英、法恐须先让出天津英、法租界，故银行方面也须着手预备。"①7月3日，时任国民政府委员和中国银行董事长的宋子文致电蒋介石和孔祥熙："据天津中行来密函，英法对津事决退让，并拟允敌接收我存津白银。顷又接巴黎电，谓英法确有此趋势。驰电奉陈，请饬外部设法电英美法阻止，美尤重要为祷。"②接到电报后，蒋介石即于次日致电外交部长王宠惠："据天津及巴黎两方密报，英法对津事决退让，并拟允敌接收我存银，希迅速设法分电英美法阻止，对美尤为重要是盼。"③同日，孔祥熙亦致电王宠惠，抄附宋子文电文，要求"迅设法阻止，并将办理情形见复为盼"④。值得关注的是，蒋介石是以军事委员会快邮代电名义发出电文的，时任行政院长兼财政部长的孔祥熙采取的也是行政院快邮代电，而非财政部咨文的形

---

① 卞白眉日记（1939年4月20日），方兆麟主编：《卞白眉日记》第2卷，第450页。
② 宋子文致蒋介石孔祥熙江未电（1939年7月3日），外交部档172-1/2639-1。
③ 蒋介石致王宠惠支电（1939年7月4日发），外交部档172-1/2639-1。
④ 孔祥熙致王宠惠支电（1939年7月4日发），外交部档172-1/2639-1。

式，这表明天津存银已经不是一般的法币准备金问题，而是最高当局和行政首脑关注的大事。

外交部立即遵照蒋、孔来电办理。7月5日，外交部致英国大使馆节略：

> 关于日伪谋取中国政府在天津英法租界存银事，外交部曾于二十八年一月廿一日略请英大使馆转行天津租界当局，将该项存银妥为封存，代为保管，勿任日伪攫取或占有在案。现据报：英当局现拟允敌接收该项存银等情。查此项消息如果属实，不啻有显于中国政府不利，且与英国政府向来采取之政策不符。除分达外，相应略请英大使馆查照，特予严重注意，转达英国政府本一贯之精神，坚予维护保存，切勿接受日方该项要求，以敦睦谊，并盼见复为荷。

这一节略对于英方因天津租界遭到封锁所处的困境只字未提，只是简单地要求英方在存银问题上不向日方妥协。同日，外交部向法国大使馆致送了仅改动国别称谓而内容相同的节略。而在致美国大使馆的节略中，要求转达美国政府"予以注意，提醒英法两国政府切勿接受日方该项要求"①。外交部同日还致电中国驻英国和法国大使馆，希向英法政府接洽，阻止日方要求。另外致电中国驻美大使馆，希美国政府提醒英法切勿接受日方该项要求②。7月10日，王

---

① 外交部分致驻华英、法、美大使馆节略（1939年7月5日），外交部档172-1/2639-1。
② 参见外交部分致中国驻英法美大使馆电（1939年7月5日），外交部档172-1/2639-1。

宠惠电告蒋介石："顷据驻英郭大使复电称，据英外长云，此次东京谈判仅以地方事件为限，存银问题与第三者尤其中国有关，非地方问题，绝非双方所能解决。过去我方确利用租界作反日活动，英方对此层或须相当让步，作较严格之取缔等情。"同日，王宠惠还把同样内容致电行政院长孔祥熙①。可见，外交部将英方在租界警务问题上向日本作出让步视作理所当然，按照这一逻辑，中方似已无必要再与英国进行交涉。

就在王宠惠向蒋介石、孔祥熙报告英方承诺不会背着中国政府与日方谈判天津存银的同时，7月10日行政院长孔祥熙收到郭泰祺来电，报告英国政府经济顾问李滋罗斯（Frederick W. Leith-Ross）对解决天津中交两行存银问题的看法："罗斯建议，将我方所存天津英租界现款，交付日方，予以面子，同时以存在上海汇丰银行之五十万镑交付我方，作为交换，且藉此或可实施英日所订海关办法，但此事须先征得我国及美法政府同意。据告英外部昨已电卡尔接洽云云。"②这表明，英方确实打算在天津存银问题上向日方妥协，并且希望中方亦作出退让。

由于英国是天津租界的主导方，且日方一开始就把攫夺中国存银的目标公开化了，中方十分注意英方的有关动向。1939年7月18日，即克莱琪与有田八郎达成的协定公布前夕，中方曾由管

---

① 王宠惠分致蒋介石、孔祥熙电（1939年7月9日稿，10日发），外交部档172-1/2639-1。

② 郭泰祺致孔祥熙电（1939年7月8日发，7月10日收），外交部档172-1/2639-1。

理中英庚款董事会总干事杭立武出面,向重庆英国使馆代办裨德本(Prideaux Brune)明确指出,天津中方存银问题至关重大,英国不能向日本让步①。而对于7月22日克莱琪与有田八郎达成的协定,中方认为其"影响颇可虑",因为协定实际上"承认战争状态与英守中立无异"②,表明了英方不会阻碍日本对其在华占领区的统治,预示中方在保全天津存银乃至其他权益方面,已经难以指望英方的配合了。与此同时,还传来法国与美国可能对天津存银问题持消极态度的说法。如法国外交部次长对顾维钧表示,"如英决定交日,而美不出阻,亦无可如何,盖(法国)不克独当质衡"③。而据驻英大使郭泰祺报告称,法方已表示与天津存银问题有关,美则谓无直接关系。这些动态引起国民政府的极大担忧,进而采取一些外交举措。

外交部方面于8月2日分别致电中国驻美、驻法大使馆,称在日本压力之下,英国政府就中国存银问题正与美法政府洽商,希望大使馆与美、法政府交涉,以使两国政府在此问题上不向英方表示任何妥协之意见,而支持中国④。另外,针对美国方面认为与天津租界存银问题关系不大的报告,孔祥熙则于8月8日直接致电驻美

---

① 参见杭立武1939年7月24日报告,中国第二历史档案馆编:《中华民国史档案资料汇编》第五辑第二编外交,江苏古籍出版社1997年版,第567页。
② 王世杰日记(1939年7月25日),《王世杰日记》(手稿本)第2册,台北:中研院近代史研究所1990年版,第120—121页。
③ 摘抄顾大使第1147号来电(1939年7月27日发),外交部档172-1/2639-1。
④ 参见外交部致中国驻美、驻法大使馆英文电(1939年8月2日),外交部档172-1/2639-1。

大使胡适,指出:

> 查天津存银系属法币准备之一部份,向由发行准备委员会天津分会保管,其主权所属久为中外人士所深知。上年华北伪行成立,欲攘夺该项存银,复经由我申明该项存银主权不容敌伪觊觎各在案。此项存银既与整个法币有关,凡与我有商业往来各国,直接间接均有密切关系。……请即向美外交部详为解释,务使对此问题表示关切,以支持英国立场,直接维护法币,即间接拥护美国在远东商业利益,切盼美方本以往协助精神,切实声援。①

显然,中方对于美国在天津存银问题上秉持积极立场,仍抱有相当的信心。对于英方的妥协立场,中方则给以相当严厉的批评。8月8日,孔祥熙致长电给郭泰祺:

> 查平津存银,系属法币准备金之一部份,由中中交三行分存,存津部份计三千八百八十余万元,存置英法两租界库房,并由发行准备管理委员会天津分会在库门外加封。存平部份一千六百八十余万元,由中中交三行委托北平中法汇理等外商银行代管库钥,约定非有总行凭函,任何人不得开库。并经由部咨请外交部商请英法两大使转行天津英法租界当局,将其妥密封存,代为保管,勿任日方或任何非法组织攫取或占有在案。……如我国在租界存银不经所有人之同意,竟由设定租借权之政府擅自让交侵略我国家之日人,则我人在伦敦所存之款,亦可令日人

---

① 孔祥熙致驻美大使胡适齐电(1939年8月8日),外交部档172-1/2639-1。

> 取去。此端一开,将使世界上合法之产业,随便可使强权者加以抢夺。试问英人在别国所有之财物如何保护,我方是否亦可将英人在华之财物随便主张让与他人乎?英国为主持国联重要国家,国联决议已公认日本为侵略国,正式加以谴责,日本此次威胁英国,侮辱英人,无所不至于此,而不加以抗争,仍图委蛇求全,则英人在华所置有价值三万万镑之产业,亦将沦于不保。当希详陈利害,促请英政府坚持立场,勿稍退让。①

这份长电表达了国民政府在天津存银问题上的原则立场,进一步指出英国的退让违背法理,既直接侵犯中国的权益,又对英国自身更大的权益带来极大威胁。相较之下,此前外交部在天津存银问题上无论对驻外使馆的指示还是直接对外交涉节略函电稿,文句过于简略,"点到为止",对中方立场的合理、合法和正义性缺乏必要阐述。而时任行政院长和财政部长的孔祥熙直接出面致电驻美英大使,在某种意义上也是对外交部在处理天津存银问题上工作不力表示不满。

由于中国方面一而再、再而三地向英方表明立场,以及法国、美国所表示的关切,使得英方在天津存银问题上难以立即接受日本的要求。1939年8月19日,英国驻华大使馆代办裨德本照会国民政府外交部,内称:

> 英国驻东京大使业奉英国政府训令,以下述意旨知照日本

---

① 孔祥熙致驻英大使郭泰祺庚电(1939年8月8日),外交部档172-1/2639-1。

> 政府:英国政府于检讨币制及白银问题后,发觉此项问题除与中国利益有关外,其他外国政府亦表关切,致使英国政府与日本政府关于该问题之成立协定,为不可能。英国政府对于此项问题,不能单独以合宜之方式提出或接受可以妨害第三国利益之任何提议,在此种情形之下,英国政府认为此项问题仅由英日双方进行谈判,当无任何有益结果可言,倘日本政府仍愿庚续进行商讨,其提议如能设法保障第三国之利益,则英国政府亦愿意重新加以商讨。为达到保障第三国利益之目的起见,英国政府不得不征询其他有关方面之意见。[1]

显然,英国政府试图以天津存银问题的"国际化"来应对日本的压力。而国民政府自中日战事爆发之初,便对西方各国共同出面调停抱有幻想,认为日本将在国际压力之下却步。所以当英方承诺不会单独与日本就天津租界中国存银问题达成妥协之后,中方一度停止了向英方提出新的交涉。

三

1939年9月初欧战爆发后,英国面临着德国的强大军事压力,形势十分严峻。与德国同属轴心国的日本,力图利用这一态势加快对中国的侵略步伐。在重启后的对英谈判中,日方加紧向英方施

---

[1] 英国政府致日本政府照会译稿(1939年8月19日面交中国外交部),外交部档172-1/2639-1。

压,逼迫英国在涉及天津租界的各项问题上全面让步,包括交出中国方面之白银,驻华日军也公开要求引渡现银①。随着德国军队在欧洲战场的进展,原先在华的那些重要权益,如对海关的控制权、长江流域维持开放、租界的状况等,对于处在大战中的英国而言,已不再具有与日本务必一争的重要地位②。英国不得不在远东,包括天津租界问题上,对日本进一步妥协。

到1939年底,英国方面向中国政府提出与日方商议后的解决方案:天津白银问题为日方取消封锁英租界之唯一阻碍,现英日商议结果,拟将白银(是否包括英法二租界之存银未作说明)存储于中立银行,提出10万镑,组织包括英日在内的国际救济委员会,办理救济事宜,奉令征求中方同意③。以"办理救济事宜"的名义来动用天津租界的中国存银,这是驻天津英国总领事贾米森(E.G. Jamieson)在当年9月份提出的建议,他认为这是给中国政府面子的方式,中方应当会接受④。而英国驻日大使克莱琪也认为中方存银用于救济事宜是合适的,进而提出中方存银应当移存于正金银行⑤。当得悉英日新方案之后,蒋介石立即指示外交部长王宠惠:

---

① 参见张治中、陈布雷呈蒋介石(1939年10月8日),蒋介石档案:革命外交——对英外交 002-080200-00523-080。

② Nicholas R. Clifford, *Retreat from China: British Policy in the Far East, 1937-1941*, p. 130.

③ 参见英国大使馆致外交部照会(1939年12月9日),外交部档 172-1/2639-2。

④ 参见贾米森自天津致英国外交部电(1939年9月10日),外交部档:政治—远东(中国)FO371/23533。

⑤ 参见克莱琪自东京致英国外交部电(1939年9月18日),外交部档:政治—远东(中国)FO371/23533。

据确报，关于天津存银问题，日外务省与英驻日大使交涉结果，拟将该项存银移存于中立国银行，并在日正金银行及英汇丰银行监督之下，作为赈济事业之费用，闻克莱琪大使已向英政府请训以便决定云等情。查该项存银主权在我，英方何能擅自处理，如此种企划实现，我方损失极巨。希即迅筹对策，设法阻止为要。①

根据蒋介石的要求，12月12日中国外交部向英国大使馆提出对案：中国政府鉴于英方之困难以及华北赈济工作之需要，以中英合作之精神，商及中国银行之同意，接受下列解决存银问题之最后方案，但请英国政府担保，此后日方对此不得再发生任何问题：(1)由存银项下提出相当数额，按照世界市场价换成英金10万镑，交与华洋义赈会，以该会为信托人，该款应完全作为华北赈济之用。华洋义赈会应将全部英金按照一先令二便士又四分之一之法价，该英金应售与白银所有之中国银行换成法币，不得将该英金售与任何其他方面。各有关系之中国银行得派一代表参加华洋义赈会。(2)各中国银行现有白银之其余部分，得以该银行等名义移置于该银行等所指定之一中立国银行，保存至战事终了之时为止。(附注：各有关系银行因购换英金所付之法币，由中国政府偿还之)②中方对案的要点，在于把日本排除于处理天津存银问题的协议之外，始终不放弃对存银的处置权。另外，中、中、交、农四行亦和英法大使进行沟通，说明天津存银是各有关银行发行法币的准备金，属于在租界的私人

---

　　① 蒋介石致王宠惠电（1939年12月9日），外交部档172-1/2639-2。蒋介石已于1939年11月兼任行政院院长，原行政院长孔祥熙改任行政院副院长。
　　② 参见外交部致驻英国使馆（1939年12月12日），外交部档172-1/2639-2。

产权，租界当局应该加以保护①。中国方面很清楚，如同在华其他租界一样，英国对于天津英租界只有治权而无主权，这种治权不能改变租界内属于中方的物权和产权，相反负有保护中方合法权利的责任，英方无权自行将租界治权让渡给日方，更不能因此种让渡损害中方的权利。所以，在对英交涉中，中方着重强调己方权利的不容侵害，提请英方尊重中国的权利，承担其在天津租界应尽的责任，不应接受日方所提出的移存中国白银的要求。

中方在坚持原则的同时，也考虑调整一些具体举措。1940年1月9日，行政院会议决定天津存银"应维持不动用之原则"，但可循下列两步骤试行交涉，以示中国政府对英方解决此困难问题之诚意：（1）改由第三国银行保管，至中日战事结束时止，中国政府可拨法币二百万至三百万元，交国际团体办理难民救济事项；（2）以一部分存银换购英汇，存放伦敦，然后由政府以相当数目之中国法币，交国际团体充赈济之用。会议还要求"外交部与英国妥慎办理，随时具报"②。按当时英租界存银拟提取充作救济款额10万镑，约合法币150万元，行政院会议这一方案表明中方在提取救济款总额上可以通融，但仍然不容许日本染指天津存银。会议次日，蒋介石即以行政院长的名义正式命令外交部：

---

① 参见王宠惠在中央委员谈话会所作外交报告及孔祥熙的补充报告（1940年1月15日），《中央委员谈话会纪录（1940年）》，档号5.5-1，台北中国国民党党史馆藏。

② 孔祥熙致蒋介石电（1940年1月10日），蒋介石档案：革命外交——对英外交002-020300-00039；参见秦孝仪主编：《中华民国重要史料初编——对日抗战时期》第二编战时外交（二），台北中国国民党中央党史委员会1981年版，第107—108页。

查天津白银系银行之发行准备，应维持不动用之原则，但可改由第三国银行保管，至中日战争结束时止。政府可拨款二百万元至三百万元（中国法币），交国际团体办理难民救济事项，或以一部分换购英汇，存放伦敦，然后由政府以相当数目之中国法币，交国际团体充赈济之用。仰即与英方妥慎交涉，随时具报。①然而，卡尔大使却代表英国政府表示，中国所提由中立银行保存白银、售银外汇存于伦敦和改以法币作为救济基金的方案，必将为日方拒绝，英方提议存银以汇丰银行和横滨正金银行两家银行的名义存储②。由于没有得到英方积极的回应，蒋介石本人于1940年2月17日当面向卡尔提出警告，如果英国不顾中国政府的立场而欲以天津存银与日本妥协，"余必声明英已破坏九国公约与放弃在华所有条约权益，并协助倭寇侵略我国之罪也"。蒋介石还在当天的日记中写道："英国欲以天津白银与倭妥协。"③同日，蒋介石还要求时任国民党中央宣传部长、军事委员会参事室主任和中英文化协会负责人的王世杰，向卡尔当面表示反对英国在中国存银问题上向日方妥协④。可见，此时作为国民政府最高决策者的蒋介石已经意识到，在天津存银问题上，单靠外交行政部门通过常规方式与在华英

① 行政院训令（1940年1月10日），外交部档172-1/2639-2。
② 参见王宠惠与卡尔大使会谈记录（1940年2月8日），外交部档172-1/2639-2。
③ 《蒋介石日记》（手稿），1940年2月17日，美国斯坦福大学胡佛研究所藏。下文不再注明所藏地。
④ 王世杰1940年2月17日日记载："晚应英使卡尔之宴。与言天津英租界被日军封锁事。英政府欲与日政府妥协，拟将天津英租界中国政府存银问题与日方商一解决方案。蒋先生嘱余向卡尔表示反对。"（《王世杰日记》（手稿本）第2册，第229页）

方代表进行交涉,已经难以促使英方转变对日妥协的立场,因此试图通过亲自出面和另行指派代表,来向英方宣示强硬立场。

根据1940年2月20日行政院会议的决议,外交部2月21日又向英方明确提出:(1)与10万镑价值相等之白银提出后,由有关各中国银行所有其余部分之白银,应以汇丰及美法银行名义存放于一中立国银行,并以汇丰及美法银行为有关各中国银行之信托人;(2)英国政府应取得日方有关此事将来不能发生其他困难之书面保证,以代前次所提英国政府本身应供给之担保;(3)如以10万镑款项全数用于购买赈济所需之食粮,中国政府准备予以同意①。获知中方上述新方案后,3月5日卡尔提出修改意见:将白银以英国及日本领事馆名义存在天津,或将正金银行加入,作为存户之一。王宠惠当即表示中国对案实为最后之让步,恐无再让之可能②。英方这一意见的实质还是让日方公开介入,控制天津中方存银,对此中方当然不能同意。

但是,在中英尚未达成一致意见的情况下,英方却在与日方的交涉中作出了让步。4月12日,卡尔向王宠惠面交英日商定之对案,其中规定:(1)现存于天津交通银行之银元及银块,应由英国及日本总领事共同加封,继续存放于该银行内;(2)除下列第三节所规定者外,该项白银应继续封存,直至英日两国政府商定其他保管办法之时为止;(3)该项白银于封存前,应提出等于10万英镑之数

---

① 参见外交部档172-1/2639-2。行政院会议通过决议中,原只提汇丰银行,后奉蒋介石面谕改为汇丰与美法银行。
② 参见部长会晤英国卡尔大使谈话纪录(1940年3月5日),外交部档172-1/2639-2。

额,作为华北某数地区水灾及其他地区旱灾所直接酿成饥荒状态之救济经费;(4)英国准备供给各种可能之便利,使该项提出之白银得以分配于救济工作;(5)驻天津英日两总领事应指派若干专家在该两总领事之监督下,协助其管理此项经费,并指导分配救济所需之食物及其他物品,并应邀请中国及法国国籍之专家及其他国籍之专家一人,协助该项工作之进行①。由于这个方案与中方新对案出入之处甚多,中方当然无法接受。蒋介石在日记中写道:"英倭天津存银问题之妥协办法,即以严厉态度对英警告,认此事如果实现,即认为英倭对华共同宣战,我亦必以此应之。"②另外,根据蒋介石的指令,杭立武于4月14日向卡尔转述了蒋介石的态度:(1)对英最近所提办法,甚为愤慨;(2)此项办法,表示英方与日妥协,不顾我方利益;(3)倘使英方不顾我方反对而径自行动,我方将认为甚不友好之举动;(4)我方最后提出方案,为最大之让步;(5)以上意见,盼英大使转达其政府③。

在4月20日的行政院会议上,中央银行副总裁陈行提出,英方提案超出中方的立场,政府在作出决定前应当听取有关银行的意见,不妨让时在香港的交通银行董事长钱永铭、中国银行副总经理贝淞荪来重庆面商,王宠惠表示:英方亟待解决,未能有充分时间可资商讨。而钱永铭、贝淞荪在致重庆方面的电文中表示:"津存银

---

① 英方五项意见稿(附于1940年4月12日王宠惠与卡尔谈话记录之后),外交部档172-1/2639-2。
② 《蒋介石日记》(手稿),1940年4月14日。
③ 参见杭立武呈蒋介石(1940年4月14日),蒋介石档案:革命外交—对英外交 002-020300-00039-028。

问题，英大使所提办法与原议不符，在银行立场实难苟同。但此事外交经过情形，弟等均不甚接洽，似应听由部会决定办理。"①得知中交两行的意见之后，4月26日王宠惠在与卡尔的会谈中指出："英日所定方案，我国政府自蒋委员长以下均表示反对。兹为迅求解决起见，拟由中英两方换文，声明白银之所有权属于中国之银行，将来非经中国政府及该银行等等同意，不得移动。"对此，卡尔表示满意，认为系解决当前可能之合理与公允办法，并希望愈速愈妙②。这样，起草一个能够为中英双方都接受的换文稿，便成为此后交涉的主要内容。在这个过程中，蒋介石本人还与卡尔讨论了新成立的丘吉尔内阁的远东政策以及天津存银问题的解决方案。当时卡尔催促中方尽快解决天津存银问题，称"此事已入危险之境"，甚至"以离渝决裂相威胁"，蒋介石则答称："余平生不知什么为危险，须知此事英以为小事，而中国实视为大事也。"③而在王世杰看来，中英之间迟迟未能就解决天津存银问题达成协议，还与财政部长孔祥熙"态度不定"有关，中方应当抓住关键，即天津存银的处置权④。此后，按照蒋介石的原则意见，外交部具体负责与英方换文稿的起草，蒋介

---

① 陈行致钱永铭、贝淞荪电（1940年4月20日）；钱永铭、贝淞荪复陈行电（1940年4月22日），外交部档172-1/2639-2。

② 部长会晤英国卡尔大使谈话纪录（1940年4月26日），外交部档172-1/2639-2。

③ 《蒋介石日记》（手稿），1940年5月15日、16日。

④ 《王世杰日记》1940年5月16日载："今日下午应蒋先生之约，商天津英租界白银问题。此事处理延滞，大半系因孔庸之部长态度不定之故。英使极感愧丧。予以为此事关键只在英方能否对我保证，该银于经英方封存后，非经中国政府之同意，英国决不采取任何处置。"（《王世杰日记》（手稿本）第2册，第274—275页）

石听取王宠惠的汇报,审读了换文稿并在定稿上批了"照准"。管理中英庚款董事会总干事杭立武、财政部美籍顾问杨格等人也发表了相关意见①。中方还准备了甲、乙两个换文方案。

1940年6月11日,中英双方终于在重庆就天津存银问题换文。外交部长王宠惠的照会称:

> 关于天津英租界存银问题之最近谈话,本部长谨向贵大使声述,中国政府对于英国政府之建议经缜密考虑后愿提出解决本案之下列各点:(一)现存于天津交通银行所有银币及银块,应仍继续存于该行,并由驻天津英国总领事代表该行总管理处及中国政府加封。(二)除下列一节所规定者外,该项白银应继续予以封存,非与交通银行总管理处及中国政府商议,不得移动其全部或一部。(三)在该项白银未经封存以前,中国政府及交通银行总管理处授权天津交通银行提出等于英金十万镑之数额,作为华北某数地区水灾及其他地区旱灾所直接酿成饥荒状态之救济经费。(四)该项经费交与包含中国籍委员之国际救济机关,由该机关会同驻天津英国总领事,受托使用于华北救济目的。中国政府希望联合王国政府表示愿意依照上述方案实行而不背离。

卡尔致王宠惠的复照称:"本大使兹奉本国外交部长之训令,向贵部长表示,联合王国政府原意依照来照内所包含之方案实行而不背离,相应照复查照为荷。本大使顺向贵部长重表敬意。"除上述往

---

① 参见杭立武致王宠惠函(1940年5月25日),外交部档172-1/2639-2。

来照会外，卡尔还与王宠惠有往来函。卡尔来函称：

> 部长阁下：关于天津英租界内存银事，本日已由贵部长与本大使签订换文，本大使业向贵部长表示，联合王国政府愿依照来照所订之方案实行，而不背离在案。关于来照内之第二节，本大使复经哈立法克斯勋爵授权，以私人资格向贵部长保证，实际上，一如在现在进行之谈判过程中，联合王国政府对于上述方案所规定之办法加以任何变更以前，先征求中国政府之同意。相应函达，即请查照为荷。

同日，王宠惠复函称："业经阅悉。"①

根据上述换文、往来函，中国对于天津英租界存银的主权、支配权基本得到尊重，中英之间围绕该问题的交涉，基本上达成了共识。

然而，临危受命的丘吉尔政府虽然在对纳粹德国方面抛弃了张伯伦的绥靖政策，但在远东特别是中日关系上，依然避免因中国的权益而与日本发生冲突。中方的种种努力，无法阻止英国最终向日本作出妥协。6月19日，英日之间在东京达成天津英租界问题协定。其中关于英租界存银问题的解决方法为：（1）现存于天津交通银行之银元及银块，应由天津英日两总领事共同加封，继续存放于该银行内；（2）除下列第三节所规定者外，该项白银应继续封存，直至英国及日本两国政府商定其他保管办法之时为止，该项白银加封时，驻天津英国及日本两总领事均应在场；（3）该项白银于封存之前，应提出等于10万英镑之数额，作为华北某数地区水灾及其他旱

---

① 中英换文和卡尔王宠惠往来函稿，外交部档 172-1/2639-2。

灾所直接酿成饥荒状态之救济经费;(4)英国主管当局准备供给各种可能之便利,使该项提出之白银得分配于救济工作,以之出卖,及购买救济所需之食粮及其他物品;(5)驻天津之英国及日本两总领事,应指派若干专家,在该两总领事之监督下,协助其管理此项经费,除该日本及英国顾问外,并应邀请中国及法国国籍之专家及其他国籍之专家一人协助该项工作之进行①。这五项内容与当年4月12日英方提出的方案并无二致。英日协定不仅同意了日本方面对天津租界的中国存银实施控制,还规定在有关天津英租界治安方面仍维持双方此前达成的协定,英方并保证不得妨碍"联合准备银行"钞票在英界内之流通,进一步坐视日伪金融势力排挤法币的流通。

对于最终达成的英日协定,1940年6月21日国民政府外交部发言人表示,中国政府并未参与该方案之签订,英日换文内关于白银问题之各项规定,苟未经中国政府同意,不能予以变更:"在中国政府提出等于英金十万镑之数额充作华北救济经费后,英国政府对于其余全部白银为交通银行及中国政府之信托人,故现在所议定之封存该项白银办法,对于该项白银之原来状况,并无变更。"②但是,上述表态并不能阻止天津存银遭日方监控。1940年7月,驻天津英、日总领事以及麦加利银行和正金银行的经理,共同前往英租界交通银行存银所在库房查看现银封存情形;所提出约当于10万镑

---

① 参见秦孝仪主编:《中华民国重要史料初编——对日抗战时期》第三编战时外交(二),第111页。
② 《大公报》(天津)1940年6月22日。

救济款的现银币 150 万元,也由英、日两总领事共同签具收据①。此外,英方不顾中方一再反对,按照日方的要求,擅自在 150 万银元售款中扣抵所提取白银的运输费、保险费等额外开支。

1940 年 6 月 19 日即英日协定达成的当天,法国方面在没有同中方达成谅解的情况下,匆匆与日本达成天津法租界存银的协定,其内容除所提取的救济用款相当于 20 万镑之外,其余部分与英日协定相同②。是时,已在德国占领下的法国维希政府在对日问题上的考虑,当然与英国的情况不尽相同;但是,英国不顾中方再三交涉,执意向日本妥协,无异为法方处理天津法租界存银树立了一个可资效仿的恶例。

太平洋战争爆发后,日军进占天津租界,攫夺中国巨额存银达 57 000 000 余元。具体情况如下:1940 年 6 月日本与英法分别商定并交由国际机构保管的华北救济金共 4 500 000 元,中国银行名下 21 870 406 元,交通银行名下 26 417 979 元,河北省银行名下 4 248 049 元。这些存银绝大部分拨付给了日本直接控制下的伪联合准备银行和华北政务委员会③。中交两行还被迫接受改组,成

---

① 参见财政部致外交部公函(1940 年 11 月 13 日)转交通银行 7 月感代电,外交部档 172-1/2639-1。

② 参见外交部致法国大使馆照会(1940 年 6 月 25 日),外交部档《天津租界存银纠纷》0844-1035.01,台北"国史馆"藏。

③ 参见桑野仁:《战时通货工作史论》,东京:法政大学出版局 1965 年版,第 168 页。日军最后攫夺的中方存银数,除了河北省银行部分之外,仍大于抗战爆发之初中交两行向财政部报告的数额以及财政部掌握的数额,主要原因当在于日军所夺还包括中交两行数年的经营性活动所得(包括通过发行收兑民间存银),而这些新增白银同样积滞于平津地区。

为日伪金融体系的一部分①。如同所有被日本侵犯和掠夺的中国领土和其他权益一样,从此天津租界中国存银问题不复作为中外交涉的内容。

四、余论

从 1937 年七七事变到太平洋战争爆发前,中国对欧美外交总体上处于困难阶段,进展与反复并存,甚少重大交涉突破。具体到天津存银问题,国民政府相应外交体制及其运作明显滞后。天津租界存银直接所有者主要是中国银行和交通银行,但如何处置相应的存银,却需得到财政部的指令。主管货币银行事务的财政部没有对外直接交涉权,与外交部的沟通大体上停留在就事论事层面,虽然财政部长孔祥熙先后担任行政院长、副院长,但通常情况下既难以撇开外交部直接对英交涉,也未能使得外交部与财政部达到融洽有效的合作②。而自始至终处于对英交涉第一线的外交部主要负责人,

---

① 中国银行行史编辑委员会编著:《中国银行行史(1912—1949)》,中国金融出版社 1995 年版,第 594—595 页。
② 以外交部掌握的天津英租界交通银行存银确切数为例,1939 年 8 月 9 日财政部常务次长邹琳给外交部政务次长徐谟的抄送数为 19 944 195 元,1940 年 1 月上旬英国大使卡尔称约 14 000 000 元,1940 年 6 月外交部文卷所载数为 12 600 000 元,但欧洲司向财政部钱币司了解到的数字则为 14 238 725.07 元,同年 7 月财政部钱币司进一步转知外交部的交通银行在英租界库房的具体存银数为:大银元 12 427 356 元,行化银折合 181 369.07 元,中央银行寄存大银元 1 630 000 元。以上数字均见于外交部档 172-1/2639-1。

对天津租界存银情况以及存银问题的复杂性、重要性，缺乏及时和全面的掌握，对英交涉中缺乏主动性，奉令行事的成分较多，交涉过程中更多的是转述行政院、财政部等部门决定的内容。蒋介石当时集国民党总裁、军事委员会委员长和国防最高委员会委员长等要职于一身，无疑是战时外交的最高决策者；而1939年9月起兼任改组后的四联总处理事会主席之后，蒋介石还成为战时财政金融的最终决策者。但是，在天津存银问题交涉全过程中，蒋介石虽然多次向外交部门发出有关指示，也曾派出专门代表甚至亲自出面向英国大使表明立场，并且是中英最终换文文本的审定者，但总的来看，蒋介石对天津租界存银问题重视不够。整体而言，围绕天津租界存银问题的对英交涉，中国外交体制运作明显滞后，缺乏及时性和有效性。

在交涉中，当时中国政府处于甚为不利的境地。虽然天津租界名义上仍在英、法这样的"友邦"管辖之下，但实际上无法阻止日本赤裸裸的军事侵略和政治经济势力的扩张。在日本不断扩大侵华战争的进程中，尤其在1939年9月欧战爆发后，英国在远东总体上秉持避免与日本发生冲突的消极立场，在天津租界问题对日全面妥协之前，英国已经在中国海关以及厦门、上海等地的租界问题上，牺牲中国的权益向日方让步；天津租界协定达成后一个月，英国又在日方的压力下关闭滇缅公路三个月，一度对中国获取急需的国外物资造成极大的困难。在这种背景下，国民政府方面从最高决策者蒋介石、行政当局负责人孔祥熙，到外交部长王宠惠，中国驻英、法、美国大使,乃至王世杰、杭立武等能对英方起一定影响的人士,都介入了相关的交涉。在这类交涉中,中方主要强调英方有义务维护中国主权和重大利益,而无向日本让渡之权,对于英方的处境及所持立场和实际决策,缺乏深入的了解和及时的把握;与可能影响英国政府决策的在华外交官(如驻华大使卡尔)的交涉场合,也是宣示中方立场居多,良性沟通互动不足。这些也在一定程度上影响了中方外交努力的成效。当然,在英国政府避免与日本直接冲突甚而不惜妥协退让的既定政策之下,中国方面便无法直接影响日军占领下的天津局势,也无法避免天津租界中方存银最终按照日本的意愿被封存和提取。

平心而论,天津英租界中方存银最终在日本的监管下被封存和提取,不能完全归咎于英国。太平洋战争爆发后,日军进占天津租界,攫夺了中国存银,这更与业已对日宣战的英国政府的具体政策无关。不过,在前后延续三个年头的对英交涉中,英国表现出只顾及本国利益、不尊重中国的主权和重大利益、对中国抗战持消极立场的本质,使以最高决策者蒋介石为首的国民政府官员试图依靠英国维护国家利益的幻想破灭。与此相应,在国民政府战时外交的全局中,国别的倾向性开始发生显著的调整,英国的地位不可避免地下降,美国的重要性上升。就在英日正式达成天津租界协定的当月,中国银行董事长宋子文以蒋介石个人代表的身份甫抵美国,旋即对白宫和国务院、财政部等部门展开了一系列寻求对华援助的外交活动;甚至在太平洋战争爆发后,宋子文依然以外交部长的身份长期驻美,对美外交俨然成为中国战时外交的重点所在①。虽然导致战时中国外交重点发生战略性转变的因素是多方面的,但有关国家对待中国领土和主权等核心利益的态度,无疑是最重要的原因之一。

(原载《历史研究》2012 年第 3 期)

---

① 蒋介石在 1940 年 6 月 14 日致美国总统罗斯福信函中提出:"因世界局势之剧变,余觉有与阁下交换意见并请畀予援助之迫切需要。因余不能亲来承教,特派宋子文先生为代表,前来华府晋谒,彼固为阁下素所熟悉者。余已授予宋先生代表中国政府在美商洽一切之全权,彼受余完全之信任,且其对国内之情形与对外之关系完全明了。"(秦孝仪主编:《中华民国重要史料初编——对日抗战时期》第三编战时外交(一),第 274 页)关于宋子文驻美时期相关外交活动,可参见拙著《宋子文评传》,福建人民出版社 1998 年版,第 310—390 页。

金圆券政策的再研究
——以登记移存外汇资产和收兑金银外币为中心的考察

1948年8月19日蒋介石以总统令颁行《财政经济紧急处分令》，国民党政权废除了施行十多年的法币，开始发行金圆券，这方面的内容是相关时期各种经济史、金融史和民国史著作必然提及的①。本文依据近年来已刊档案史料和台北"国史馆"有关藏档，以与金圆券发行密切相关的登记移存外汇资产和收兑金银外币为中心，研究相关政策对民国末期银行制度、货币制度和金融市场的影响，以求教于学界同仁。

一

《财政经济紧急处分令》主要包括四方面的内容，即：（1）发行金圆券，（2）收兑金银外币，（3）登记外汇资产，（4）整理财政、加强管制经济②。这四方面又都涉及外汇或金银问题。被金圆券取

---

① 如陆仰渊、方庆秋：《民国社会经济史》，中国经济出版社1991年版，第817—818页；洪葭管：《中国金融史》，西南财经大学出版社1993年版，第384—385页；叶世昌、潘连贵：《中国古近代金融史》，复旦大学出版社2001年版，第405—407页；朱宗震、陶文钊：《中华民国史》第三编第六卷，中华书局2000年版，第385—386页。
② 中国人民银行总行参事室编：《中华民国货币史资料》第二辑，上海人民出版社1991年版，第574页。

代的法币是于 1935 年 11 月出台的,当时废除了银元本位,以法币收兑白银,并由中央、中国、交通三家政府银行无限制买卖外汇。在抗日战争时期,国民政府逐步加大对外汇市场的监管力度,同时也向市场投入大量的外汇资金以维持法币的汇价;太平洋战争爆发后,虽然国统区严格控制官价外汇的供应,法币的外汇汇兑本位性质还是很明确的。从私营行庄公司到个人,均可合法持有金银外币、拥有外汇资产。

抗日战争结束之初,国民政府的外汇储备较为充裕,1946 年 2 月底,由中央银行直接掌握的金银外汇结存总额约合美金 82 200 余万美元。该月起,国民政府曾经一度开放外汇金银市场,对进口限制也不严,外汇供应宽裕,从当年 3 月初上海外汇市场正式开放到 11 月 17 日,中央银行和包括中国、交通、中农、邮汇、中信在内的外汇交易指定银行售出外汇共达 45 500 万美元,中央银行的外汇储备被消耗掉相当大的部分,到 1947 年 2 月底,中央银行金银外汇存底已锐减至 33 700 余万美元[1]。与此相应的,国民政府出台了严格的金银外汇管制政策,如明令禁止黄金买卖和外币流通,提高美元对法币的兑换牌价,国人出境携带外汇限额由一个月前的 200 美元减至 100 美元;成立输入临时管理委员会,控制货物进口方面的外汇开支,强化输入许可制度,实行出口补贴办法[2]。同日公布施行

---

[1] 中央银行外汇概况节略(1948 年 5 月),中国第二历史档案馆编:《中华民国史档案资料汇编》第五辑第三编财政经济(二),江苏古籍出版社 2000 年版,第 260 页;洪葭管、张继凤:《近代上海金融市场》,上海人民出版社 1989 年版,第 215 页。

[2] 经济紧急措施方案(1947 年 2 月 17 日),《中华民国史档案资料汇编》第五辑第三编财政经济(一),第 46—47 页。

的《取缔黄金投机买卖办法》和《禁止外国币券流通办法》，规定除中央银行及其委托机构之外，其他商业行庄公司和个人均不得买卖金银外汇①。

除了上述财经与社会层面的公开举措之外，当时财政部以蒋介石"面谕"的名义，试图由中央银行统一掌握各政府行局的外汇。

1947年2月26日，财政部致电资源委员会和有关行局："奉主席面谕：自即日起，所有资源委员会，中国、交通、中国农民三银行，中信、邮汇两局所存外汇，应即悉数移存中央银行。等因。请即洽办。"②嗣后，资源委员会很快与中央银行商定并办理了外汇移存手续，包括资源委员会结存外汇和所属后方结束各单位之外汇，计美金338 380.08元，美金公债200元，美金储券13 500元，英金4 955镑5先令9便士，港币63 504.56元；另缴售外销矿产价款2 191 063.09美元；售美锡品所得黄金如以往一样仍存中央银行。资源委员会存户之下仅保留8万美元，以备对美偿债本息之用③。

但是，在向中央银行移存外汇问题上，其他政府行局起初并不愿意照办。从中央银行与其他政府行局的关系来看，中央银行作为

---

① 中国第二历史档案馆等编：《中华民国金融法规档案资料选编》（上册），档案出版社1990年版，第473—474页。
② 中央银行外汇概况节略（1948年5月），《中华民国史档案资料汇编》第五辑第三编财政经济（二），第282页。
③ 资源委员会复财政部代电（1947年3月11日），《中华民国货币史资料》第二辑，第787页。

唯一的发行银行,其地位的确立是有一个过程的。1935年实施法币政策之后,由中、中、交、农四家政府银行共同发行法币的格局维持了相当长的时间,直到1942年由四联总处出面宣布了中、中、交、农四行划分业务之原则,由中央银行统一货币发行,中国、交通、中农因此陆续向中央银行移交发行准备,加上其他有关规定,中央银行的地位有了较大的提升。在管理外汇方面,央行与中、交两行之间既有分工,也有合作。抗战初期在外汇市场开放的情况下,中央银行一直是汇率的挂牌银行,中国银行、交通银行则是从事外汇买卖、维持法币汇价的主要银行,其他政府行局也一直经营着外汇业务。但是,在外汇业务方面,仅规定中央银行"统筹外汇收付",中国银行"受中央银行之委托,经办进出口外汇及侨汇业务"①,并无由中央银行集中外汇资产的内容。在其他业务方面,各政府行局还是相对独立的经营实体。抗战结束后,在进一步明确由中央银行实行外汇管理的同时,中国、交通、中农、邮汇、中信等政府行局均为经营外汇业务的指定银行。甚至1947年2月《经济紧急措施方案》本身,虽然宣布了关闭外汇黄金市场,但也没有明确要求政府行局向中央银行移存外汇的规定。

值得注意的是,1947年2月下旬财政部发出有关政府行局向中央银行移存外汇的代电时,行政院长宋子文、中央银行总裁贝祖诒正受到各方猛烈攻击,宋旋于3月1日辞职,贝则被免职,

---

① 《中华民国金融法规档案资料选编》(上册),第657页。

由张嘉璈继任。财政部长俞鸿钧虽然没有因此去职，但权威性无疑也受到一定的影响。在收到财政部代电之后，三行二局起初都表示了不能将外汇移存中央银行的理由。如中国银行总管理处致函蒋介石和财政部，力陈该行外汇不能移存中央银行的各项理由，主要有：中国银行是政府特许之国际贸易银行，且为指定经营外汇银行公会之主席银行，国外国内业务均需外汇资金以供运用和周转；由于中央银行未能在海外设立行处，中国银行代理对政府机关海外需款之垫付和外债之担保，需准备相当外汇头寸；中国银行倘若把外汇全数移存中央银行，意味着中央银行在海外的外汇资金将全部存放外国银行。按照中国银行的意见，该行不仅不应把外汇移存中央银行，反倒是中央银行和其他国营行局的外汇资金应当集中于中国银行的国外行处，便于统筹灵活运用，海外侨胞之外币资金亦尽可能转存中行。不过中国银行也承诺将所经营的外汇汇兑业务按旬详报中央银行，同时将全行外汇资产负债按月填具详表三份，报请四联总处鉴核并分转财政部及中央银行[①]。简言之，无论从中行的业务发展、外汇资金运用、维护对外信用，还是从海外机构须遵从当地法令等角度，都有理由减少或暂缓移存外汇资产。

交通银行也提出了不能移存的理由，该行致函财政部指出：该行净余外汇资金合300余万美元，供海外各分支行业务需要和国内

---

① 中国银行总管理处致财政部函（1947年3月19日），中国银行总行、中国第二历史档案馆合编：《中国银行行史资料汇编》上编（1912—1949）（一），档案出版社1991年版，第401—402页。

沿海各行办理进口结汇所必需之外币资金,已感不敷周转,"倘全数移存中央银行,则敝行海外各分支行业务因周转失灵势必陷于停顿,终恐无法立足,影响所及,侨汇难以吸收,于国家外汇资源立蒙不利,侨贷无法办理,复难维持政府对侨胞大信而吸引侨胞回国投资,发展国内工矿业生产事业,为今后应予致力之要图,更将因与侨胞隔绝失去连络,致无从进行。"交通银行同时也承诺,对于进口外汇保证金以及逐周多余外汇头寸,将如以往一样移存或拨售中央银行,"至目前对于必要周转而感不敷之有限外汇资金移存中央银行,实有事实上困难"①。

除了中、交两行外,中农、中信、邮汇等行局亦表示不能移存外汇的理由。结果,这一僵持局面一直到1947年4月份张群出任行政院长后才得以缓解,财政部提出了一个折中方案,即三行二局外汇仍先移存中央银行,再由中央银行量为转存各该海外行处,"似于外汇集中之旨,并无所悖,而于各行实行运用之便利,亦可兼顾"。该方案得到蒋介石批准之后,中央银行召集三行二局负责人会议,商定处理原则:三行二局先将美金、英金、港币三种外汇资金一律移存中央银行,其他各种外汇暂缓移存;中央银行将上项外汇资金分别原币,分存纽约、伦敦、香港等地中交农三行,并开立各行局外汇资金透支户,其透支款项以不超过各行局移存中央银行各该项原币总数之七成为限;各行局在上列透支额度内得依规定运用;

---

① 交通银行总管理处致财政部函(1947年3月13日),交通银行总行、中国第二历史档案馆合编:《交通银行史料》第一卷下册,中国金融出版社1995年版,第1072页。

资源委员会外汇收入及现存外汇应悉数售与中央银行,不得自行握存。上述原则确定之后,从 1947 年 9 月 26 日起到 10 月 29 日,三行二局移存中央银行外汇办理完竣,计定存美金 67 792 000 元、英金 8 075 000 镑;然后由中央银行转存各行局,计定存户美金 47 454 400 元、英金 5 652 500 镑,活存户美金 20 337 600 元、英金 2 422 500①。

上述手续办理之后,中央银行并不能随意、更不能无偿调拨转存在各行局的外汇。如 1948 年 1 月 20 日,中央银行因头寸紧缺,经商得邮汇局同意,将中央银行转存该局活存户英金全部借用。同年 2 月 9 日,中美金属借款到期本息共美金 13 698 099.13 元,中央银行筹垫美金 2 898 099.13 元之外,向三行二局借用转存活存户内美金共 10 800 000 元。上述借用,均计算本息,须按期归还②。此外,除了中央银行本身直接从事外汇买卖之外,包括三行二局在内的各指定银行仍然经营外汇买卖的业务。

应当指出,在 1947 年政府行局外汇移存风波前后,还发生过要求政府银行商股收归国有和四行二局一库合并的问题。国民政府四行资本组成中,中央银行始终为全额国家资本,故无股东会,亦不设董事会,虽然 1928 年《中央银行条例》和 1935 年《中央银行法》都有关于商股的规定③。1935 年国民政府对中交两行增加官股后,

---

① 中央银行外汇概况节略(1948 年 5 月),《中华民国史档案资料汇编》第五辑第三编财政经济(二),第 282—283 页。
② 同上书,第 283—284 页。
③ 《中华民国金融法规档案资料选编》(上册),第 529、587 页;《中国银行行史(1912—1949)》,中国金融出版社 1995 年版,第 690—694 页。

中国银行官商股比例各占 50%，交通银行为官六商四。即便是由蒋介石直接控制的中国农民银行，亦存在着商股，1935 年的实际股本构成中，大体是财政部 250 万元、各省政府共 300 万元，黄埔抚恤委员会、遗族学校和武岭学校三家商股共 225 万元；1939 年新增加商股 250 万元（中央军校同学会抚恤金）①。待到四行专业化之后，国民政府又增加了中、交、农三行的官股比例，但三行仍有商股，其中中行商股仍占三分之一，交行和中农均约为 13%②。待到 1946 年春，立法院部分委员提出议案，要求"将中交农三行人民参加股份收归国有"，遭到该三行一致反对，派员至立法院申述理由。商股国有问题尚未解决，1947 年 3 月立法院又提出了将各政府行局合并为中央银行和国家业务银行两个机构的议案，中交两行的代表则从法理、技术、业务三端说明不可合并的理由。央行以外各政府行局力持反对商股国有与合并的立场，这事一度闹到蒋介石那里，结果不了了之③。所以，当时中央银行与其他政府行局之间围绕外汇资产移存问题上的折冲妥协，既有各方在银行和外汇管理体制方面的意见分歧，也涉及国民党政权内部不同派系的互相倾轧，行政当局与立法机构、中央与地方、官股与商股之间错综复杂的利害关系。

---

① 中国农民银行股东、股权及代表姓名一览表（1947 年 11 月），中国人民银行金融研究所编：《中国农民银行》，中国财政经济出版社 1980 年版，第 35 页。

② 《中国银行行史资料汇编》上编（三），第 2456 页；《交通银行史料》第一卷下册，第 24—26 页；《中国农民银行》，第 37 页。

③ 《中国银行行史资料汇编》上编（三），第 2480—2481 页。

二

《财政经济紧急处分令》颁布后,蒋介石又专门令谕:国家行局外汇存款转移中央银行事,应即速办,并将办理情形限期呈报。而属于《财政经济紧急处分令》实施办法之列的《人民所有金银外币处理办法》第十一条规定:"除中央银行外,所有其他中外银行,非经中央银行之委托,不得收兑、持有或保管黄金、白银、钱币或外国币券。"①换言之,中央银行对金银外汇的收兑、持有与保管权是绝对的,包括政府行局在内的其他银行有关金银外汇的经营、持有都是相对的,都出自中央银行的委托。另外,四联总处收到《财政经济紧急处分令》暨各项实施办法后,当即分转各行局库遵照,并分饬总处所属各地分支机构,切实督导实行,密切注意②。嗣后各政府行局闻风而动,在向中央银行移交外汇资金问题上较迅速地达成相应的处理办法。

8月30日,中央银行总裁俞鸿钧③召集各行局首长开会商定四项办法:(1)各行局所有外汇全部移转中央银行,并在中央银行开立外汇定期存款户;(2)各行局营业需用外汇周转金,由中央银行视实际需要核拟数额,报经财部核定后,以存放同业科目分别拨存

---

① 《中华民国史档案资料汇编》第五辑第三编财政经济(三),第807页。
② 徐柏园致蒋介石电(1948年8月23日),台北"国史馆"藏国民政府缩微档390-1218。
③ 1948年5月成立"行宪"政府时,翁文灏出任行政院长,王云五、俞鸿钧分别出任财政部长和中央银行总裁。根据蒋介石的指令,当年7月该三人曾就金圆券方案有较充分的研究。参见《中华民国史事纪要》(初稿1948年7月至12月),台北:"国史馆"1995年初版,第211—224页。

各行局备用;(3) 各行局外汇资负情形,限于 8 月 31 日核对完竣,以便如期全部转账;(4) 各行局最近外汇数字估计可达美金 1 亿元之数,惟各行局详细数字尚未齐全,有待分别核对,故不及当天办理转账手续,但至迟在二三天内定可全部办妥①。

至 9 月初,中国、交通、中农三行及中信、邮汇二局向中央银行报告现存各项外汇资产负债相抵后的各项外汇折合美金净值,合计为美金 110 615 000 元。以上各款即由各行局如数移存中央银行。基于各行局均系指定经营外汇银行,营业需用外汇周转金,经由中央银行斟酌各行局实际需要,规定各行局暂行保留一定数额的营业周转金,大体上交通银行保留 65% 弱,其他行局保留 50%,共 62 745 000 美元。这样,各行局实际移交中央银行外汇净额共计美金 47 870 000 元。详见下表:

各政府行局向中央银行报告移转、央行拨存、实移外汇数额(单位:美元)

政府行局	报告移转数	央行拨存备用金	实移外汇
中国银行	67 208 000	37 208 000	30 000 000
交通银行	25 000 000	16 130 000	8 870 000
中国农民银行	7 185 000	3 685 000	3 500 000
中信局	6 222 000	3 222 000	3 000 000
邮汇局	5 000 000	2 500 000	2 500 000
共计	110 615 000	62 745 000	47 870 000

资料来源:翁文灏呈蒋介石总统(1948 年 9 月 6 日),台北"国史馆"藏国民政府缩微档 390-1301。

① 翁文灏转俞鸿钧国家行局外汇存款移转中央银行初步办理情况致蒋介石呈文(1948 年 8 月 31 日),台北"国史馆"藏国民政府缩微档 390-1298。

具体而言，各行局向中央银行移交和央行回存的情况有所不同。

1948年9月6日，中国银行向中央银行办妥移存手续：（一）中国银行向中央银行X户移存美金5 058.5万元、英金554.1万镑；（二）中央银行向中国银行返存营运资金X户2 800.4万美元、306.8万英镑；（三）两相抵轧之后，中国银行净存中央银行美金2 258.1万元、英金247.3万镑①。然而，两行间虽然完成了账面上的移存、返存和净存结算手续，实际办理中问题还不少。如中国银行美汇头寸因中央银行和国营事业借用，导致1948年11月初中国银行纽约分行资产负债不抵达2 500万美元，经商得央行同意，由央行紧急向美拨运美金现钞，直到中行纽约分行营运资金敷余。又如，原定向央行移存的英汇部分，因港英当局对国外汇兑实行统制，中行香港分行无法完成分摊的英金划付手续，结果中央银行只得同意英金90万镑暂缓移存，这样中行向央行实际移存英金为157.3万镑。此外，中行对净存央行的外汇资金要求按定存款计息，后经与央行业务局交涉，双方同意以年息6厘计息。1949年2月18日，按1美金合1 450金元的最新结汇价，中央银行把计至1948年底的利息共696 336 545金元拨至中国银行②。

交通银行把该行截至1948年6月30日的各项外汇折合美金

---

① 本行外汇移存国行案节录（二），《中国银行行史资料汇编》上编（1912—1949）（一），第416页。关于1948年9月中国银行向中央银行X户移存美金数，《中国银行行史（1912—1949）》正文第689页记为5 085万美元，大事记第824页又作5 018.5万美元，似有误。

② 《中国银行行史资料汇编》上编（1912—1949）（一），第416—417页。

净值 2 500 万元移交中央银行，另由中央银行拨付交行营业周转金 1 613 万美元，两相抵付后，实际当移交央行美金 887 万美元；而这 887 万美元中，根据交行的意见，扣除当年 3 月间交行拨借予央行垫付资源委员会偿美国金属借款 50 万美元，另有美国政府短期库券 75 万美元须俟对外保证终了时再以现款移交，实际拨交中央银行的为现款美金 420 万元及民国三十六年美金公债票面附至第三期息票美金 342 万元①。

中国农民银行报告截至 8 月 31 日外汇头寸为美金 5 171 834.99 美元、英金 561 341 镑 10 先令 2 便士、港币 150 万元、印币 100 652-9-6 罗比，同意移交中央银行，但提出央行回存美金 150 万元、英金 30 万镑、港币 150 万元、印币 10 万罗比②。中央银行大体上接受了三行二局关于回存部分外汇的要求。

概言之，实行《财政经济紧急处分令》之后，名义上三行二局的外汇资产已经全部移存中央银行，中央银行再把其中 50% 强的外汇存回三行二局，供其业务周转所需，三行二局实际向中央银行移交数不到 5 000 万美元。

各政府行局移存外汇对于金圆券的发行有重要作用。据王云五回忆，发行金圆券的头一个月内，"总计国家四行两局一库申报移存之外汇共九千余万美元，以中国银行占大多数，而中国银行移存之部分，于币制改革之初，业以其中约六千万美元拨入发行准备，

---

① 《交通银行史料》第一卷下册，第 1073—1074 页。
② 中国农民银行为附送外汇头寸数额表及该行办理外汇备忘录（1948 年 8 月 31 日），《中华民国史档案资料汇编》第五辑第三编财政经济（二），第 289—290 页。

以凑足二亿美元之现货准备,故实际上国家行局库移存中央银行后尚可动用之外汇不及四千万美元"①。通过中央银行对各政府行局外汇资产相当大程度的控制,金圆券最初的发行准备问题得以解决。

由于三行二局作为政府银行体系的组成部分由来已久,各自都有其特殊地位;它们的机构分布、业务范围、营运机制等既有相应的法理依据,且与工商经济、社会生活乃至中央和地方政权的运作有着密切的关系。而中央银行本身受机构设置上的限制(如无海外分支行,仅有若干代理处),在包括外汇业务等方面还需要三行二局的协作帮助。因此,要求三行二局在绝对意义上向中央银行移存外汇资产,既无必要,又无可能。待到1948年11月修正《人民所有金银外币处理办法》时,虽然仍规定中央银行之外各银行非经中央银行委托"不得收兑或买卖金银外币",但已可以持有和保管金银外币了,亦即强制移存金银外币的法理依据已经不存在了,虽然在日后的实际操作中,国民党政权仍然主要通过中央银行来直接调拨支配金银外币。

除了政府行局之外,发行金圆券时还强令普通商业行庄公司向中央银行申报移存金银外币。

蒋介石于8月20日即颁布财政经济《紧急处分令》之翌日,在上海以茶会招待工商界、金融界人士,上海银钱业代表陈光甫、徐寄庼、秦润卿等出席,蒋在会上宣称,此次政府宣布之财政经济紧

---

① 王云五:《岫庐八十自述》,台湾商务印书馆1967年第四版,第537页。

急处分办法,不仅为解决目前经济之困难,抑且为今后国计民生之长期永久计划,故其成败关系全国人民;"政府此次采取此一决策,事前曾有充分准备,且具有最大决心,相信必能成功。然凡事之成败系于吾人之心理者亦甚大,如全国上下均能以健全之心理,确信此次经济改革必能成功,则可收事半功倍之效。"同日,行政院长翁文灏在南京行政院邀请京沪工商金融界人士举行谈话会,在致辞中希望协力执行各项新办法①。但是,私营银钱业反应并不热烈。如上海银钱业曾连续数日"商讨对付办法,大家当然不愿意把外汇交出来,但又不能不敷衍一番,于是决定由各行庄参照各行的实力,凑足一千万美金"。这一态度自然使南京当局很不满意。于是,9月6日蒋介石在南京中央党部扩大总理纪念周致辞,在述及商业银行对于政府法令尚存观望态度时称:"其所保留之黄金、白银及外汇,仍未遵照政府的规定移存于中央银行。并闻上海银行公会理事会拟集合上海所有行庄,凑集美金一千万元,卖给中央银行,便算塞责了事。可知上海银行界领袖对国家、对政府和人民之祸福利害,仍如过去二三十年前只爱金钱,不爱国家,只知自私,不知民生的脑筋毫没改变。……政府已责成上海负责当局,限于本星期三以前令各大商业银行将所有外汇自动向中央银行登记存放,届时如其再虚与委蛇,观望延宕或捏造假帐,不据实陈报存放,那政府只有依法处理,不得不采行进一步的措施,予以严厉的制裁。"行政院经管会即于当天下午督促商业行庄将所有外汇限期移存中央银

---

① 《中华民国史事纪要》(初稿1948年7月至12月),第227、230页。

行。9月8日,财政部次长徐柏园,中央银行总裁俞鸿钧、副总裁刘攻芸,财政部金融管理局长林崇墉等一起出面,分别会见钱庄、信托、保险三业公会及省市银行各负责人谈话,要求各该业遵照政府旨意,申报外汇资产①。当日起上海各行庄公司开始申报,原限定在9日下午一律移存中央银行,后来还是延长了相当时日。不少行庄是在当局不断提高的压力下,逐次被迫增加外汇资产申报数额的。如金城银行就分别在1948年9月8日、9月29日和10月5日三次向中央银行申报②。又如上海钱庄业,在9月10日和20日分两批交兑金银外币,共计交兑黄金21 348.545两、美钞323 264.60元、港币249 419.90元、英镑743镑、白银8 087.558两、银币13 302元、银角224 770枚。另交出外币公债券四种,合计票面金额85 250美元,以及外币面额股票十余种③。另据统计,至1948年10月底,各商业行庄向中央银行移存外汇现款折合美金6 093 344.77元,外币证券折合美金31 104 104.07元,共计美金37 197 448.84元④。移存的外币外汇,在一年之内只可每三个月取用一次,每次不超过存额的四分之一,且其用途必须符合严格的规定⑤。至于商业行庄要把业已移存央行的外汇资产另移作增资,按财政部次长徐柏园9月

---

① 《中华民国货币史资料》第二辑,第811—812页。
② 中国人民银行上海市分行金融研究所编:《金城银行史料》,上海人民出版社1983年版,第885页。
③ 中国人民银行上海市分行编:《上海钱庄史料》,上海人民出版社1960年版,第367—368页。
④ 《中华民国史档案资料汇编》第五辑第三编财政经济(二),第379—380页。
⑤ 《中央银行外币外汇存款交付办法》(1948年8月26日),《中华民国史事纪要》(初稿1948年7月至12月),第276页。

9日对记者的说法,须经核准后换成金圆券移充①。也就是说商业行庄事实上已不能自由支配所移存的外汇资产。国民党政权与普通商业行庄公司之间的利益对立,愈益公开和尖锐。

三

强制收兑社会公众持有之金银外币和登记管理海外外汇资产,是金圆券政策中十分重要的部分。根据《人民所有金银外币处理办法》,持有金银外币者须于1948年9月30日之前向中央银行兑换金圆券,兑价为:1两黄金合金圆券200元,1两白银合金圆券3元,1银元合金圆券2元,1美元合金圆券4元②。对收兑金银外币和登记管理外汇资产的主旨,蒋介石在致各地政府通电中谈道:"人民所有金银外币及存放国外外汇资产之处理,系使人民冻结无用之资金,导入工商事业正当之用途,并充分顾全人民固有之利益,绝无丝毫之损失。"蒋要求各地政府在实施紧急处分令时,须"以决心建立事功,以强力打破障碍,无论遭遇任何困难,中央必为全力主持,设或阳奉阴违,怠忽职守,致法令不能贯彻,或对所属执行人员,监督不严,考核不力,致所属违法舞弊影响法令之实效者,则各级主管应负失职之咎"③。用词之严

---

① 《中华民国史事纪要》(初稿1948年7月至12月),第369页。
② 《中华民国货币史资料》第二辑,第753—754页。
③ 蒋介石致各省政府主席、各市市长马电(1948年8月21日),台北"国史馆"藏国民政府缩微档390-991。

厉，前所未有。于是，中央银行等机构竭力收兑金银外币，人民亦踊跃交兑。

1948年8月23日为开始发行金圆券、收兑法币及金银外币的第一天。上海四行二局一库及上海市银行收兑黄金300余条、美钞100万元、港币数十万元、白银2 000多两、银元5 000多元。南京市中央银行当日收兑黄金2 000余两、美钞50 000余元、白银100市两、银元2 000余枚。基于收兑情形良好，该日上午11时左右俞鸿钧在打给王云五的电话中，第一句话就是："恭喜！恭喜！王部长，你的政策成功了！"①24日，王云五、俞鸿钧当面向蒋介石报告称，各地实况稳定，人民携金银外币至国家银行兑换金圆券者亦踊跃，仅上海一地，中央银行兑入即达美金300万元之巨。蒋在当天日记中写道："于此可知人民对政府之信任与拥护之精诚矣。"②另据上海中央银行正式发表数，自23日到29日即发行金圆券收兑金银外币的第一周里，上海共收兑黄金118 499.839两、白银114 175.067两、银元324 464.5元、美钞4 812 865.65元、港币1 929 002.6元③。接下去的一周里收兑情况同样相当成功，参见下表：

---

① 《中华民国史事纪要》（初稿1948年7月至12月），第246—247页；王云五：《岫庐八十自述》，第533页。按王云五在书中把8月22日记为开始收兑金银外币的第一天，经查《申报》等，应为8月23日。

② 秦孝仪总编纂：《总统蒋公大事长编初稿》第7卷（上），台北1978年版，第128—129页。

③ 其中8月27日为孔子诞辰休假，29日为星期例假，银行暂停收兑，实际收兑5天。《中华民国史事纪要》（初稿1948年7月至12月），第298页。

1948年8月30日至9月4日上海中央银行收兑金银外币数

	黄金（两）	白银（两）	银元（枚）	美钞（元）	港币（元）
8月30日	41 290.319	29 605.524	119 990	785 347.70	479 839.75
8月31日	31 960.084	24 326.128	95 946	547 593.96	187 910.25
9月1日	25 580.439	27 153.493	65 794.5	377 205.88	257 111.45
9月2日	23 494.402	20 200.638	62 233.5	373 945.90	111 114.48
9月3日	19 214.135	31 741.433	58 134.5	245 000.40	97 521.8
9月4日	11 050.202	40 081.010	36 009.5	308 072.86	238 444

资料来源：《中华民国史事纪要》（初稿1948年7月至12月），第299—300页。

当时报纸曾对以金银外币兑换金圆券的上海市民作采访报道："今日（8月25日——引者注）外滩中央银行门前，清晨六时即有人守候排队，兑换黄金银币和美钞港币的，分别排列，内以黄金和银元兑换的人最多。有许多人早晨六七时排队，到下午一二时还没有兑到。……兑换黄金的队伍中，有西装客，有家庭妇女，也有一二个军人，但最多的还是一般商店的伙计、学徒、老司务之流，它们都是东家派来兑换的，记者问他们为什么急于挤兑，回答说：'黄金一时不会涨，现在拆息多么高，搁在那里不合算，不如卖掉了还债，或做生意买别的东西。'兑银币的都是中下层的，有小商人，有黄牛党，银元多的放在旅行袋中，也有老太婆破布包中藏着仅有的积蓄。问他们兑换的原因，说是：'要出钱呀，放在那里犯法，又不会涨，就早些卖掉吧！'兑换金银外币的人这样踊跃，表示一般人民只要政府对他们公平，还是愿守法的。"①显然,广大中小厂商、中下层民众是交兑金银外币的主体。

再就全国而言,到8月29日止,包括上海、南京、杭州、天津、北平、济南、青岛、归绥、西安、宁夏、兰州、汉口、长沙、南昌、昆明、成都、重庆、贵阳、桂林、广州、厦门、台北等22个城市收兑金银外币数,折合美金约2720余美元②。8月31日,蒋介石在"本月反省录"中记载:"改革币制,十日间收兑现金约合美金二千七百万元之巨,此为始料所不及者,可知民心犹在。"③当时自蒋介石到行政院、财政部和中央银行主要负责人,都对发行金圆券和收兑金银外币的前景颇为乐观。由于收兑金银外币的数量巨大,除中央银行外,其他银行也起了很大的作用。

以金圆券收兑金银外币,在当时政府整个外汇收入中居十分重要的地位。据统计,自1948年8月23日开始收兑至9月6日止,中央银行收兑金银外币折合美金4 496.9余万元,同时期净收入出口外汇折合美金1 202万余元,共折合美金5 699万余元④。另据统计,从《财政经济紧急处分令》颁布至9月30日止,中央银行总计外汇收入折合美金190 432 859.19元,其中与实施紧急处分令直接相关的两项来源,一是收兑金银外币,折合美金132 787 214.17元,占

---

① 上海《大公报》1948年8月25日,转引自《中华民国史事纪要》(初稿1948年7月至12月),第265页。
② 《中华民国史事纪要》(初稿1948年7月至12月),第296页。
③ 《总统蒋公大事长编初稿》第7卷(上),第129页。
④ 俞鸿钧致蒋介石呈文(1948年9月7日),台北"国史馆"藏国民政府缩微档390-1325。

同期外汇总收入的 69.7%；二是经收外币外汇存款，折合美金 10 697 755.61 元，占 5.6%，两项合计共占同期外汇总收入的 75.3%，且远远超过政府三行二局移交净存中央银行外汇资金数。另外两项属于常规性外汇收入，即出口外汇收入折合美金 35 784 470.21 元，占 18.79%；华侨汇款收入折合美金 11 163 419.20 元，占 5.8%。进一步考察同期外汇支出情况，其中进口结汇折合美金 12 511 912.69 元，政府机关结汇折合美金 10 358 299.46 元，总计外汇支出折合美金 22 870 212.15 元，收支两抵净收入折合美金 167 562 647.04 元①。总体看，收兑金银外币和经收外币外汇存款本身不存在外汇成本的耗费，所以这两项收入占外汇净收入总额的比例达 85.6%。

发行金圆券之初，曾规定收兑金银外币的期限为 1948 年 9 月 30 日，超过期限未交兑且未购买民国三十六年美金公债或存储中央银行者，其金银外币一律没收。但是实际情况表明，收兑金银外币远未结束，而且导致这种状况的原因主要在于收兑机构数量不足及其工作效率所致。于是，中央银行于 10 月 1 日发布公告，把收兑黄金外币展期至 10 月 31 日，收兑白银、银元、银角展期至 11 月 30 日。同时为加强收兑，中央银行采取了各项措施，如请各省市政府转饬县府以下机构扩大宣传，劝导人民在限期内从速兑换金银外币，毋再延误；乡僻地区不便兑换，可利用通讯申报方式，各地委

---

① 俞鸿钧致蒋介石呈文（1948 年 10 月 20 日），台北"国史馆"藏国民政府缩微档 390-1342、1343。

托代兑银行均可接受,并应由各代兑行简化扼要之函件迅即答复申报人,俾利收兑;通讯申报与巡回收兑工作配合进行,但巡回收兑须俟必要时办理;各委托银行兑得金银外币,可即就近缴送国行分行,由就近之国行先发证书,以利缴达分行,由国行给办请领护照,以资迅速;各地收兑得之金银外币,应先集国行分行再汇缴总行①。由于收兑金银外币对于增加金圆券发行的现金准备、维持政府外汇收支平衡具有决定性作用,蒋介石要求中央银行及时查报金银外币收兑数字及各分行运出情形。从《财政经济紧急处分令》颁布至10月31日止,中央银行收兑金银外币数如下页表所示②。

金银外币收兑数的统计中,各地区呈现出明显的差别,即美钞和黄金以上海最多,白银及银元以华北为最,港币则集中于以广州为中心的南区。

中央银行将收兑得之金银外币分区集中,大体上中央银行各分行凡在长江流域及以北地区者一律运集上海,在珠江流域暨西南各省运集广州和香港。截至1948年11月中旬运集沪穗港金银外币数如下③:

(1) 运集上海计黄金130 283市两、白银(即银块)890 774市两、银圆4 668 115元、银角1 037 839元、美钞13 441 349元、港钞499 627元;

---

① 《中华民国货币史资料》第二辑,第756页。国行即指中央银行。
② 俞鸿钧致蒋介石呈文(1948年11月20日),台北"国史馆"藏国民政府缩微档390-1346、1347。另据《中华民国史档案资料汇编》第五辑第三编财政经济(二),第326—331页。
③ 同上。

各地收兑数	黄金	银块	银元	银角（枚）	美钞	港币
东区	64 218.116	410 868.79	2 568 068.50	2 805 259	1 707 820.33	298 611.10
南区	257 414.079	2 026 347.32	1 832 324.00	12 985 472	8 133 029.23	76 402 561.48
西区	65 578.338	741 734.01	3 336 607.90	15 667 491	358 341.14	29 880.00
北区	42 602.515	2 851 538.43	4 575 092.33	91 380	6 552 889.88	53 848.40
中区	130 643.105	1 935 158.15	8 029 160.00	127 576	400 319.28	176 082.96
合计	560 456.153	7 965 646.70	20 341 252.73	31 677 178	17 152 399.86	76 960 983.94
上海	1 102 528.696	971 248.40	3 697 144.00	3 905 694	30 582 745.47	10 364 401.82
总计	1 662 984.849	8 936 895.10	24 038 396.73	35 582 872	47 735 145.33	87 325 385.76

（列入各区统计数的城市：东区——南京、杭州、镇江、宁波、无锡、下关、连云港、淮阴、南区——厦门、福州、广州、台湾、昆明、汕头、江门、梧州、桂林、南宁、柳州、湛江、西区——重庆、成都、贵阳、西宁、雅安、康定、哈密、自流井、青岛、北京、天津、西安、锦州、沈阳、烟台、济南、兰州、归绥、宁夏、大原、宝鸡、天水、张掖、承德、酒泉、山海关、长春、中区——汉口、长沙、芜湖、南昌、衡阳、九江、徐州、蚌埠、沅陵、郑州、开封、吉安、合肥、新浦）

（2）运集广州计黄金 15 359 市两（中央银行广州分行自行收兑黄金 121 953 164 市两未计入）、美钞 489 832 元（广州分行自行收兑 1 636 809.55 元未计入）；

（3）运集香港计港钞 68 620 266 元。

当时，一方面各地把收兑金银陆续起运沪穗，但是也有部分地区发生了民意机关及民众阻止当地中央银行分行将收兑金银运出的事件。其中甘肃、湖南、湖北等地的阻运事件影响颇大，使当地中央银行分行难以应对①。到后来不少地区不仅是民意机关，甚至军政当局也公开出面阻止当地中央银行外运金银。如中央银行天津分行原先计划运沪白银银元 700 箱，并已装运入舱，一切手续均已办竣，1948 年 11 月中旬，天津警备司令部奉华北"剿总"命令，出面禁止南运。天津央行经与该部交涉，并请平津区行转洽"剿总"，均归无效，最后只好将银元卸船返入库房。该分行担心："此后所有平津及外埠运来白银银圆，恐均无法南运等情。"又如 1949 年 1 月 12 日，华中"剿总"司令白崇禧致电财政部长徐堪，称为稳固金融、安定人心，要求汉口中央银行现存白银暂勿外运。徐堪只好电中央银行宜缓运。长沙中央银行分行曾将收兑的黄金 35 箱运广州，结果该分行负责人被扣押于绥靖公署，不得不致电中央银行总行业务局迅电广州分行将原送黄金 35 箱运回保管②。因收兑金银外币，国民党中央政府不仅与广大民众产生了激烈冲突，还引发了中央与地

---

① 俞鸿钧致蒋介石呈文（1948 年 11 月 20 日），台北"国史馆"藏国民政府缩微档 390-1349 至 1351。

② 《中华民国货币史资料》第二辑，第 637 页。

方军政当局的直接对峙，这恐怕是金圆券政策制订者所始料未及的。

四

与 1935 年实施法币政策时相比，发行金圆券有诸多不同之处。1948 年 8 月发行金圆券之初，曾宣布 20 亿元的发行限额，但到 10 月底金圆券发行额已达 18 亿 5 千万元。至 1948 年 11 月 9 日，金圆券发行数已达 19 亿余元。当时在中央银行方面看来，一是"军政需要，增加极巨，急如星火"；二是"金融市面以物价高涨，需要亦多，"呼吁最高当局批准放宽发行法定额度①。同时各地市场上出现抢购狂潮，十店九空。政府当局起初还只是打算调整限价政策。1948 年 10 月 31 日，行政院第十二次临时会议通过《改善经济管制补充办法》，在物价管理方面的主要内容为：粮食依照市价交易，自由运销；六大都市配售粮食仍由政府继续办理；纱布、糖、煤、盐由中央主管机关核本定价，其他主要物品及工业原料授权地方政府参酌供应情形，依核本定价原则加以管理②。政府的如意算盘是有控制地解冻物价，但诚如张嘉璈所说，这个办法等于放弃了限价政策③。不仅如此，进一步分析可以看出，围绕发行金圆券实施的

---

① 《中华民国货币史资料》第二辑，第 597、608 页。
② 翁文灏致蒋介石签呈（1948 年 11 月 2 日），台北"国史馆"藏国民政府缩微档 390-1435。
③ 姚崧龄编：《张公权先生年谱初编》，台北：传记文学出版社 1982 年版，第 1017 页。

各项办法有内在的联系,强制收兑金银外币的政策难以持续。根据金圆券发行准备监理会10月2日的公告,在95 675余万元的金圆券发行总额中,收兑金银外币支出折合金圆券6亿元,占60%以上;其余收兑法币及东北券约合金圆券5 000万元,进出口结汇及侨汇收入合金圆券8 000万元,国库及其他业务的支出为金圆券2.2亿余元①。也就是说,市面上流通的大部分金圆券是收兑金银外币所致,金圆券发行数的迅速上升固然与军政开支失控直接相关,但也与大量收兑金银外币不无联系。如果当局不是把收兑的金银外币用于增加和改善物资的供应,这部分金圆券势必对市场造成巨大的压力。事实上,早在10月初宣布延长收兑金银外币期限时,上海就出现了市民抢购物资的情况,商品供应严重不足已是不争的事实。虽然当局还在力图严格实施限价政策,但通货膨胀的压力已经非常明显了。当时国营事业股票发售和敌伪产业的处理均不尽如人意,金圆券发出去的多,有效回笼手段却少得可怜。

强制性收兑金银外币政策,是民国以来历次货币金融改革政策中未曾用过的"猛药"。金圆券出笼后市场出现一片混乱之际,朝野的反对声浪也开始针对这一政策了。1948年10月29日,监察院向"行政当局"提出"经济纠正案"五条,其中两条都直指金银外币政策:"金圆券发行后,政府对于游资之出路,未能积极疏导,而所收兑之外钞金银,又未能即速妥善运用……"(第三条)"经济紧急措施原订方案,于黄金、白银之收兑与法币之行使,皆有一定限

---

① 《中华民国史事纪要》(初稿1948年7月至12月),第536页。

期,而中途忽将金银收兑之日期延长,政府以控制金银为增加金圆券发行之手段,而所有金银外币黑市之猖獗,物资之逃匿匮乏与抢购现象,皆发生于政府宣告金银收兑延期之前后,此种反应,当初是否亦曾料及,并曾否筹划有效针对可能发生此病之方案。"(第四条)①虽然行政院10月30日的《改善经济管制补充办法》对金银外币问题只字未提,但是11月2日行政院长翁文灏在立法院报告经济措施情形,指出"收兑金银外币,因之购买力增加"是通货再行膨胀的三大原因之一②。基于市场失控、发行额势必突破而当局手中没有其他有效手段的情况下,对金圆券发行办法作出较大幅度的调整,已是迫在眉睫了。

1948年11月11日,蒋介石以总统令公布了《修正金圆券发行办法》和《修正人民所有金银外币处理办法》③,对金圆券的发行和金银外币政策作了若干调整。

(一)降低本位币法定含金量,取消发行限额。《修正金圆券发行办法》第二条规定:"每(金)元之法定含金量为纯金4.443 4公毫,由政府铸造,交由中央银行发行之。"④虽然一直没有开铸流通作为本位币的金元,但与8月19日宣布法定含金量0.222 17公分相

---

① 《中华民国货币史资料》第二辑,第612—613页。
② 另两项原因分别是政府收支差额太大和补贴各种公用事业。《中华民国货币史资料》第二辑,第608页。
③ 分别见于《中华民国货币史资料》第二辑,第608—611、758—759页。
④ 《张公权先生年谱初稿》第1018页对金圆券法定含金量的变化记为:"本年八月十九日公布之原案规定,每一金圆券的法定含金量为二二·一七公分,现改为四·四三四公分",误。

比，无疑宣布降低本位币法定含金量为原先的五分之一。另宣布"金圆券发行总额，另以命令定之"（第十二条）。这意味着原定 20 亿元的发行限额被取消。

（二）降低金圆券的兑换比例。《修正人民所有金银外币处理办法》第三条规定：黄金按其纯含量每两兑换金圆券 1 000 元，白银按其纯含量每两兑换金圆券 15 元，银币每元兑换金圆券 10 元，美钞每元兑换金圆券 20 元。这与降低本位币金元的法定含金量是一致的。

（三）准许民间持有金银外币。《修正人民所有金银外币处理办法》第二条规定："自本办法公布之日起，黄金、白银、银币及外国币券准许人民持有；但除银币外，禁止流通买卖。"

根据这一规定，该办法第十条"凡持有金元或金圆券者，得照政府管理外汇办法之规定购买外汇"，实际上只是名义上准许人民购买外汇，因为普通民众根本不可能获得政府外汇审核部门的批准以官价购汇。

（四）推出"金银存兑"办法。《修正金圆券发行办法》第十一条规定："凡以金圆券存入中央银行指定之银行，定期满一年者，除照章计息外，并得于存款时以与存款同额之金圆券向存款银行兑换金元。在金元未铸成前，得按规定比率兑取黄金或银币。"这一条可以说是这次《修正金圆券发行办法》中非常重要的内容。由于金圆券发行限额被突破，市场供应和价格控制将面临更大的压力，通过储蓄存款来吸纳部分金圆券是最理想的，而要鼓励持券人存入指定银行，兑取金银无疑是有效的手段。

同日，财政部长王云五辞职，徐堪被特任为财政部长。这无疑公开宣布原先方案的失败。

11月19日，中央银行根据《修正金圆券发行办法》第十一条规定，制订公布了《办理存款兑现通则》，主要内容为：存款定期满一年以上者，除按周息二分计息，并于到期时以金圆券偿付本息外，存款人得于存款时，以与存款同额之金圆券兑换金圆，在金圆未铸成前，得兑换黄金或银币；黄金按其纯金量每市两兑1 000元金圆券，银元每元兑10元金圆券；兑换之黄金单位重量分5钱、1两、3两、5两、10两五种，存款数额达到相当于黄金重量5钱之价款者，一律兑换黄金，不兑银币；其不足相当于黄金5钱之价款者，按有关比例折合银币对给之。同时规定26个地方办理存款兑现，其中南京、上海、重庆、广州、汉口、天津、北平7地于11月22日开始办理，杭州、昆明等19地于12月1日开始办理①。

发行金圆券收兑金银之初，交兑1两黄金者仅换得金圆券200元；待到实行金圆券存款兑取黄金时，存兑金圆券达1两黄金者必须存兑各付1 000元，不到2个月的时间，兑价差别如此之大，原先交兑者的损失非常明显。当时就有人直接写信给中央银行总裁俞鸿钧，附上兑换黄金时中央银行所给之水单，指责"过去人民遵照命令缴兑黄金、美钞，系政府一种欺人之骗局"，要求按原先兑换时所付款额赎回黄金②。1949年1月6日，四川省参议会通过

---

① 《中华民国货币史资料》第二辑，第762页。
② 王剑鄂请准予赎回已兑出黄金函（1948年11月13日），《中华民国史档案资料汇编》第五辑第三编财政经济（二），第313、322页。

议案，要求中央当局照原价发还以前收兑四川省银行的金银①。不过，更多的持有金圆券而买不到商品的民众还是愿意接受存兑办法的。

以金圆券存兑金银的办法实施之初，局势尚属平稳。有关当局作了相应的准备，中央银行把中央造币厂赶铸的自5钱到10两的各种金条空运到有关城市备用。中央银行方面还曾公开宣布：政府目前所控制之黄金及白银，为数极巨，决定长期办理，无限制兑现②。

然而好景不长，各地全面存兑一周之后，情势就失控了。如汉口市12月10日"挤兑情形愈为严重"，靠出动200余名军警宪兵才勉强维持秩序。天津只好宣布12月11日暂停办理一天。上海较早就实行发号限制存兑人数的办法，虽然中、中、交、农四行分7个单位承办，每日每单位以200人为限，然而"存兑秩序极坏……随时有酿成巨变可能"。12月23日，上海有二三万人前往银行挤兑，超过可办理人数限额十多倍，当日挤毙7人③。从表面看，是金银黑市的存在给中央银行及委托行造成了无法抵挡的压力，导致存兑局面混乱。如12月10日上海黄金黑市从每两2 500元至2 600元涨到了3 200元左右，这意味着从政府银行存兑出的黄金到黑市一转手即可获利近60%。但更为根本的原因是当时国民党军队在东北、华北的战事接连失利，各地之间交通阻断，生产和流通严重失序，

---

① 《中华民国史事纪要》（初稿1949年1月至6月），第53页。
② 《中华民国史事纪要》（初稿1948年7月至12月），第946页。
③ 《中华民国货币史资料》第二辑，第766—768页。

人心惶惶，加上金圆券发行已经失控①，物价腾涨，商品供应奇缺，必然出现万众挤兑金银的局面。

在各地中央银行一片告急声中，政府接连调整存兑金银办法。

1948年12月10日，总统府秘书周宏涛在致蒋介石的呈文中指出："查最近政府经济改制，开放金银，其着眼点乃在以上次收兑之金银实物收回券币，维持币值，用意良然。但据旬日来京沪兑换结果，有一次购买三四百两者（据传央行已收回金元券过20余亿元之巨），各商业银行甚且雇用人员，俗称'黄牛'，经常挤兑，因之秩序大坏，一般平民既无力购买，亦休想挤入行列。如此情形再任其继续推行，则势必与昔日宋院长之黄金政策造成同样之恶果。……但政府黄金兑现已为既定政策，为保持大信计，同时并为兼顾国家整个财政起见，尤其当此外援尚不可期之时，应速妥筹办法，以免再蹈覆辙。"周提出改进办法六条，主要内容为：中央银行出售黄金维持原价，惟须由本人以身份证为凭购买；每人每月限购一次，每次不得超过一两，每半年累积不超过三两，银元之数量照此比例计算之；凡购买黄金者，应先将价款纳由中央银行发给凭证，于一星期内凭证领取黄金。蒋介石即令谕财政部和中央银行参考上述建议，3日内拟订出改善存兑办法，于12月15日实施②。结果，行政院于12月15日公布施行的《改善金圆券存兑办法》基本上以周宏

---

① 1948年11月即取消金圆券发行限额的当月，发行总额已达33.94亿元，一个月内增发15.4亿元。见于《中华民国货币史资料》第二辑，第597页。

② 周宏涛致蒋介石呈文及蒋介石批示（1948年12月10日），台北"国史馆"藏国民政府缩微档390-1448。

涛的建议为蓝本，但把建议中每人每月限存兑一次、存兑数以黄金一两为限，改为每人限三个月存兑一次，仍限存兑黄金一两。但这个改善办法实施一个星期后，23日行政院即宣布"为维持地方秩序、保障人民安全起见，现行存兑办法暂行停止"①。待到1949年1月4日恢复金圆券存兑金银时，宣布参酌侨汇率，加收平衡费，实行新办法的首日，兑取黄金每两除存款金圆券1 000元、兑价1 000元之外，另收平衡费为4 500元，总计为金圆券6 500元。银元每元除存款10元、兑价10元，按比例加收平衡费45元，合计65元。新办法先自南京、上海两地试办。但1月16日，行政院临时会议决定废止金银存兑办法，改发行黄金短期公债。根据中央银行公布的数字，从1948年11月22日开始存兑到1949年1月16日，全国共存兑黄金485 939.516两、银元6 444 096.5元，存兑总额约等于前所收兑黄金、银元数额之四分之一②。

五

根据王云五的回忆，金圆券方案出台前有关方面论证收兑金银外币办法的必要性时，首先考虑的就是移充发行准备："政府既采行金管理本位的新币，为充实其准备起见，现未能向国外获得黄金或外汇的贷款，只有就国内自行设法，以人民持有之黄金外汇，售归

---

① 《中华民国货币史资料》第二辑，第765、769页。
② 同上书，第771页。

国家,以巩固新币之信用。"①但事实上收兑的金银外币大体是如何处理的呢?

根据原中央银行档案中有关1948年11月至1949年4月期间的外汇概况报告,收兑的美金均被运往美国,其中花旗银行承运29 523 704美元,中国银行承运19 805 338美元,共计49 329 042美元。收兑的港币运存香港各行局,其中中国银行5 800 000元、交通银行41 507 687元、中国农民银行13 935 300元、中央信托局15 451 101.55元,共计76 694 088.55元港币②。一般说来,把外汇资产存于国际金融中心,有助于提高这些外汇资产的使用效率。但是,如果结合对当时收兑金银移运的具体分析,就会得出另外的结论。

上述外汇概况报告称,发行金圆券收兑的金银"已悉数移充发行准备金"。对此须参照其他史料作进一步的考订。

1948年8月19日的《金圆券发行办法》规定:"金圆券发行准备之检查保管,设金圆券发行准备监理委员会办理之。"8月22日,当局宣布成立由财政部、主计部、审计部、中央银行、全国商会联合会、全国银行商业同业公会联合会、全国钱庄商业同业公会联合会、全国会计师公会等机构的代表组成的金圆券发行准备监理委员会,发行金圆券的现金准备2亿美元、保证准备合3亿美元,按1美元合金圆券4元的比率,共合20亿元金圆券,"现已由该会

---

① 王云五:《岫庐八十自述》,第503页。
② 中央银行外汇概况报告(1948年11月—1949年4月),《中华民国史档案资料汇编》第五辑第三编财政经济(二),第379页。

派员接洽,接收保管,以重准备而维信用"①。实际上金圆券准备金是由中央银行发行局"代管"的。开始收兑金银外币不久,行政院曾明确训令中央银行:以金圆券兑入之外币钞券及黄金,可酌予拨充金圆券发行准备金;以金圆券兑入之银元、白银,拨充铸造银辅币之用②。但是,从11月13日(即停止强制性收兑金银时)中央银行业务局发行局致央行总裁俞鸿钧的呈文可以看出:中央银行发行局"代发监会代保管之准备金,帐面上仅值金圆券二十亿元(内中一部分系敌产,抵充契据尚未齐全)",换言之,中央银行收兑的金银外币并没有拨充至准备金账上;对于势必超出原定20亿元限额的发行,经俞鸿钧批准,直接将原有准备金中的金银外币部分按照新的兑换率自行升值③。也就是说,是在不新增加准备金的情况下增发金圆券。这一做法很快成为发行准备金实际保管机构、央行、财政部和行政院的共识,但凡准备金不到法定部分了,即如法炮制,将准备金账面照市价升值。如1948年12月29日,中央银行总裁俞鸿钧致电财政部长徐堪:"查金圆券发行限额已不敷实际需要,业经电请增发在卷。关于准备金,亦已发生脱节情事。……此一问题至关严重,至希迅筹合法准备金,以资拨充,并希惠复为荷。"财政部直到1949年1月17日才向行政院提出相应的处理方案:"所有现由

---

① 《中华民国史事纪要》(初稿1948年7月至12月),第198、242页。
② 行政院长翁文灏致中央银行训令(1948年9月3日),《中华民国史档案资料汇编》第五辑第三编财政经济(三),第851页。
③ 中央银行业务局发行局呈总裁文及批文(1948年11月13日),《中华民国货币史资料》第二辑,第603页。

金圆券发行准备监理委员会保管之金银外币似可概照中央银行侨汇牌价折合计算,俾符实际,并免央行记帐发生困难。……所有拨充发行准备之国有事业资产,似亦可一律按其原值美金数目,照侨汇牌价计算。"行政院方面在蒋介石宣布退位之后,于1949年2月15日答复财政部:"准如拟办理。"①

一方面不向发行准备金保管机构拨充所收兑的金银外币,另一方面却密谋把准备金运出。同一个中央银行总裁俞鸿钧,既呈文财政部要求为增发金圆券筹措合法准备金,"立此存照";又根据蒋介石的"面谕",直接部署把金圆券准备金中的金银密运台、穗等地分存。如至1948年底,中央银行已先后运至台北黄金2 004 459市两、广州银元1 000万元;与此同时,还根据蒋介石"应再筹运一批前往厦门妥存"的指令,中央银行安排装运了黄金151箱,合纯金572 899市两,银币1 000箱,合400万元。1949年1月21日,中央银行发行局自准备金项下运出白银1 800万元往厦门②。虽然俞鸿钧本人因办理存兑金银过失在1949年1月中旬被免去中央银行总裁,但在移运金银问题上对蒋介石可说是尽职了。经过诸如此般的密运,至1949年5月上旬时,中央银行发行局在金圆券准备金项下,存在台湾的有黄金2 294 206.687两,存纽约联邦银行黄金245 293.853两,伦敦大通银行黄金9 271.984两,纽约大通银行白银

---

① 中央银行总裁俞鸿钧致财政部长徐堪电(1948年12月29日)、行政院致中央银行代电(1949年2月15日),《中华民国货币史资料》第二辑,第603—605页。
② 《中华民国货币史资料》第二辑,第631—633页;《民国档案》1989年第1期,第55页。

463 059.050 两，伦敦蒙塔古公司白银 1 216 401.250 两。而上海库存金圆券准备金只有黄金 130 701.542 两、银元 30 640.50 元，另有金圆券辅币准备金 23.5 万银元；此外在上海有代财政部接收保管新疆省缴存发行准备金项下黄金 50 298.304 两，暨代业务局保管黄金 93 118 两。即便存在上海所剩已不多的准备金，也在上海解放前夕被国民党京沪杭警备总司令汤恩伯部运走黄金 171 141.953 两、银元 26.9 万元。打算留在上海中央银行的，仅黄金 5 000 余两、银元 30 万元[①]。

至此，我们可以得出如下结论：在发行金圆券的过程中，通过登记移存外汇资产、收兑金银外币，国民党政府集中了大量的金银外汇；其中的外汇均外运，金银小部分用于 1948 年 11 月下旬起的金圆券存兑，大部分可以被认为列入发行准备金账上，但是整个发行准备中的金银几乎全都被运往台湾和海外了。尽管这种移运并不改变当时中央银行发行准备中的金银外汇总额，但是对于大陆地区金圆券币值的最终蒸发难辞其咎；对于金圆券政策的直接承受者社会大众而言，移存外汇资产和收兑金银外币，岂止是骗局，更是一场劫局。

---

① 发行局出纳科库存金银明细表（1949 年 5 月 6 日）、发行局外存金银明细表（1949 年 5 月 3 日）、发行局接管库存金银明细表（1949 年 5 月 7 日），《中华民国货币史资料》第二辑，第 634—635 页；中央银行发行局签呈稿（1949 年 5 月 20 日），《民国档案》1989 年第 2 期，第 72—73 页。另据上海解放后对中央银行接管清理的结果，实际留在上海的金圆券准备金只有银元 165 元 5 角和中纺、台糖等公司股票 900 万股；全部库存仅剩下黄金 6 180. 595 两、银元 1 546 643.40 元、美钞 8 768.22 元；外汇方面，留下的只有债务而无债权。见于中央银行稽核组工作总结报告，上海市档案馆藏上海市银行档案 Q61-1-1430。

发行金圆券、强制移存外汇资产和收兑金银外币作为特定的金融制度安排，有关当局朝令夕改，缺乏稳定性、连续性，遑论合理性；如果说有什么一以贯之的特征，那就是依仗赤裸裸的政治强力来维持最极端的金融统制，结果导致了金融机构运作失灵、主要业务经营失信、金融市场运作全面失序，成为国民党统治时期在金融领域最大的败笔。

（原载《民国档案》2004年第1期）

图书在版编目(CIP)数据

中国近代金融史十讲/吴景平著. —上海:复旦大学出版社,2019.7
(名家专题精讲)
ISBN 978-7-309-14480-2

Ⅰ.①中… Ⅱ.①吴… Ⅲ.①金融-经济史-中国-近代 Ⅳ.①F832.95

中国版本图书馆 CIP 数据核字(2019)第 154819 号

中国近代金融史十讲
吴景平 著
责任编辑/史立丽

复旦大学出版社有限公司出版发行
上海市国权路 579 号 邮编:200433
网址:fupnet@fudanpress.com http://www.fudanpress.com
门市零售:86-21-65642857 团体订购:86-21-65118853
外埠邮购:86-21-65109143
江阴金马印刷有限公司

开本 890×1240 1/32 印张 13 字数 632 千
2019 年 7 月第 1 版第 1 次印刷

ISBN 978-7-309-14480-2/F·2601
定价:68.00 元

如有印装质量问题,请向复旦大学出版社有限公司发行部调换。
版权所有 侵权必究